U1019476

本书为教育部人文社会科学研究专项任务项目（中国特色社会主义理论体系研究）“习近平总书记关于制度治党的重要论述研究”（17JD710044）研究成果

·马克思主义研究文库·

Marxist

新时代制度治党思想研究

崔　征 | 著

光明日报出版社

图书在版编目（CIP）数据

新时代制度治党思想研究 / 崔征著. -- 北京：光明日报出版社，2022.9

ISBN 978 - 7 - 5194 - 6692 - 3

Ⅰ.①新… Ⅱ.①崔… Ⅲ.①中国共产党—党的建设—研究 ②中国共产党—思想建设—研究 Ⅳ.①D26

中国版本图书馆 CIP 数据核字（2022）第 104724 号

新时代制度治党思想研究

XINSHIDAI ZHIDU ZHIDANG SIXIANG YANJIU

著　　者：崔　征

责任编辑：石建峰　　　　责任校对：张月月

封面设计：中联华文　　　　责任印制：曹　净

出版发行：光明日报出版社

地　　址：北京市西城区永安路 106 号，100050

电　　话：010 - 63169890（咨询），010 - 63131930（邮购）

传　　真：010 - 63131930

网　　址：http：//book. gmw. cn

E - mail：gmrbcbs@ gmw. cn

法律顾问：北京市兰台律师事务所龚柳方律师

印　　刷：三河市华东印刷有限公司

装　　订：三河市华东印刷有限公司

本书如有破损、缺页、装订错误，请与本社联系调换，电话：010-63131930

开　　本：170mm×240mm

字　　数：228 千字　　　　印　　张：14

版　　次：2022 年 9 月第 1 版　　　　印　　次：2022 年 9 月第 1 次印刷

书　　号：ISBN 978 - 7 - 5194 - 6692 - 3

定　　价：89. 00 元

版权所有　　翻印必究

以规成方，有矩能圆

——为《新时代制度治党思想研究》序

郦　正

孟子曰："不以规矩，不能成方圆。"凡成大事者，必有预划。《礼记·中庸》曰："凡事预则立，不预则废。"预划即定目标、立规矩、正风气、带队伍。目标即方向，即理想；方向正确，理想坚定，方能用真理的光芒凝聚人心。规矩即行为有序化，有序的行为方能产生行为的一致性，形成群体的凝聚力、执行力、战斗力。风气即人文环境，即赏善罚恶的价值标准。培根说："集体的习惯，其力量更大于个人的习惯。因此如果有一个有良好道德风气的社会环境，是最有利于培训好的社会公民的。"有明确而又正确的目标，有符合目标要求而又符合事物发展规律的规矩，有积极向上的良好风气，就会凝聚力量，吸引人才，形成意志坚定的有战斗力的队伍。

习近平总书记在庆祝中国共产党成立100周年大会上的讲话中指出："一百年前，中国共产党成立时只有50多名党员，今天已经成为拥有9500多万名党员、领导着14亿多人口大国、具有重大全球影响力的世界第一大执政党。"在总结建党百年的成功经验时指出："党的十八大以来，中国特色社会主义进入新时代，我们坚持和加强党的全面领导，统筹推进'五位一体'总体布局、协调推进'四个全面'战略布局，坚持和完善中国特色社会主义制度、推进国家治理体系和治理能力现代化，坚持依规治党、形成比较完善的党内法规体系，战胜一系列重大风险挑战，实现第一个百年奋斗目标，明确实现第二个百年奋斗目标的战略安排，党和国家事业取得历史性成就、发生历史性变革，为实现中华民族伟大复兴提供了更为完善的制度保证、更为坚实的物质基础、更为主动的精神力量。”中国共产党百年奋斗的历史证明了队伍是怎样带出来的，钢铁是怎样炼成的。

毛泽东同志在创建红军和红色根据地的斗争中，探索出支部建在连上、党指挥枪的基层与顶层的革命军事制度，奠定了人民军队由小到大、由弱到强的发展与胜利基础。

1927 年 9 月 29 日，秋收起义部队作战失利，撤退到江西省永新县三湾村，当天晚上，毛泽东主持召开了前敌委员会议，决定对起义部队进行整顿和改编。毛泽东根据南昌起义和秋收起义中，叶挺独立团及其扩大的革命军队支部建在团上，缺乏党的基层组织，遇到挫折发生溃败的经验教训，决定党组织建立在连上，设立党代表制度，排有党小组，班有党员；营、团以上有党委，全军由毛泽东领导前委，从而确立了党指挥枪的原则。

红军创建初期，在红四军领导内部，发生了围绕军队中党的领导与军事领导关系的争论。1929 年 12 月 28 日在福建上杭县古田召开红四军第九次党代表大会，会议所通过的决议案明确规定了红军的性质，指出“中国的红军是一个执行革命的政治任务的武装集团”，这个军队必须是服从于无产阶级思想领导，服务于人民革命斗争和根据地建设的工具。这个规定，从根本上划清了新型人民军队同一切旧式军队的界限。从这个基本观点出发，决议案阐明了军队同党的关系，指出军队必须绝对服从党的领导，必须全心全意地为着党的纲领、路线和政策而奋斗，批评了那种认为军事和政治是对立的，军事不要服从政治，或者以军事来指挥政治的单纯军事观点，进一步明确了党指挥枪的根本原则。

支部建在连上，为人民军队奠定了基层组织规则。此后，从红军到八路军、新四军，再到解放军、志愿军，始终坚持团有党委，营有总支，连有支部，班有小组。作战过程中，连长指导员牺牲，支部委员排长代理指挥；排长牺牲，班子代理指挥；班长牺牲，党小组长代理指挥；党小组长牺牲，党员代理指挥；党员牺牲，党的积极分子代理指挥；积极分子牺牲，部队基本上就全军覆没了。所以，从井冈山时期开始，人民军队胜仗败仗都打过，基本上很少发生成建制集体投降、叛变的情况。毛泽东同志才能骄傲地宣布：“这个军队具有一往无前的精神，它要压倒一切敌人，而决不被敌人所屈服，不论在任何艰难困苦的场合，只要还有一个人，这个人就要继续战斗下去！”

1951 年 1 月 3 日，在抗美援朝战争第三次战役中，中国人民志愿军第 39 军

116 师 347 团 2 营 7 连在朝鲜议政府西釜谷里南山阻击英军第 29 旅皇家来复枪团。英军在坦克和炮火支援下，分多路向立足未稳的第 7 连发起多次冲击，均被击退。激战中，第 7 连班以上指挥员相继阵亡，司号员郑起主动代理连长指挥，他重新布置兵力，把幸存战士编成 3 个战斗小组，并由剩下的 6 名共产党员分任正副组长，连续打退英军 3 次攻击。战至下午 4 时，阵地上只剩下 7 名伤员。英军再次在坦克的掩护下发起猛烈攻击。第 7 连战斗员将仅有的 1 根爆破筒和几枚手榴弹投向英军，郑起用尽力气，吹起冲锋号，向部队做最后告别。敌人听到军号声，以为志愿军开始反击，竟掉头逃窜。此战，第 7 连共击退英军攻击 7 次，毙伤其 200 余人。郑起荣获特等功，被授予二级战斗英雄称号。

党指挥枪，为人民军队奠定了顶层组织规则。在长征中，当红一方面军走出草地，部队减员甚大，红三军团长彭德怀主动提出红三军团并入红一军团，从此结束了他从平江起义带出来的光荣的红三军团的战史。解放战争中，中央决定彭德怀出任西北野战军司令员，贺龙全力支持，将自己从桑植起义一手创建的、原红二方面军改编的八路军 120 师发展出来的陕甘宁晋绥军区的野战部队全部交由彭德怀指挥。在攻打榆林战役中，第 1 纵队司令员贺炳炎（贺龙养子）、政委廖汉生（贺龙外甥女婿）在指挥上与彭德怀发生矛盾，贺龙闻听，亲赴前线当面严厉批评贺廖二人，要求他们无条件服从彭德怀指挥。这在沿袭了军阀体制的国民党军队中是不可能的，也是国民党军队失败而人民军队胜利的重要原因。党指挥枪，支部建在连上的制度创新，发挥了重要作用，是人民军队百战百胜的力量源泉。

习近平总书记指出："以史为鉴、开创未来，必须不断推进党的建设新的伟大工程。勇于自我革命是中国共产党区别于其他政党的显著标志。我们党历经千锤百炼而朝气蓬勃，一个很重要的原因就是我们始终坚持党要管党、全面从严治党，不断应对好自身在各个历史时期面临的风险考验，确保我们党在世界形势深刻变化的历史进程中始终走在时代前列，在应对国内外各种风险挑战的历史进程中始终成为全国人民的主心骨！"

《新时代制度治党思想研究》一书，是作者崔征同志潜心研究多年的力作。作者从制度治党思想概述、制度治党思想研究的理论基础与经验借鉴、中国共产党制度建设实践的经验与教训、新时代制度治党思想的要素与结构、新时代制度治党思想的内在逻辑与实践特征、制度治党思想的发展策略六个方面，围绕制度治党思想，阐述了制度治党思想的提出背景、制度治党思想的基本内涵、制度治党思想的基本特征；较为全面、系统地研究梳理了马克思、恩格斯、列宁等关于无产阶级政党建设的论述、其他社会主义国家建党的理论、中国共产党党建思想、西方典型政党管党治党经验借鉴；总结回顾了从新民主主义革命时期、社会主义革命和建设时期、改革开放与社会主义现代化建设新时期中国共产党制度建设的历史经验与启示；尝试提出了制度治党思想的要素构成和制度治党的结构；重点研究了新时代制度治党思想的内在逻辑与实践特征和中国特色社会主义制度建设背景下党内制度建设的系统性；探索了制度治党思想的发展策略。该书资料翔实，基础扎实，逻辑严谨，思考深入，一些观点颇具启发性和创新性，对进一步深入研究制度治党有较强的学术价值，对干部学习及进一步加强党建工作，具有较为实际的应用价值。

崔征同志勤奋好学，在吉林大学学习期间，注意学有专攻与博览群书兼备。他经历丰富，既有大机关的广阔视野，也有基层县委书记的工作历练，又有高校领导的丰富经验。他把学到的理论知识，与长期的党务工作经验相结合，在理论联系实际，推进和加强党建工作方面颇有心得，此书即是他的心得力作。衷心祝愿作者继续发扬理论联系实际的优良学风，推出更好的新作！

2021 年 8 月 6 日

目　录
CONTENTS

绪 论

中国共产党长达百年的革命与建设实践经验证明，要想实现全面建成社会主义现代化强国的奋斗目标，只有在坚持党的领导，推进全面依法治国，保障全面深化改革的实施下，才能成为现实。当前的时代背景纷繁复杂，一方面是风云变幻的国际环境，一场突如其来的新冠肺炎疫情，成为近几年来最大的黑天鹅事件，经济全球化不断发展，但也面临挑战；互联网的普及，给人们认识世界带来了新方法、新途径，但社会思潮的多样化，也让人们对于世界的认识不断改变，中国共产党要在复杂的国际环境下建设好中国特色社会主义，是一项艰苦卓绝的工程。另一方面是改革日益进入深水区的国内环境，中国特色社会主义市场经济体制已经建立，综合国力不断提高，人民生活水平已经明显提升，在十四亿人口的国家全面建成小康社会，基本消除绝对贫困，但发展的不平衡、不充分也表现得更加明显，经济新常态背景下如何推进国内经济的持续向好，如何更好地满足人民的精神和生存环境需求，成为新的挑战，中国共产党如何经受住考验，有效地履行好执政党的职责，成为党面临的新课题。

面对国内外发展的新机遇、新挑战，坚持党的领导，发挥党的领导这个中国特色社会主义建设的最大优势，是推进全面建设社会主义现代化国家新征程的根本保证。建设社会主义现代化国家，不是要建成一个具体形态的国家，而是建设一个不断改革、发展，适应新的时代发展要求的社会。这就要求中国共产党重新审视如何治党和管党，保持党的先进性与纯洁性，始终保持中国特色社会主义建设的领导核心，习近平总书记关于全面从严治党思想的论述，解决了如何在新时代加强党的领导，发挥党的领导核心作用的问题。制度治党与思想建党是推进全面从严治党的两个重要手段，全面从严治党在“四个全面”战略布局中的关键作用，也使得制度治党的地位和作用更加凸显，接下来从“四个全面”战略布局的高度，分析一下制度治党的地位和作用。

一、制度治党是全面从严治党的题中之意

制度治党是全面从严治党的题中之意与基本要求，全面从严治党是“四个全面”战略布局的重要内容，“四个全面”战略布局是习近平新时代中国特色社会主义思想的重要组成部分，对制度治党思想的研究有利于对习近平新时代中国特色社会主义思想的全面认识与深刻把握。“四个全面”战略布局是相互作用的有机整体，全面依法治国是全面实现小康社会和全面深化改革的保障，而全面从严治党则是实现“四个全面”的根本保证，全面深化改革是实现全面建成小康社会的基本手段，全面从严治党与全面依法治国都是“四个全面”战略布局的实施保障，全面深化改革、全面从严治党与全面依法治国在实践上必然有诸多联系，制度治党就是重要体现。

制度治党是“四个全面”战略布局的重要内容。全面从严治党是实现四个全面的根本保证，制度治党是全面从严治党的内在要求，完善的法规制度体系建设是建设中国特色社会主义法治体系的重要组成，党的建设制度改革是全面深化改革的重要内容，制度治党成为实现国家治理体系和治理能力现代化的必然要求。中国共产党在新的历史时期必须贯彻习近平新时代中国特色社会主义思想，落实“四个全面”战略布局，以全面深化改革、全面依法治国的要求开展党内制度建设。

> 法规制度带有根本性、全局性、稳定性、长期性。要贯彻全面深化改革、全面依法治国的要求，加大反腐倡廉法规制度建设力度，把中央要求、群众期盼、实际需要、新鲜经验结合起来，本着于法周延、于事有效的原则制定新的法规制度、完善已有的法规制度、废止不适应的法规制度，努力形成系统完备的反腐倡廉法规制度体系。①

制度治党在全面从严治党中的实践体现的是将党的制度建设贯穿党的建设

---

① 习近平：加强反腐倡廉法规制度建设　让法规制度的力量充分释放［EB/OL］. 人民网，2015-06-28.

始终，将思想建党与制度治党有机结合。习近平总书记在党的群众路线教育实践活动总结大会上讲道："从严治党靠教育，也靠制度，二者一柔一刚，要同向发力、同时发力。"①党内制度与党的思想理论的衔接，就是思想建党与制度治党的结合。首先，思想建党要求党员加强思想学习，制度也是党内意识形态的重要组成，党内制度的学习也是广大党员干部党性学习的重要内容；其次，制度治党也在通过各种制度的完善，来保证广大党员教育学习的管理，通过各种教育学习的制度，把党的指导思想和马克思主义中国化最新理论成果，宣传给广大党员，学习教育的制度化，使得思想建党有所保障和依托；最后，思想建党与制度治党是你中有我、我中有你的，加强思想建党与制度治党必须把制度与党的指导思想紧密地结合起来。

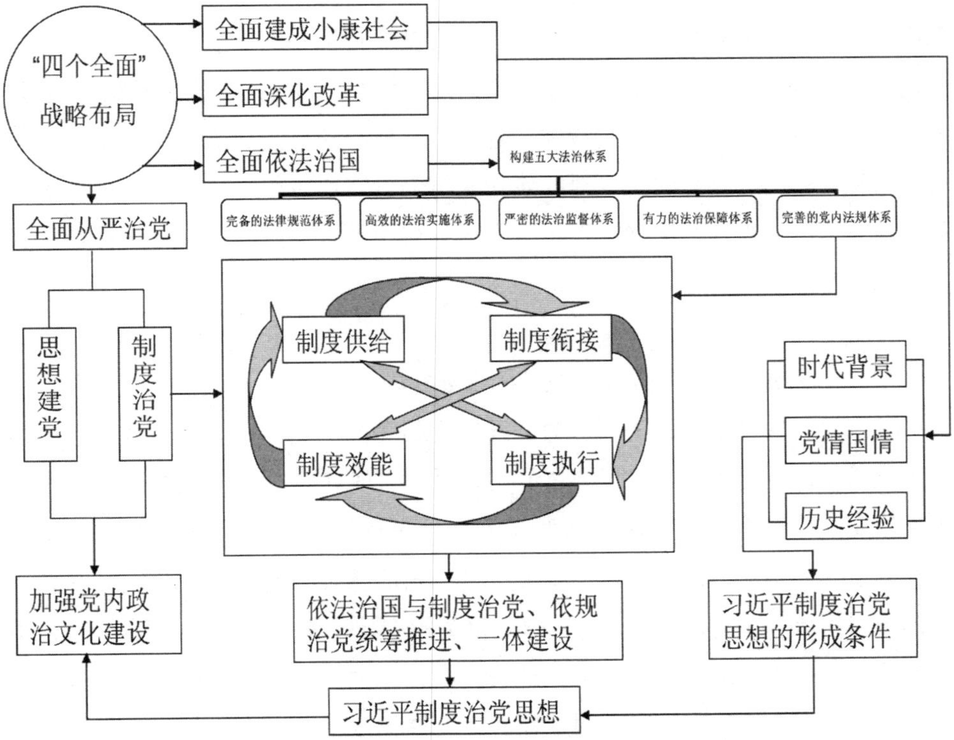

新时代制度治党思想研究思路图

① 习近平在党的群众路线教育实践活动总结大会上的讲话［EB/OL］. 人民网，2014-10-09.

制度治党要保证制度实践全过程都是与党的思想理论相统一的。制度的制定者必须学习和贯彻马克思主义指导思想的各项原则和方法，坚持辩证唯物主义和历史唯物主义的观点，制度作为意识形态领域的重要组成，必须科学合理，必须对党的实践具有指导和促进作用。制度的宣传和教育者，一方面要深刻地学习和掌握各种制度，更要懂得如何宣传制度，把制度内化到自己的心里，明白制度与党的指导思想是怎样的关系，这样才能宣传制度；另一方面，也要学会活学活用指导思想下的各种宣传和教育方法，把制度更好地宣传出去。广大党员干部不光要知道制度、明白制度，重要的是执行制度，制度的执行也是广大党员干部思想转化的过程，不仅要把制度记在心里，更要把制度转化为日常的行为。

首先，思想建党与制度治党两者一软一硬，制度本身就是意识形态领域的重要内容，对广大党员干部要进行思想教育就要加强制度的教育，这是思想建党的要求，同时制度治党也是对思想建党无法解决的问题的补充和常态化运行；其次，我们党在长期的历史实践中，走出了这样一条思想建党与制度治党相结合的道路；最后，思想建党与制度治党的结合就需要思想理论与制度的有效衔接，这是必不可少的，党的制度不与理论思想衔接，制度就难以保证社会主义方向和马克思主义指导原则。

二、制度治党也是全面深化改革的重要组成

制度治党在全面深化改革中的实践体现的是深化党的建设制度改革。中国共产党第十八届三中全会审议通过的《中共中央关于全面深化改革若干重大问题的决定》中，将“党的建设制度改革”这一重要命题与经济、政治、文化、社会、生态体制改革系统设计、统筹推进。党的建设制度改革既是全面深化改革的重要组成，也是深入推进全面深化改革的重要保证。2014 年 8 月 29 日，中共中央政治局审议通过《深化党的建设制度改革实施方案》，从党的组织制度、干部人事制度、基层组织建设制度和人才发展体制机制四个方面对党的建设制度改革任务和目标进行分解，突出强调构建系统完备、科学有效的制度体系，坚持破立并举，及时清理不适应时代发展的制度，建立健全新的制度。

“党的建设制度”不仅包括党内制度，还涉及党与国家、社会关系的制度，党的建设制度改革既要进行党的自身建设制度改革，也要对党的领导制度、工

作制度进行改革，完善党的领导方式与执政方式，提高党的执政能力与执政水平。党的建设制度改革是对党的建设制度中不适应当前形势发展的部分进行改进，经济基础决定上层建筑，社会主义市场经济的不断发展变化，必然要求上层制度的改变，以适应生产力的发展，党的领导是中国特色社会主义事业的本质特征、最大优势，党的制度建设必须与时俱进，不断创新，以适应经济基础的变化发展。

党的建设制度改革目的仍应落在全面深化改革的实践上，尽管党的建设制度改革着力于提高党的执政能力和执政水平，但全面深化改革的实践是在中国共产党的领导下进行的。党的建设制度改革是全面深化改革的重要组成，同时，又为全面深化改革的顺利推行提供制度保障。通过深化改革的实践，更好地提高党的领导能力，使党在统揽全局和统筹协调方面的体制机制更加健全与完善，全面加强党的政治、思想、组织领导，推进党的基本路线、方针政策的贯彻落实。结合新时代背景下经济社会发展的新形势和党的执政环境、执政方式及建设任务的新变化，针对现实矛盾最集中、群众反映最强烈的问题，对党的建设制度中存在的问题系统地梳理，深入地研究分析，使改革工作有的放矢。

三、制度治党是全面依法治国的必然结果

十八届四中全会明确指出："党的领导是中国特色社会主义最本质的特征。"全面依法治国就要协调党的领导、依法执政和依法治国三者之间的关系；依法治国必须加强党的领导，只有坚持党的领导才能建设中国特色社会主义法治国家；而要加强党的领导，就必须加强党的建设，从严治党。全面从严治党与全面依法治国有着不可切割的纽带，不仅仅在理论上如此，全面从严治党与全面依法治国在实践上也有紧密的联系。

制度治党在全面依法治国中的实践体现的是党内法规体系纳入国家法治体系。习近平总书记在中共十八届四中全会第一次全体会议上关于中央政治局的报告中讲道："依法治国是坚持和发展中国特色社会主义的本质要求和重要保障，是实现国家治理体系和治理能力现代化的必然要求。"① 法治社会构建的重要性由此可以看出。而十八届四中全会提出的"构建五大法治体系"将完善的

---

① 习近平关于全面依法治国论述摘编［M］. 北京：中央文献出版社，2015：5.

党内法规体系列入其中，党内法规是党内制度的主要组成部分，由此可见加强法治建设，党内法治建设也是重要的一环。

党内法规体系要同国家的法治体系衔接。党内法规体系作为五大法治体系的重要组成，党内法规体系要与其他四大体系相衔接，同时，党内法规体系也要建设自己的实施体系、保障体系和监督体系，这样才能形成完善的党内法规体系，党内法规体系要同完备的法律规范体系衔接，党内实施体系同高效的法治实施体系衔接，党内保障体系同有力的法治保障体系衔接，党内监督体系同严密的法治监督体系衔接。

中国特色的法治体系体现了中国特色社会主义的本质特征——党的领导。中国特色社会主义法治体系是在中国特色社会主义制度指导下建成的。党的十八届四中全会把形成完善的党内法规体系纳入全面推进依法治国的总目标，对增强党内法规制度的系统性和有效性提出了新的要求。① 五大法治体系的构建将完善的党内法规体系纳入中国特色社会主义法治体系下，党内法规是党内规章制度的总称，完善的党内法规体系不仅是指建设完善的党内规章制度体系，完善的法规制度体系同样也是需要实施体系、保障体系和监督体系的。中国特色社会主义制度是中国特色社会主义法治体系的根本制度基础，是全面推进依法治国的根本制度保障。中国特色社会主义法治理论是中国特色社会主义法治体系的理论指导和学理支撑，是全面推进依法治国的行动指南。这三个方面实质上是中国特色社会主义法治道路的核心要义，规定和确保了中国特色社会主义法治体系的制度属性和前进方向。②

四、制度治党在全面建设社会主义现代化国家新征程中的重要作用

探究制度治党与“全面建设社会主义现代化国家”目标之间的关系，必须基于“五位一体”总布局出发。而在理解制度治党与“五位一体”总布局的关系前，必须搞明白“四个全面”战略布局与“五位一体”总布局的内在关系。

---

① 中央十八届四中全会在京举行　中央政治局主持会议　中央委员会总书记习近平作重要讲话［EB/OL］. 共产党员网，2014-10-24.

② 全国人大常委会办公厅、中共中央文献研究室.《人民代表大会制度重要文献选编》（四）［M］//习近平.《关于（中共中央关于全面推进依法治国若干重大问题的决定）的说明》（2014 年 10 月 20 日）. 北京：中国民主法制出版社，2015：1791.

“四个全面”战略布局最终都指向一个目标，在全面建成小康社会之前，“四个全面”战略布局的根本目标就是全面建成小康社会，而这之后就是全面建设社会主义现代化国家。无论是小康社会，还是社会主义现代化强国，都是“五位一体”总体推进的过程，都要加强经济建设、政治建设、文化建设、社会建设和生态文明建设五个方面，而小康社会和社会主义现代化强国最终都是向着“富强民主文明和谐美丽”的建设目标努力，就是要实现国家的物质文明、政治文明、精神文明、社会文明和生态文明五个目标。因此，“五位一体”总体布局是对“四个全面”战略布局实施目标的定义和阐释。

“五位一体”总体布局，是建设中国特色社会主义事业的总指导，“四个全面”战略布局则是阶段性任务与行动方针。全面建成小康社会是阶段性目标，是全面深化改革、全面依法治国与全面从严治党的目标；全面深化改革是实现目标的方法，全面依法治国是保障，而全面从严治党则是根本保证。

基于对“五位一体”总布局和“四个全面”战略布局之间关系的理解和认识，再来分析全面从严治党中的制度治党，就更能明白其中之深意。“党政军民学，东西南北中，党是领导一切的。”也就是说，无论是经济建设、政治建设、文化建设、社会建设还是生态文明建设，都是需要党的领导作为根本保证的，如何保证党的领导科学、高效，这是摆在共产党人面前的一个难题，加强“党的领导制度”建设就成为一项重要的制度建设内容。党要推进全面从严治党，不仅要保证用制度规范自身建设，还要用制度规范党的领导，这样的难题必将是一个不断探索、不断完善的过程，这也是党不断自我净化、自我革命、自我完善、自我提升的过程。

制度治党在“五位一体”总布局中也有着相当关键的作用。加强政治文明建设，就要实现治理体系和治理能力的现代化，党的执政能力和执政水平就要提高，这就要加强党的建设，全面从严治党是加强党的建设的内在要求，全面从严治党要求用制度治党。制度治党的有效开展就要建设完善的党内制度体系，制度衔接在党的制度建设中有着关键的作用，制度的科学性、权威性、有效性与制度衔接有着密切的联系。党内制度必须同习近平新时代中国特色社会主义思想衔接，这是现阶段加强党的领导的内在要求，也是制度治党发展的必经之路。

五、制度治党是一个随着时代发展而不断完善的动态运行过程

无产阶级政党不是一个脱离人类社会独立发展的特殊组织，而是与人类社会发展息息相关的政党组织。无产阶级政党的党员来自人类社会，并且是在人类社会中生存和发展的，无产阶级政党更是在人类社会不断发展中成长、壮大的，因此无产阶级政党必然随着人类社会的发展而不断发展。无产阶级政党的指导思想也会随着社会发展而不断完善，这是一个动态的发展过程，不是一成不变的。以无产阶级政党的指导思想为基础构建的政党制度体系，也会随着人类社会的发展、无产阶级政党的实践和指导思想的不断成熟而更加完善，这也是一个不断发展变化的动态运行过程。

第一，制度治党作为一个长期的动态运行过程，制度治党思想也要不断地完善与发展。制度治党思想的完善与发展，主要就是要完善制度治党运行过程。制度供给方面，加强党内制度建设，加快补齐党内制度短板，构建完善的党内法规制度体系。党内法规制度体系不仅包括党内规章制度的构建，还要加强党内制度实施体系、保障体系和监督体系的构建，保证党内制度真正的执行。

制度治党是一个动态的运行过程。制度治党的根本立足点是制度，制度是党内制度体系，包括以党章和民主集中制为核心的根本制度，以条例、规定、准则、规则、办法和细则为主要内容的基本制度，以发展党员、党员缴费、党员廉洁和党员学习等制度为主要体现的具体制度。制度治党的动态运行就是不断调整制度供给、制度衔接、制度执行和制度效能等环节的关系。

第二，制度治党需要不断完善制度体系。制度治党就要有健全的制度体系，党中央为满足党内制度建设的需要，出台了《中央党内法规制定工作五年规划纲要》（2013—2017），以此为指导有计划、有目标地建设党内法规。从以党章和民主集中制为核心的根本制度的完善落实，到党内法规制度的修订完善，再到具体制度的不断施行，五年来中国共产党在制度供给方面取得巨大成就。党的建设制度的改革，更是增强了党建制度化水平，使得党内制度体系不断健全，为制度治党提供了严密的制度体系。我们还必须理清党的根本制度、规范制度和具体制度之间的逻辑关系，党的根本制度是以党章和民主集中制为核心的，是党内根本规范，法规制度和具体制度必须在根本制度的要求内进行建设。

党内制度体系建设，要以党章和民主集中制为根本原则和根本出发点，其

他各项党内制度都不能违背根本制度。其次，中央各项制度也是地方制度必须坚持和遵守的，坚持党的领导，就必须维护党中央的核心地位，党内制度建设也要以党中央的制度建设为依据和标杆，地方党组织的各项制度与中央制度相违背的要坚决改正，向党中央的制度看齐。中央和地方制定的各项制度，低阶位的制度要向高阶位的制度衔接，同时不利于执行的制度要向便于执行的制度衔接，这样才能保证制度衔接的工作有着力点，制度才能充分发挥管党、治党的作用。

第三，制度治党需要保证制度的科学性、有效性。制度治党对于制度体系建设有很高的要求，制度的提出和制定，不是简单的完善，而是要注意各方面的衔接匹配，五年来，党在制度的衔接匹配方面做了重要的工作。中国共产党以党章为核心的法规体系与以国家宪法为核心的法律体系的衔接匹配，使党的法规与国家法律有了明显的区别，又相辅相成，相互促进。党内新老法规的衔接上，废止和修订了大量与现实党情、国情不符的法规和文件，同时又要保证新制定的法规性制度与现存法规制度不能有所冲突。制度制定与执行的衔接，在制度制定者与执行者的问题上，进行了新的探索，避免了出现制度制定者同时也是执行者，使得制度流于形式的弊病问题。

党内制度体系要做好配套衔接，做到党内制度相互协调、相互支撑，不会冲突重复。

制度不在多，而在于精，在于务实管用，突出针对性和指导性。如果空洞乏力，起不到应有的作用，再多的制度也会流于形式。牛栏关猫是不行的！要搞好配套衔接，做到彼此呼应，增强整体功能。要增强制度执行力，制度执行到人到事，做到用制度管权管事管人。制定制度要广泛听取党员、干部意见，从而增加对制度的认同。①

党内制度体系也包括党内法规制度体系、实施体系、保障体系和监督体系，党内制度衔接必须注意党内制度体系间的衔接。

---

① 习近平在党的群众路线教育实践活动总结大会上的讲话［EB/OL］. 人民网，2014-10-09.

党内制度体系的衔接，首先要了解党内制度体系的构成。一种是以党章和民主集中制为核心的党内根本制度，以条例、准则、规定、规范、细则和意见等构成的基本制度，以三会一课、两学一做、创先争优等为主要内容的具体制度；第二种是以党的制度建设为依据划分的，党章作为根本制度，进行党的组织制度、领导制度、党的自身建设制度和监督保障制度为主要内容的制度划分。无论是哪种方式进行的制度划分，党内制度体系的主要构建目标都是为了制度的合理和有效。要完善党内法规制定体制机制，注重党内法规同国家法律的衔接和协调，构建以党章为根本、若干配套党内法规为支撑的党内法规制度体系，提高党内法规执行力。党章等党规对党员的要求比法律要求更高，党员不仅要严格遵守法律法规，而且要严格遵守党章等党规，对自己提出更高要求。①

第四，制度治党需要强有力的执行。制度治党不仅要求有制度的约束，关键在于制度的执行。宏观层面对制度执行经验进行总结，对党内法规制度进行大力宣传，同时也坚决地按法规制度的要求进行执行，在此基础上，健全了监督检查机制，完善了惩处追责机制。微观层面，对党内的各种具体制度的实施进行了长期的探索，在党员廉洁自律制度上，强调八项规定，开展党的群众路线教育学习，学习和践行“三严三实”等；在组织生活会制度的落实上，严格按照要求进行，从上到下开展批评与自我批评的自我教育活动；在党委会议制度的推进中，对党委的权利和职责进行了严格的限制。

制度治党的有效执行必须解决两个制度关系。首先，党内法规制度与国家法律的关系需要明确，以宪法为核心的国家法律体系与以党章为核心的党内法规体系的衔接，是全面依法治国下构建“五大法治体系”必须做到的。其次，党内制度必须与中国特色社会主义制度体系相适应，党的领导是中国特色社会主义最本质的特征，党内制度是中国特色社会主义制度体系的重要组成部分，加强党内制度建设对中国特色社会主义制度建设有着重要的示范作用。

制度治党的关键在于制度的执行。制度不仅仅要制定出来，重要的是制度的执行，制度执行就要加强制度的宣传教育，就要使制度内化于心，外化于行，真正地对党员、干部的行为起到约束作用。制度的生命力就在于制度的执行。

第五，制度治党需要建立完善的效能机制。制度治党要形成长期有效机制，

① 习近平. 加快建设社会主义法治国家［J］. 求是，2015（01）：3-8.

就要建立完善的法规制度实施工作评估体系。对于制度的评估就要从内容是否科学合理，程序是否严密，配套是否完备，运行是否有效等几个方面进行客观评估，只有保证法规制度的科学性、程序性、完备性和有效性才能使制度治党落到实处。习近平总书记“制度治党思想”的短期效能，会使中国共产党作为执政党的制度基础更加牢固，长远来看，完善的党内法规制度体系，有效的实施和执行，必然会推动党内政治文化的建设。

制度治党是党内各种有效措施形成制度后，严肃党内政治生活，建设党内政治文化，构建党内政治生态形成的长效发展机制。制度衔接是要解决制度供给到制度执行各个环节的问题，促进制度落到实处，真正执行。制度执行才是制度的真正落脚点，党内制度并不是没有对党内各种问题做出相关的规定，各种有效的措施正是以制度化的方式向党内问题提供了解决的办法，问题在于制度的执行出现了问题，制度衔接要解决的，就是制度执行中不利于党的领导和党内建设的问题，这样制度就能更好地发挥约束党员和党组织的作用。

第六，研究制度治党的发展规律，探索制度治党的发展路径。制度治党的有效发展途径是推进依法治国与制度治党、依规治党的有机统一。中国共产党建成的以党章为核心的法规制度体系与国家建成的以宪法为核心的社会主义法律体系衔接匹配。党内法规制度体系是党内纪律的固定与升华，党纪对党员的要求是要比法律要求高的，纪在法前，纪严于法。党内法规制度对于党员的严格要求是党的先进性和纯洁性的必然要求，我们党的自身建设就是要对党员干部提出高标准、严要求。

要完善党内法规制定体制机制，注重党内法规同国家法律的衔接和协调，构建以党章为根本、若干配套党内法规为支撑的党内法规制度体系，提高党内法规执行力。党章等党规对党员的要求比法律要求更高，党员不仅要严格遵守法律法规，而且要严格遵守党章等党规，对自己提出更高要求。①

加强党内政治文化建设是制度治党的根本目的。制度治党作为全面从严治党与全面依法治国的合力点，党的建设制度改革作为全面深化改革的重要内容，

① 习近平．加快建设社会主义法治国家［J］．求是，2015（01）：3-8.

对“四个全面”战略布局有着重要的影响。更重要的是制度治党对于政治文明建设的影响，制度治党必然要加强制度对党的治理。这就需要加强制度的宣传教育，使广大党员树立制度意识，强化制度的执行，形成党内特有的制度文化。制度文化是党内政治文化的重要组成部分，制度治党就是加强党内政治文化建设。制度意识是政治意识的重要组成，党员在党言党，在党管党，严格地按照党内制度管事、管人、用权。制度意识深入人心，才能过好政治生活，政治生活要求党员、干部必须按照党内制度开展党内政治生活。制度治党的动态运行是党内政治生态建设的重要组成，只有党内制度真正使广大党员内化于心，外化于行，才能形成良好的政治生态。

第一章　制度治党思想概述

2014年10月8日，习近平总书记在党的群众路线教育实践活动总结大会上的讲话中提出制度治党的概念。制度治党这一概念的出现虽然较晚，但它的实践历史却十分悠久，制度治党既是党在面临复杂变化的国内外环境下一再坚持和改进的重要手段，也是党不断自我净化、自我革命的内在要求。制度治党思想深刻地体现了党的理性自觉、优良传统和对未来走向的科学把握，既遵循了无产阶级政党建设的历史规律，也是对中国共产党自身建设与执政特色的深入探寻。

第一节　制度治党思想的提出背景

2014年10月8日，习近平总书记在党的群众路线教育实践活动总结大会上的讲话中提出制度治党的概念。制度治党是全面从严治党的重要内容和基本要求之一，全面从严治党是“四个全面”战略布局的基本内容与根本保证，“四个全面”战略布局是习近平新时代中国特色社会主义思想的重要组成部分。制度治党的提出，既有世界环境格局变迁产生的外在驱动，也是中国共产党自我认识、自我管理的理性自觉的表现；既是中国共产党优良传统的当代体现，也是对中国未来发展变化的科学把握；既是中国共产党对政党建设规律的深刻把握，也是中国共产党对自身建设与执政能力保持现代化特色的重要举措。

一、世界处于大发展大变革大调整时期

当今世界，和平、发展、合作、共赢成为时代潮流，国际形势总体稳定。经济全球化的深入推进，引发世界格局发生了深刻变化，中国面临着前所未有的挑战和机遇。政治多极化使世界各国竞争激烈，地缘政治突出，局部动荡频繁，霸权主义、强权政治和新干涉主义成为影响世界稳定的重要因素。在思想文化上，西方社会思潮借由现代传媒技术，加紧向我国输入资本主义意识形态，主流意识形态的斗争环境依然恶劣。坚持用发展、变化的眼光审视自己，是马克思主义政党保持先进性、纯洁性本质的根本保证。21 世纪，世界主题仍然是“和平、发展”，而世界潮流则丰富为“和平、发展、合作、共赢”，国家之间的相互联系与依存持续深入，但主流之外，霸权主义、强权政治和局部动荡依然存在，个别时期和个别区域还呈现不断加剧的态势。

（一）和平与发展仍是时代主题

党的十九大报告对当前世界格局的变化做出如下判断：“世界正处于大发展大变革大调整时期，和平与发展仍然是时代主题。”① 在政治格局走向多极化，经济全球化趋势加强，思想文化多样化、大繁荣，科学技术信息化、大发展，全球治理体系和国际秩序变革加速推进的背景下，世界各国之间的联系更加紧密，依存度不断提高，国际力量向着更加平衡的方向发展，和平与发展的大势不可逆转，这是对中国发展外部环境的深刻认识。

当前和今后一个时期，我国发展仍然处于重要战略机遇期，但机遇和挑战都有新的发展变化。中国共产党在“和平与发展”的世界发展环境下，高举“和平、发展、合作、共赢”的旗帜，投身于维护世界和平与促进共同发展的事业中。与此同时，也深刻认识到，世界面临的不稳定因素、不确定因素逐渐增多：2008 年世界金融危机以来，贫富分化日趋严重，发达国家与发展中国家的差距进一步拉开。伴随金融危机而来的地区性问题增多，恐怖主义、网络安全、传染病、生态问题、气候问题等非传统安全威胁更是雪上加霜，给世界发展带来诸多困扰。此次危机造成主体经济需求疲软，低速增长，复苏艰难，持续时

---

① 习近平. 决胜全面建成小康社会 夺取新时代中国特色社会主义伟大胜利——在中国共产党第十九次全国代表大会上的报告［R/OL］. 新华网，2017-10-27.

间之长、波及范围之广，成为 20 世纪 70 年代以来最严重的经济危机。中国置身于世界发展大势之下，尤其是在改革开放深入推进的今天，方方面面的运势都与世界发展紧密联系在一起，中国共产党必须加强自身建设、提高执政能力和执政水平，才能更好地带领中国走向复兴、走向强盛，为世界发展贡献应有的力量。

（二）世界经济和贸易遭遇挑战

2008 年国际金融危机已经过去十多年，但影响依然笼罩世界各国，经济发展动力不足，世界经济和贸易增速持续降低，发达国家经济复苏困难，为有效应对经济低迷现状，各国不惜否定经济全球化取得的成就，贸易保护主义抬头，主要发达国家将贸易保护作为最后的护身符，躲进自己设计的套子里，推卸应对经济社会发展难题的责任。金融危机影响余波未平，世界经济又呈现持续低迷的态势，欧债、美债等问题成为新隐患。贸易保护主义抬头，为世界经济复苏，经济全球化蒙上了一层朦胧的面纱。金融危机影响之下，世界经济充满了不确定性、不稳定性，各种贸易保护主义抬头，地区热点问题升温，霸权主义、强权政治和新干涉主义成为影响经济发展的重要因素，各种传统安全威胁和非传统安全威胁进一步交织，英国脱欧、美国反穆、中美贸易战等成为世界经济发展的新挑战。一系列挑战的出现，说明过去几十年的实践经验在资本主义新形势下，已经不能有效应对资本主义固有矛盾所带来的周期性危机，而打破这一局面仍然需要新的政治经济学理论支撑。

2012 年 12 月召开的中央经济工作会议认为，国际经济形势依然错综复杂、充满变数，世界经济低速增长态势仍将延续，各种形式的保护主义明显抬头，潜在通胀和资产泡沫的压力加大，世界经济已由危机前的快速发展期进入深度转型调整期。①

2020 年，一场突如其来的新冠肺炎疫情，给尚未复苏的世界经济蒙上了更多的阴影。此次疫情，加剧了逆全球化的进程，对原有全球经济治理规则造成冲击。随着新冠疫苗的上市和主要经济体防控措施的加强，预计 2021 年和 2022 年的经济增速将正向增长。这次新冠肺炎疫情充分说明任何国家在全球性的生

---

① 《中央经济工作会议在北京举行，习近平温家宝李克强作重要讲话》［N］. 人民网-人民日报，2012-12-17.

存危机下都不能独善其身，任何国家的疫情防控滞后和不足都会对其他国家的疫情防控带来负面影响。由此，人类命运共同体的意识在此次疫情中再一次得到强化，给未来全球治理模式提出了新要求。

（三）全球治理体系和国际格局变革

“一超多强”格局已渐趋稳定、成熟。对于世界格局的定义，本质上属于研究国际政治形态的变化，描述世界级政治舞台政治力量之间的博弈，是研究世界格局新变化的理论前提。世界格局在冷战结束后的新变化，各国之间有着不同的看法，但从整体上而言，“一超多强”的世界格局基本得到公认，并且未来一段时间内会保持向着多极化方向发展的趋势。国际格局的演变对世界各国有着深刻的影响，“二战”结束后，世界陆续发生了冷战对峙、冷战终止、东欧剧变及多次全球性危机，进一步深化了世界格局的复杂性、多变性。

发展中国家在世界政治经济发展中的作用越来越大，成为世界格局变化中不容忽视的力量。中国作为世界上最大的发展中国家，逐渐成长为“一超多强”格局中的一极，在世界和平与发展的进程中，贡献着越来越多的力量。俄罗斯、印度、南非、巴西等发展中大国，地域辽阔，人口众多，有着广大的市场、丰富的自然资源和诸多的战略要地，无论在经济上、贸易上还是从军事上，都占有举足轻重的战略地位，也因此成为世界政治格局中不可忽视的力量。

全球化深入推进的背景下，非传统安全因素和全球性挑战不断增多。首先，区域性冲突问题、局部矛盾问题不断出现，尤其是中东、北非、东非等地国家冲突、恐怖袭击、暴乱成为影响地区安全的重要因素。其次，全球性的气候变化问题，成为影响全人类发展的重要问题，由于经济发展和工业现代化的推进，向大气中排放了大量的污染性气体，加快了冰川融化的速度，严重威胁到人类的生存环境，只有世界各国共同努力，一起应对气候变化，才能有效改善生存环境。最后，因战乱、自然灾害、瘟疫等引发的各种灾难，使得世界难民人数不断增加，贫困地区人们的生存受到严重威胁，难民在世界范围内的流动，也为世界格局的变化埋藏了潜在风险，给世界格局的变化带来了大量不可控因素。

（四）西方主要社会思潮对世界发展的影响

冷战结束以来，西方意识形态在全球领域内扩散，使全世界在精神领域关联起来。而意识形态输出国与意识形态输入国之间的矛盾一刻也未消失过，发达资本主义国家不仅在政治、经济上占有优势，伴随着其工业产品、政治模式输出的，还有思想文化，意识形态领域斗争同样成为当前世界发展的不确定因素。中国作为社会主义大国，在意识形态领域同样面临着严峻的考验，坚持马克思主义中国化、时代化、大众化，保证社会主义方向与道路，建设中国特色的社会主义文化强国，就必须同各种西方不良思潮做斗争。

新自由主义思潮起源于20世纪70年代，西方资本主义国家面临滞胀带来的经济危机，凯恩斯主义失效，新自由主义成为一些国家应对危机的新选择。同经典的自由主义有所不同，新自由主义宣扬发展社会市场经济，认为政府只应当发挥对经济进行调节和规定市场活动框架条件的作用，反对国家干预经济，强调市场自由的重要性。新自由主义强调经济自由化、私有化、市场化，特别强调自由市场原则的重要意义，抵制社会主义、环境保护主义、贸易保护主义以及民粹主义，强调它们会妨碍个人的自由，在一定程度上对经济全球化的推动有积极作用。但是，新自由主义在向发展中国家推行的过程中，其帝国主义本质暴露无遗，发展中国家推行新自由主义政策的实践证明，新自由主义并不能帮助这些国家有效解决社会经济问题。新自由主义思潮在中国也会产生一定的影响，对此应当积极防范新自由主义思潮中与社会主义发展方向相背离的错误倾向。

社会民主主义是西方政治思潮的重要组成，最早出现于19世纪中叶，伴随着风起云涌的国际工人运动出现，对西方社会民主主义政党产生了深远影响。随着资本主义进入不同的发展阶段，社会民主主义思想也不断演变，先后历经了伯恩施坦主义、福利国家理念、“第三条道路”等发展阶段，形成了特色鲜明的理论体系。21世纪以来，当代西方社会民主主义思潮在政府与社会、效率与公平以及生态环保等问题上进行了系统的理论创新，成为具有鲜明风格的政治理论和经济理论，极大地丰富了当代西方政治思潮。

民粹主义在英国脱欧和美国特朗普上台后成为英美政治格局中一股重要的社会思潮，给未来西方政治、经济和社会的走向带来了巨大的变数和高度的不确定性，深刻影响着西方各国的政治和国际格局。民粹主义具有明确的反全球化、反自由贸易倾向，在世界范围内大行其道，正在以一种前所未有的力度侵蚀着、威胁着世界政治、经济格局。西方各国贸易保护主义抬头，多边贸易机制受到挑战，欧洲一体化、经济全球化进程在民粹主义影响下产生巨大威胁，西方内部各种分离主义势力视欧盟为阻碍本国发展的重要阻力，欧洲一体化前景不容乐观。

逆全球化思潮是继西方民粹主义、极端主义思想发展后，国际社会的难点问题，其兴起与全球化进程中出现的社会分配不公、国家间发展失衡等问题密切相关。全球化面临的危机和逆全球化思潮的兴起，实质上是由全球化过程中的应对问题不力导致的，要克服当前的问题，恰恰需要更深层次的全球化。逆全球化思潮的冲击对于积极倡导“全球化”、主张构建“包容性”发展的中国而言，无疑是一次重大挑战，但更是一次难得的历史性机遇。

普世价值是指“一种为普天下所有的人共同接受，并贯穿人类社会发展过程始终，亦即普遍适用、永恒存在的价值”①。普世价值思潮认为，资本主义的“自由、民主、人权、博爱”等理念应被奉为全人类的终极价值规范，其实质是西方社会在传播其政治制度的同时，将其意识形态裹挟在所谓的“普世价值”中一同进行传播。普世价值中蕴含的西方话语烙印和霸权主义思维是西方资本主义国家打造话语主导权，终其实质是推行霸权统治的一种方式。

中国共产党在全球政治经济格局的全新调整过程中，面对挑战，审时度势，以保持开放的心态消解不良思潮对全球化的负面影响。中国改革开放四十多年的实践经验证明，在机遇和挑战面前，只有打造一个强有力的领导核心，坚定中国特色社会主义方向与道路，主动面对和拥抱全球化，才能在日益多元、开放的世界中更好地应对各种挑战。

二、中国特色社会主义进入新时代

改革开放以来，特别是进入21世纪后，中国的综合国力突飞猛进。党的十八大以来，面对世界经济复苏乏力、局部冲突和动荡频发、全球性问题加剧以及我国经济发展进入新常态等一系列深刻变化，以习近平同志为核心的党中央高举中国特色社会主义伟大旗帜，锐意进取、开拓创新，始终坚持党的领导，团结和带领全国人民为实现中华民族伟大复兴的中国梦而努力奋斗，取得了举世瞩目的伟大成就。

中国特色社会主义进入新时代，习近平总书记在党的十九大报告中指出：

① 汪亭友.“共同价值”不是西方所谓“普世价值”［J］. 红旗文稿，2016（04）：8-10.

> 五年来，我们党以巨大的政治勇气和强烈的责任担当，提出一系列新理念新思想新战略，出台一系列重大方针政策，推出一系列重大举措，推进一系列重大工作，解决了许多长期想解决而没有解决的难题，办成了许多过去想办而没有办成的大事，推动党和国家事业发生历史性变革。①

中国特色社会主义实践取得的全方位、开创性成就，引发的深层次、根本性变革，是习近平新时代中国特色社会主义思想对中国经济社会发展走向做出的重要判断和科学决策。

第一，基本国情没有发生根本性变化。党的十九大报告指出：

> 我国社会主要矛盾的变化，没有改变我们对我国社会主义所处历史阶段的判断，我国仍处于并将长期处于社会主义初级阶段的基本国情没有变，我国是世界最大发展中国家的国际地位没有变。②

这一重大政治论断，是我们党对当今中国社会发展阶段性特征的科学判断，对于我们正确认识我国经济社会发展所处的历史阶段、历史方位，进而针对发展进程中出现的新情况新问题，提出正确的路线、方针、方略，具有极为重大的历史意义。

第二，经济发展进入新常态。以“五大发展理念”引领经济发展，实施创新驱动发展战略，继续推进农业现代化、产业体系化、新型城镇化和区域协调化发展，以“一带一路”倡议引领全方位开放新格局。供给侧结构性改革深入推进，经济结构不断优化，数字经济蓬勃发展。京津冀协同发展、长江经济带协同发展成效显著，区域协同发展成为经济发展的新动力。新冠肺炎疫情影响下，给世界经济发展带来的巨大挑战，使中国再一次认识到经济内循环的重要性，只有推动国际国内双循环共同发展才是经济走向更加繁荣的必经之路。中

① 习近平. 决胜全面建成小康社会 夺取新时代中国特色社会主义伟大胜利——在中国共产党第十九次全国代表大会上的报告［R/OL］. 新华网，2017-10-27.

② 习近平. 决胜全面建成小康社会 夺取新时代中国特色社会主义伟大胜利——在中国共产党第十九次全国代表大会上的报告［R/OL］. 新华网，2017-10-27.

国的发展已转向高质量发展阶段，制度优势十分显著，治理效能明显提升，经济长期向好，物质基础雄厚，人力资源丰富，市场空间广阔，继续发展具有多方面优势和条件；但发展的不平衡不充分问题仍然突出，重点领域关键环节改革任务仍然艰巨，创新能力不适应高质量发展要求，生态环保任重道远，民生保障存在短板，社会治理还有弱项等都需要进一步的发展充实。

第三，全面深化改革深入推进。在政治上加强社会主义民主法治建设，推进社会主义民主化、法制化和现代化进程。在文化上大力弘扬社会主义核心价值观，加强社会主义精神文明建设，提高文化软实力和国际话语权。当前，全面深化改革已进入攻坚期、关键时期和深水期，人民群众对全面建成小康社会充满期待，全面深化改革的任务艰巨程度前所未有。在政治体制建设方面，全面深化改革深入推进，坚决破除各方面体制机制弊端，改革已向着全面发力、多点突破、纵深推进的方向发展，主要改革领域主体框架基本确立。党的领导体制机制不断完善，社会主义民主不断发展，党内民主更加广泛，社会主义协商民主全面开展，法治国家、法治政府、法治社会建设相互促进，中国特色社会主义法治体系日益完善，全社会法治观念明显增强。国家监察体制改革试点取得实效，行政体制改革、司法体制改革、权力运行制约和监督体系建设有效实施。在军事上坚持总体国家安全观，全面推进军队改革，加快建设海洋强国，努力建设一支“听党指挥、能打胜仗、作风优良”的人民军队。

第四，思想文化建设成就显著。党在意识形态工作的领导权得到全面加强，党的理论创新全面推进马克思主义在意识形态领域的指导地位，中国特色社会主义和中国梦深入人心，社会主义核心价值观、中国优秀传统文化得到弘扬。文化建设作为中国特色社会主义“五位一体”总体布局之一，是全面建成小康社会、建设社会主义现代化强国和实现中华民族伟大复兴中国梦的精神动力、精神力量和精神支撑。党的十九大高度肯定了文化的作用：“文化是一个国家、一个民族的灵魂。文化兴国运兴，文化强民族强。”① 新的历史定位赋予了文化建设新的要求和新的使命。党的十九大报告鲜明地提出在新时代要“坚定文化

① 习近平. 决胜全面建成小康社会 夺取新时代中国特色社会主义伟大胜利——在中国共产党第十九次全国代表大会上的报告 [R/OL]. 新华网，2017-10-27.

自信，推动社会主义文化繁荣兴盛”①。

第五，人民生活水平不断提高。关于新时代我国社会主要矛盾的思想是党的十九大提出的一个重大而崭新的理论，党的十九大报告中指出：“中国特色社会主义进入新时代，我国社会主要矛盾已经转化为人民日益增长的美好生活需要和不平衡不充分的发展之间的矛盾。”② 这是党的十九大对我国社会主要矛盾在新时代变化所做的科学判断。在社会建设上实施“精准扶贫”，打赢脱贫“攻坚战”，实施“全面二孩政策”，提高民生保障水平，维护社会和谐稳定。在生态上实行最严格的生态环境保护制度，营造“绿水青山”，推进生态文明建设。生产力水平大幅提高，四十年的改革开放，六年来的全方位、开创性的成就和深层次、根本性的变革，使我国经济、科技、文化、综合国力取得了显著进步，经济总量、人均收入增速都超过了党的十六大对 2020 年小康社会的预计水平；我国保持世界贸易第一地位，成为世界制造大国，有的行业甚至出现产能过剩；主要农作物产量多年创新高；中国桥、中国路、中国高铁等重大装备和材料、信息、航天等科技在世界崭露头角；物质、文化产品大大丰富。与此同时，发展中也出现了一些突出矛盾和问题，民生短板，生态环境破坏，民主法治的不足，严重的人身、信息、饮食等生产生活安全，学习工作生活压力较大等。③

第六，中国特色大国外交快速推进。党的十八大以来，中国在国际政治中的地位发生了明显改变，外交空间得到拓展，全方位、多层次、立体化的外交格局基本形成，中国逐步走向世界舞台的中心，国际影响力、引领力、感召力不断增强。习近平总书记讲道：“党的十八大以来，党中央在保持外交大政方针延续性和稳定性的基础上，积极运筹外交全局，突出周边在我国发展大局和外交全局中的重要作用，开展了一系列重大外交活动。”④ 中国在外交上始终坚持独立自主的和平外交政策，积极构建以合作共赢为核心的新型大国关系，努力

---

① 习近平. 决胜全面建成小康社会 夺取新时代中国特色社会主义伟大胜利——在中国共产党第十九次全国代表大会上的报告［R/OL］. 新华网，2017-10-27.

② 习近平. 决胜全面建成小康社会 夺取新时代中国特色社会主义伟大胜利——在中国共产党第十九次全国代表大会上的报告［R/OL］. 新华网，2017-10-27.

③ 陈国平，韩振峰. 把握新时代人民群众美好生活需要的三个维度——基于新时代社会主要矛盾的分析［J］. 人民论坛·学术前沿，2018（09）：99.

④ 中央文献研究室，中国外文局. 习近平谈治国理政［M］. 北京：外文出版社，2014：296.

打造人类命运共同体。“一带一路”倡议、人类命运共同体概念得到国际社会的认可，亚洲基础设施投资银行的成立与运作，G20杭州峰会、“一带一路”国际合作高峰论坛、中国共产党与世界政党高层对话会，金砖国家领导人厦门会晤，提出尊重世界文明多样性，以文明交流超越文明隔阂、文明互鉴超越文明冲突、文明共存超越文明优越的主张，这些中国特色大国外交的实践，为习近平新时代中国特色社会主义思想的形成提供了经验积累与实践支撑。

同时，也应看到中国战略机遇期面临着诸多挑战，这就要求中国共产党必须加强自身能力建设、认真把握新变化，从容应对新矛盾和新挑战，不断开创发展新境界。改革开放四十多年的高速发展，中国已进入改革深水区和矛盾多发期，经济下行压力增大，社会矛盾明显增多。经济总量虽然跃升至并稳居世界第二位，成功突破100万亿人民币大关，但创新乏力、发展不平衡不充分的问题仍然突出；改革开放虽然取得重大进展，但改革动力减弱、阻力增大，复杂性和不确定性增强，现代市场体系和宏观调控体系依然不健全，农村、国企、财税、金融、科教文卫等改革推进缓慢，开放型经济水平有待进一步提高；民主法制建设虽然迈出新步伐，但行政体制改革、司法体制改革和工作机制改革依然滞后，基层民主法治建设有待进一步加强；人民生活水平虽然有了很大提高，但收入差距扩大、生态环境恶化、人口老龄化加快、安全事故多发等问题仍然是影响社会稳定的重要因素；国内整体虽然局势稳定，但也存在一些不安定因素，如香港“占中”事件、达赖“访美”事件，特别是以蔡英文为首的民进党上台后两岸关系“交冷”等，都对民族团结、祖国统一造成了一定影响；此外，国防、军队和外交工作也有待进一步改善和加强。所有这些问题，都对中国共产党执政能力和执政水平现代化提出了高要求，中国共产党只有不断加强执政能力、先进性和纯洁性建设，才能带领中国人民、中华民族实现中华民族伟大复兴的“中国梦”。

三、全面从严治党成效卓著

据《2019年中国共产党党内统计公报》数据显示，截至2019年12月31日，中国共产党已经从成立之初的50多名党员发展到现在拥有9191.4万名党员的世界头号执政党，中国共产党现有基层组织468.1万个，其中，基层党委24.9万个，总支部30.5万个，支部412.7万个。治理这样一个大党，没有任何的经验可循，中国共产党作为执政党，以前所未有的魄力和决心，对自身管理、建设提出高标准、严要求。2014 年 10 月，习近平总书记在党的群众路线教育实践活动总结大会上提出坚持从严治党八点要求，2014 年 12 月在江苏调研期间，习近平总书记提出了“四个全面”思想，将“从严治党”首次提升到了“全面从严治党”的高度。

（一）严明政治纪律

从严治党，自觉维护党的集中统一，是推进党的建设这一伟大工程的根本要求。党的十九大报告中对党在过去五年全面从严治党方面加强政治纪律的成就讲道：“推动全党尊崇党章，增强政治意识、大局意识、核心意识、看齐意识，坚决维护党中央权威和集中统一领导，严明党的政治纪律和政治规矩，层层落实管党治党政治责任。”① 中国共产党的力量，来自组织的坚强团结、意志统一、行动一致。列宁在建党问题上，明确指出党是有组织的部队，党员必须服从党的纪律，只有这样党才能成为有战斗力的、集中统一的、有组织有纪律的无产阶级先锋队。

民主集中制是全面从严治党的根本组织原则，在民主基础上的集中和集中指导下的民主相结合，是中国共产党对民主集中制内涵的深刻认识与解读，能够直接、系统地反映党内生活中领导者与被领导者、上级组织与下级组织、党员个人与党的整体、党的中央与地方及其各级组织的关系，处理好这四种关系对于党内政治生活的正常进行具有非常重要的意义。从严治党要求严格执行党的领导制度，坚持党的集体领导和个人分工负责相结合，在党的组织建设中，做到在党的纪律面前人人平等，领导干部和普通党员共同接受党组织监督。以从严治党为出发点制定的党规党纪，其基本落脚点在于不断加强和提高党员的党性修养，使党员自觉地维护党的利益、自觉地同非无产阶级行为做斗争、自觉地服务组织和服务群众。在党性修养的培育中，自觉树立并形成党组织的政治向心力和凝聚力。

（二）坚定理想信念

保持共产党员的先进性和纯洁性是坚持党的性质和宗旨、体现共产党政治

---

① 习近平. 决胜全面建成小康社会 夺取新时代中国特色社会主义伟大胜利——在中国共产党第十九次全国代表大会上的报告 [R/OL]. 新华网，2017-10-27.

本色的重要保证。先进性和纯洁性的建设重点在思想领域，共产党人的理想信念、坚定意志是党战胜困难、争取胜利的强大精神支柱，这是其他性质的政党所不具有的独特优势和战略资源。党的十八大以来，以习近平同志为核心的党中央，以前所未有的力度推进从严治党，要求党员树立远大的共产主义理想。习近平总书记指出："共产党员特别是领导干部要做共产主义远大理想和中国特色社会主义共同理想的坚定信仰者和忠实践行者。"① "有了坚定的理想信念，站位就高了，眼界就宽了，心胸就开阔了，就能坚持正确政治方向……经受住各种风险和困难考验，自觉抵制各种腐朽思想的侵蚀，永葆共产党人政治本色。"②

按照十八大部署，围绕保持党的先进性和纯洁性，在全党开展了以"为民务实清廉"为主要内容的群众路线教育实践活动，这是新形势下坚持党要管党、从严治党的重大决策。党中央提出落实关于改进工作作风、密切联系群众的八项规定，成为群众路线教育实践活动的重要成效之一。"三严三实""两学一做"教育常态化制度化、"三会一课"的落实与推进，在思想建党与制度治党相统一方面，中国共产党做了深入细致的工作。

（三）党的制度建设深入推进

十九大报告中关于党的制度建设做出论述："党的建设制度改革深入推进，党内法规制度体系不断完善。"③ 党的建设制度改革既是全面深化改革的重要组成，也是深入推进全面深化改革的重要保证。2014 年 8 月 29 日，中共中央政治局审议通过《深化党的建设制度改革实施方案》，从党的组织制度、干部人事制度、基层组织建设制度和人才发展体制机制四个方面对党的建设制度改革任务和目标进行了分解，突出强调构建系统完备、科学有效的制度体系，坚持破立并举，及时清理不适应时代发展的制度，建立健全新的制度。"党的建设制度"不仅包括党内制度，还涉及党与国家、社会关系的制度，党的建设制度改革既

---

① 中共中央文献研究室．十八大以来重要文献选编：上册［M］．北京：中央文献出版社，2014：115.

② 中共中央文献研究室．十八大以来重要文献选编：上册［M］．北京：中央文献出版社，2014：117.

③ 习近平．决胜全面建成小康社会 夺取新时代中国特色社会主义伟大胜利——在中国共产党第十九次全国代表大会上的报告［R/OL］．新华网，2017-10-27.

要进行党的自身建设制度改革，也要对党的领导制度、工作制度进行改革，完善党的领导方式与执政方式，提高党的执政能力与执政水平。

党十八大以来，党内法规制度建设规范化、系统化程度不断加强。2013 年 5 月颁布了《中国共产党党内法规制定条例》《中国共产党党内法规和规范性文件备案规定》，2013 年 11 月又发布了《中央党内法规制定工作五年规划纲要（2013—2017 年）》。党的法规制度体系不断完善，一是要注重对原有法规制度进行一定的“细化”，使基础性的党内法规的实施办法和细则更加完备，相应的配套制度不断完善。二是增加党内法规制度系统的协调性，对于党内法规与国家法律而言，一方面要构建党内立法与国家立法的衔接机制，即党内立法机构要注重加强与人大、政府法制部门的联系，建立健全两者之间的交流、沟通机制；另一方面要适时地将一些成熟的党内法规上升为国家法律，这不仅是建设法治化国家的需要，也是实现党内法规制度与国家法律对接的需要。三是提高法规制度的执行力，尤其要加大对党内法规制度执行的监督力度，对不落实或不认真落实党内法规制度的单位和个人，要认真查处，追究责任。

第二节 制度治党思想的基本内涵

制度治党思想研究的基础就是对制度治党的基本概念和内涵进行准确的理解和科学的解读，“制度”在制度治党思想中究竟涵盖了哪些内容？“治”的过程是什么？这是本节重点阐述的内容。

一、制度的概念

“制度”一词并不是政党研究的专门概念，而是从政治经济学、社会学的基础上延伸而来的，不同学科、不同学派对“制度”的定义有所差异。

（一）不同学科下的制度概念

当前，涉及制度研究的主要学科有政治学、经济学、社会学、历史学等，而在这些学科体系之下，又有各种不同的流派。对制度研究影响广泛的主要是政治经济学和历史学两个学科，社会学中对于制度的研究基本以其他几门学科为基础，而且几个学科对制度的研究也各有掺杂，说明制度作为一个复杂的概念，对其研究不可能单就某一方面、某一学科进行，而是需要多学科交叉和更深层次的认识。因此对制度不同定义的比较分析，对制度治党的研究有着不可或缺的重要意义。

政治经济学下的制度学派分为旧制度主义学派和新制度主义学派。新制度主义学派中的历史制度主义流派认为：制度就是在各种政治经济单元之中构造着人际关系的正式规则、惯例受到遵从的程序和标准的操作规程。① 这一定义将制度限定于政治经济单元之中，而将其他社会关系置之度外，带有明显的局限性。新制度主义学派中理性选择制度主义流派认为："制度是一系列被制定的规则、程序和行为的道德伦理规范，它旨在约束追求主体福利或效用最大化利益的个人行为。"② 这种观点从最狭义的角度界定制度，使得制度的范畴限定于明晰可见、制定已成的范围，未将意识形态、习俗、惯例等纳入其中，且制度并不会在某一时刻明确的追求福利与利益最大化，更多的时候是兼顾效率与公平的，将这些置于制度研究之外，显然是不合适的。新制度主义学派中的社会学制度主义流派认为："制度等同于一定的文化模式及其表现出来的为人的行动，提供意义框架的符号规范点，彰显着系统认知模式和道德模板等。"此定义打破了制度与文化的限制，将特定的文化模式与制度等同起来，但终究未能将制度的客观现实性加以界定。

旧制度主义学派中，最早在经济学领域对制度进行定义的是康芒斯和凡勃伦。康芒斯在《制度经济学》一书中将制度定义为集体行动控制个体行动，这里所指的集体行动，包括的范围很广，从无组织的习俗到家庭、公司、控股公司、银行协会、联邦银行以及国家等。③ 在此，制度包括在经济生活的方方面面，只将制度的界定限于现象的认识与反映，没有涉及制度的本质。制度演化论的哈耶克认为："制度是一种规则，这种规则由内部规则和外部规则构成。内

---

① 崔万田，周晔馨. 正式制度与非正式制度的关系探析［J］. 教学与研究，2006（08）：42-48.

② 道格拉斯·C. 诺斯. 经济史中的结构和变迁［M］. 陈郁，罗华平，等译. 上海：上海人民出版社，1994：225-226.

③ 康芒斯. 制度经济学：上册［M］. 于树生，译. 北京：商务印书馆，1983：97.

部规则是由社会成员在长期交往中通过文化及传统代代相传而逐渐演化形成的；外部规则是由组织制定并强制组织成员遵守，非正式制度包含内部规则之中。”这个制度的定义将制度的认识加以扩展，制度的演化在某种程度上是随着人类社会的发展而变化的，将制度加以区分为正式制度与非正式制度是合理的，对于深化对制度的认知有重要的实践基础意义。诺斯认为：“制度是一个社会的游戏规则，或更正式地说是人类设计的、构建人们相互行为的约束条件。他们有正式规则（成文法、普通法、规章）非正式规则，（习俗、行为准则和自我约束的行为规范），以及两者执行的特征组成。”① 制度不是社会的游戏规则，社会也不是一场游戏，人类社会不是由某个人或团体设计而成的，因此，对于此定义唯一可取之处在于对正式规则和非正式规则的认识，而基于此认识的前提，即将社会看作游戏或者人类设计和构建的恶约束条件，说明其对于人类社会的本质认识不足。

中国学者也一直对制度的定义有不同的观点。黄少安认为：“制度是至少在特定社会范围内统一的、对单个社会成员的各种社会行为起约束作用的一系列规则。”② 科武刚、史漫飞认为：“制度是人类相互交往的规则，这抑制着可能出现的机会主义和怪癖的个人行为，使人们的行为更可预见，并由此促进劳动分工和财富创造。”③ 吴兴智在《党的制度，建设时间成就经验与启示》中提出：制度是在一定社会历史条件下，人类智力劳动的产物，主要是对人类社会的政治经济文化等各个方面活动进行规范，具有一定历史时期内保持相对稳定性的特征。④ 这些观点对于制度是规则、规范，主要目的在于对人的约束这些基本特点达成共识。但制度本身的影响力与扩张力远不止于此。

（二）马克思的国家制度思想

制度是人类实践的产物。人类的实践活动产生三种主要的社会关系，个人与个人的关系、人与社会的关系、人与自然的关系，人类在进行实践的过程中，在三种关系中约束人的行为的规则、规范是制度的本质属性。因此，对于制度

① 诺斯. 制度、制度变迁与经济绩效［M］. 刘守英，译. 上海：上海三联书店，1994：23.
② 黄少安. 产权经济学导论［M］. 济南：山东人民出版社，1995：90.
③ 科武刚，史漫飞. 制度经济学：社会秩序与公共政策［M］. 韩朝华，译. 北京：商务印书馆，2000：33.
④ 吴兴智. 党的制度，建设时间成就经验与启示［M］. 北京：经济科学出版社，2017：1.

的认识必须回归到人的本质中去，离开人的本质、人类社会的发展、人类社会关系的调解谈制度，必然是建空中楼阁，不能揭示制度发展的客观规律。

马克思在《黑格尔法哲学批判》导言中对于国家制度做了相关定义，认为“国家制度只不过是政治国家和非政治国家之间的协调，所以它本身必然是两种本质上各不相同的势力之间的一种契约”①。马克思对于国家制度的认识是基于人的社会关系基础上，调解人与人、人与社会、人与自然关系的产物。政治国家与非政治国家是人类社会发展到一定阶段的两种不同的社会关系，政治国家的社会关系是政治活动中的人、组织、机构和关系等，非政治国家是指政治活动之外的人、组织、机构、观念和关系等，自然环境在国家的不断发展中，同样被划分了政治国家和非政治国家的属性。因此，对于制度的认识，不能局限于政治学、经济学、社会学及历史学等专一应用学科之下，而应结合多学科的理解和认知特点，从人类社会发展的角度认识制度。

制度具有双重性，一方面制度是客观存在的，另一方面制度是人的意识活动的产物。制度作为调节人类社会关系的产物，真实、客观的存在，制度的存在与否，不受人的主观意愿影响，人可以认识、利用这些规律。制度作为调节人类社会关系的产物，本身就是人的实践结果，实践是人的主观见之于客观的活动，制度在产生之初就是人与动物区分的开始，人通过主观世界的约束，规范自己的行为，这是意识活动的根本目的。马克思主义哲学的根本目的在于认识世界和改造世界，人不仅能正确认识自己的行为，而且能约束、控制、规划、汇聚自己的行为，同样是认识、改造世界的过程。

制度的双重性基于人类实践的基本特征和人类实践与认识的辩证关系，制度作为人类社会特有的产物，其形成与发展与人类社会发展息息相关、密切联系。人不仅是现实存在的人，也是社会关系构筑起的人，精神世界对人有着同样巨大的影响。

尽管不同学科、不同学派对制度的定义不同，但要正确认识制度的内涵，必须坚持马克思主义历史唯物主义的观点，将制度放在人类历史社会发展的视野下加以界定。“制度是用以连接并协调国家与社会之间关系的一系列制度安排，主要包括正式或非正式的规则、惯例、程序、操作规程和机构及其互相之

① 马克思，恩格斯. 马克思恩格斯全集：第一卷［M］. 北京：人民出版社，1956：316.

间的关系等。"① 这一定义以马克思主义基本原理为遵循，在很大程度上契合马克思主义基本原理下制度的属性。制度韧性是制度的一大特性，人类社会处于不断地发展变化之中，社会关系同样处于不断变化之中，不变的是处理各种社会关系所坚持的原则与根本遵循、依据与目的。制度韧性与制度的稳定性在某种程度上是相似的，但制度的稳定性与韧性不是一回事，制度的韧性还代表着制度还有着较强的适应性，制度韧性是稳定性与适应性、可变性的有效联结与统一。

本书所研究制度治党中的"制度"主要是指中国共产党的党内制度，即用于协调和规范党内政党与国家和社会之间关系的一系列制度安排，主要包括正式或非正式的规则、惯例、程序、操作规程和机构及其互相之间的关系等。

二、"治"的内涵

制度治党作为一个动态的过程，体现这个动态过程的核心部分就是"治"。如何提炼"治"的内涵，将制度的效能发挥到极致才是制度治党的中心思想，因此必须对"治"进行深入的剖析。

（一）毛泽东"治病救人"的思想

毛泽东在《整顿党的作风》中提道：我们反对主观主义、宗派主义、党八股，有两条宗旨是必须注意的：第一是"惩前毖后"，第二是"治病救人"……我们揭发错误、批判缺点的目的，好像医生治病一样，完全是为了救人，而不是为了把人整死。②

同样，党内制度建设也是为了规范和约束党组织和党员的行为，达到"惩前毖后"和"治病救人"的目的。

第一，党内制度衔接要使党内制度能达到"惩前毖后"的作用。制度是把在党的建设过程中各种行之有效的历史经验以规范化、常态化的形式固定下来。第二，党内制度衔接要使党内制度能达到"治病救人"的作用。制度不是为了

① 周敬青，谷语，宋薇. 党内非正式制度研究——审视党内潜规则［M］. 北京：中央编译出版社，2014：19.

② 毛泽东. 毛泽东选集：第三卷［M］. 北京：人民出版社，1991：811-828.

在出现问题时追究责任，而是要通过制度的约束和警示，约束党员、干部的行为。

（二）“治”的内涵提炼

制度治党的关键是制度，核心在于“治”，制度必须放在管党治党的实践中，必须经得起实践的检验。“治理”，是一种使相互冲突或不同的利益得以调和并且采取联合行动的持续的过程，包括有权迫使人们服从的正式机构和规章制度，以及种种非正式安排。① 从治理的这个定义中可以看出治党的制度不仅有系统的正式机构和规章制度，还有大量的非正式安排，如党的传统、惯例等形成的行为准则，本文中将这些统归为非正式制度，都是“治”党过程中可以依据的“药方”。

“治”是一个过程。“治”作为一个过程，首先要对问题认识清楚，马克思主义认识论要求对事物的认识是一个“实践，认识，再实践，再认识……”的过程，必须认识清楚问题的来龙去脉，这样才能找到病根，才能开出良药，做到药到病除，标本兼治；其次，中医治病开药方讲究温火，要不断地尝试，看药效是否能达到，不可能一下子就开出良方，并且现实问题的轻重缓急，也决定了制度施行是否要下猛药，对于长期的慢性病，开猛药会适得其反，要用慢性药慢慢地调养，很多思想问题、意识形态问题需要长期应对，通过不断地加强教育培训，培养党员的理想信念，针对腐败问题，严重的就要下猛药，但是，就长期而言，还是要通过不断的教育培训，在党员领导干部的意识里树立坚定的理想信念。最后，还要看制度的疗效，制度能否真正地达到目的，需要一个长期实践检验的过程，有些制度目前收效甚微，但就长远影响来看又成效卓著，有的制度立竿见影，但就长远而言又贻害无穷。

“治”是一种态度。中国共产党将制度治党作为全面从严治党的重要手段，体现的是治党的态度，是对党自身建设存在问题的深刻认识和对管党治党从严从实的具体表现。首先，党对于自身存在的问题能够清醒的认识，不讳疾忌医，明确地提出了要从严治理，从严治理的猛药就是制度，党认为制度能够解决党内存在的诸多问题，体现了党直面问题的态度；其次，中国共产党明白能够对

① 吴兴智. 党的制度，建设时间成就经验与启示［M］. 北京：经济科学出版社，2017：114.

党进行“医治”的只有中国共产党自己，中国共产党面临的最大问题，还是党自身的问题，苏联共产党就是前车之鉴，中国共产党对此有清晰的判断，也能下定刮骨疗伤、治病祛毒的决心；最后，中国共产党对制度有清晰的认识，制度本身就是由人制定的，不可能尽善尽美，制度实施过程中也存在大量不确定因素，作为制度治党的互补，思想建党体现了中国共产党做好打持久战，打硬仗准备的态度。

“治”是一种能力。“治”的过程体现了中国共产党的主观能动性，能够发现自身建设过程中存在的问题，表现了较强的自我认知能力；能够针对问题提供解决方案，表现了较好的应对能力，这是中国共产党不断地自我认识、自我完善、自我改革的能力体现。首先，在自我认识能力方面，中国共产党能够及时发现自身存在的问题、及时找寻解决问题所需要的力量、及时提出解决方案；其次，在自我完善能力方面，中国共产党面对的环境是时时变化的，党内存在的问题也是随着环境时时变化的，党内治理的理论也是不断变化的，这就要求中国共产党的自身制度要跟紧时代的步伐，不断做出调整，才能有效应对各种问题，实现制度对于政党的“治理”；最后，在自我改革的能力方面，党的建设制度改革是党的自我改革能力的重要体现。

三、制度治党的科学内涵

制度治党，是指运用党内制度，调节党与国家、社会的关系，解决党执政中遇到的各类问题，约束和规范党组织与党员的行为，从而使党的建设更加稳定有序。制度治党有利于推进党的建设的科学化进程，以强有力的管理和监督促进党的自我净化、自我完善、自我革新和自我提高。制度治党的实质是遵循政党发展的客观规律，实现科学治党。

（一）健全法规制度体系，扎紧制度笼子

十八大以来，以习近平同志为核心的党中央坚持以党章为根本，根据形势的变化，不断加大党内法规制度建设，出台了一大批标志性、关键性、引领性的党内法规。

2013 年 11 月，中共中央发布了《中央党内法规制定工作五年规划纲要（2013—2017 年）》；2018 年 2 月，中共中央发布了《中央党内法规制定工作第

二个五年规划（2018—2022 年）》，这两个规划是十八大以来党内法规制度建设的总规划、总设计。2013 年 5 月 27 日发布的《中国共产党党内法规制定条例》和《中国共产党党内法规和规范性文件备案规定》是党内的“立法法”，为党内法规的制定提供了根本遵循和指导。2014 年 8 月，中央政治局审议通过了《深化党的建设制度改革实施方案》，2017 年 6 月 29 日发布了《关于加强党内法规制度建设的意见》，指出加强党内法规制度建设是全面从严治党、依规治党的必然要求，是建设中国特色社会主义法治体系的重要内容，是推进国家治理体系和治理能力现代化的重要保障，事关党长期执政和国家长治久安。① 为党内制度建设提供了高屋建瓴的制度设计，使得党内制度建设更加系统、科学。2013 年 8 月，中共中央发布《中共中央关于废止和宣布失效一批党内法规和规范性文件的决定》，完成了中国共产党历史上对党内法规和规范性文件的第一次全面系统清理，清理的范围包括 1978 年至 2012 年 6 月期间中央制定的所有 767 件法规和规范性文件，至 2014 年年底，党中央部署完成了对第二阶段清理范围即中华人民共和国成立至 1977 年期间中共中央制定的 411 件党内法规和规范性文件的清理工作。至此，党中央系统全面清理了中华人民共和国成立至 2012 年 6 月期间中央出台的全部文件，共清理党内法规和规范性文件 1178 件，其中 322 件在清理中被废止、369 件被宣布失效，二者合计占到 58.7%。②

2015 年 10 月，中共中央印发了《中国共产党纪律处分条例》和《中国共产党廉洁自律准则》，这是对党章关于党员纪律处分和廉洁自律等方面规定的具体化；2016 年 10 月，中国共产党第十八届中央委员会第六次全体会议通过了《关于新形势下党内政治生活的若干准则》，修订了《中国共产党党内监督条例（试行）》，为加强和规范党内政治生活提供了强有力的“刚性规定”；2017 年 4 月，中共中央印发了《中国共产党工作机关条例（试行）》，为加强党的组织制度建设提供了重要制度依据。党的十八大以来，党内法规建设的步伐不断加快。针对党历史上法规制度体系当中存在的不适应、不协调、不衔接、不一致的问题，开展集中清理；自 2013 年到 2017 年的 5 年间，中央共出台或修订近

① 新华社. 中共中央印发《关于加强党内法规制度建设的意见》[EB/OL]. 中华人民共和国中央人民政府网站，2017-06-25.

② 刘金程. 十八大以来党内法规制度建设成效显著（2）[EB/OL]. 人民论坛网，2017-09-07.

80 部党内法规，超过现有党内法规的 40%。党的十八大以来，在全面从严治党实践的基础上，通过制定新的法规制度、完善修订已有的法规制度、废止不适应的法规制度、强化制度的执行落实，基本形成了以党章为根本，若干配套党内法规为支撑的，基础性、综合性和专门性党内制度并存的党内法规制度体系。这些制度凝结着党的十八大以来管党治党理论和实践创新成果，逐步构建起"不能腐"的有效机制，为全面从严治党提供了有力的制度保障。①

无论从党的法规制度建设、党的建设制度改革，还是将党的制度建设贯穿于党的政治建设、思想建设、组织建设、作风建设和纪律建设的全过程，十八大以来的制度实践是前所未有的，在制度体系建设方面已经卓有成效。法规制度建设开始着眼于长远规划，循序渐进推进党内法规制度建设，加快补齐党建方面的法规制度短板。

（二）加强制度执行落实，树立制度权威

制度治党的关键是确保党内制度的严格执行。制度的生命力在于制度的执行力，必须认真落实党内制度，着力提高制度执行力。只有以严格的态度执行各项制度，不以问题小而姑息，不以违者众而放任，才能真正落实好从严治党。另一方面要坚持民主集中制，充分发扬民主，凝心聚力。党内民主是党的生命，这就要求不断发展党内民主，健全党内民主制度体系。党始终与人民群众保持血肉联系，党中央始终坚持发扬民主完善党的制度建设。

加强和规范党内政治生活也是全面从严治党的重要抓手，制度是规范党内政治生活的根本保证，党内制度是管党治党的基础，从严治党就要从党内政治生活严起，从党内政治生活治起。党内政治生活作为全面从严治党的重要方面，是构建良好党内政治生态的基础，必须抓好组织生活，坚持"三会一课"，认真开展组织生活，通过组织生活让党员不断加强党性修养。严肃党的纪律，才能让党员更加严格要求自己，更加加强思想教育，要将党的群众路线教育实践活动、"三严三实"专题教育和"两学一做"学习教育等要求作为长期自我要求和自我落实。

提高制度的执行力，首先要做到有制度可依，建立健全完善的法规制度体

---

① 刘金程. 十八大以来党内法规制度建设成效显著（2）［EB/OL］. 人民论坛网，2017-09-07.

系，加强党的法规体系、制度实施体系、保障体系和监督体系的建设，只有制度更加科学、严谨、权威，执行力才能大大提高；其次，要对党内法规制度的执行进行监督，坚持用监督传递压力，用压力推动制度的落实，定期开展制度贯彻执行情况的检查，切实保证制度落地生根、贯彻执行。再次，制度执行必须严格，要坚决杜绝弹性执行、变通执行，切实做到执法必严，铁面无私。最后，要坚持制度面前人人平等，制度的制定者、运作者、执行者和监督者都要按制度办事，对于违犯党纪法规、规章制度的行为，绝不姑息迁就，充分发挥制度的刚性约束和规范引导作用。

（三）构建制度运行体系，强化监督制约

制度治党的良性运行必须构建其良好的制度运行体系，制度运行除了需要制度体系本身的建设外，还需加强制度的监督与制约，制度体系的建设本身就包含监督体系的建设，但自我监督、自我管理只是监督制约的一部分，如何使监督制约的效用得到应有的发挥，是良好制度运行体系构建的目的。用制度管权，就是把权力关进制度的笼子里。为了织密、扎牢制度之网，必须构建党中央统一指挥、全面覆盖、权威高效的监督体系，坚持党内监督和党外监督的辩证统一。

严肃党内政治生活，净化党内政治生态，必须强化党内监督，健全党内监督体系。这就要求在党中央的统一领导下，形成党委全面监督、纪委专责监督、广大党员日常监督、党内民主监督的监督体系。同时，还必须强化党外监督，尤其是人民群众的监督。习近平总书记在党的十九大报告中指出："增强党的自我净化能力和自我提高能力，根本靠党的自我监督和群众监督。"① 这说明加强群众监督是健全监督体系的重要内容。党中央不断通过建章立制，努力建立各监督主体之间相互协调的工作机制，形成一个有机统一的整体，共同健全权力制约与监督体系的系统功能和整体效应。

四、相关重要概念辨析

制度治党思想的研究涉及大量概念，在诸多的党建研究文献中，概念的混

---

① 习近平. 决胜全面建成小康社会 夺取新时代中国特色社会主义伟大胜利——在中国共产党第十九次全国代表大会上的报告［R/OL］. 新华网，2017-10-27.

用十分普遍，对制度与规则、制度化与法治化、制度治党与依规治党等概念的辨析，对准确认识制度治党思想有着重要的作用。在对主要概念进行辨析的同时，也会涉及其他相关概念，因此看似几对概念的辨析，实则牵涉甚多，而这些概念的定义与认识，同样也是制度治党思想研究的基础。

（一）制度与规则

关于制度的解释，在上文中已经做了详尽的阐述。为更好地比较制度与规则的区别与联系，首先要对规则的内涵加以了解。

规则通常被解释为规范，是国家机关、社会团体、企事业单位对某一项制定的规章制度解释为整齐一定的方式。规则，作为一种规范或法则，其目的在于维系或建立一种秩序，这种秩序规定了人们在某一方面的行为活动。① 规则的实质是社会化组织生存的内在要求，广义的社会化组织包括人类种群和各种生物种群。人类规则体系的建立主要有两大来源，一类是用来协调人与自然关系的规则，这类规则往往与动物种群的规则具有相似的特性，表现为一种稳定的结构特征，如人类的血缘关系。另一类是用来协调人与人的关系及人类社会内部关系的规则，这类规则随着人类的不断发展而变化，在人类社会早期，内部秩序的维护通常由体格健壮的成员完成，因此他们相对于其他社会成员而言，具有一定的规则制定者、利益优先分享者的角色。规则的产生与形成，是人类尊重客观规律的结果，人为制定的规范与法则体系，通过规范人们的行为，达到维系和建立人群内部秩序的目的。

制度与规则是有区别的。首先，规则的适用范围更广，内涵更丰富，社会化的组织未必有强有力的组织约束力，但其内部的规则具有组织规范性；其次，规则较制度而言，更加灵活，也更容易被替代、演化；再次，规则是比较单一的，各方面的规范、规定和法则，都可以是规则，可以是人为制定的，也可以是约定俗成的；最后，规则的执行力度较低，强制性不足，对于触犯规则受到的惩罚相对较轻。

制度与规则是紧密联系的。首先，制度本身就有规则的一部分，但是制度不仅有观念上的内容，还有机构、程序、人员等作为支撑，而规则仅仅是一种

① 周敬青，谷语，宋薇. 党内非正式制度研究——审视党内潜规则［M］. 北京：中央编译出版社，2014：2.

协调关系的手段与方法；其次，制度的制定与形成需要经过一系列的程序与步骤，制度的演进与更改不是简单的过程，而是需要制度制定主体、执行主体、监督主体等各方面配合，完整实施的；最后，制度是一个有众多规则组成的系统，规则相对单一，而制度涉及广泛，需要诸多要素系统的诸多规则参与。

（二）制度化与法治化

对于制度化与法治化的概念分析，应当引入中间概念“法制化”。法制化可以作为制度化与法治化概念区分的中间介质，更加准确地辨析两个概念的区别与联系。

“化”在《辞海》释义中的意思共有十二个，在制度化与法治化的研究中，应采用如下解释：“后缀，置于名词或形容词之后，表示转变成某种性质或状态。”在制度与法治两词中，制度是单纯的名词，法治兼含动词与形容词的双重属性，故而涵盖两层含义：其一是指作为与人治相对的治理方式，在国家、政府、社会治理过程中的根本原则与根本方法；其二是指法律至上、严格依法办事的原则和方式。

法治与法制的区别，要以法治的两层含义为基础，也是区分制度与法治的依据。法治的前提是法制的建设，法律本身就是制度的特殊形式，法律在于制度的成文化和固定化，法律不仅仅体现在文字上，法律的实施需要执行机构、保障体系和监督机制等一系列制度体系的配套，而这些实质上是法治的现实基础，但法治的现实基础不代表法治化的建成和法治观念的提升，当法制作为人的行为准则、处事原则参与其中并发生效力，才是法治的真正建成。

法治与法制都是制度的高级形态。法治包括两种基本的形态，“依法治理”与“以法治理”是法治的基本表现。这两种区分的根本出发点是以“人”与“法”的地位为基础，在依法治理中，法处于上位，是人进行治理的根本参照和依据，是不能以个人的意志为转移的，法的修订需要经过严格的程序；而在以法治理中，人处于上位，法成为人进行治理活动的工具，法的原则与措施成为人实现目的并在必要时可改动的工具。法制的建设是依法治理的前提与基础，现实的法律制度体系建设，虽然也是有人的作用渗透在其中，但法治观念、原则地树立，人的意志在其中所起到的作用更大。

制度化是指群体和组织的社会生活，从特殊的固定的方式向被普遍认可的固定化模式的转化过程。制度化是群体与组织发展和成熟的过程，也是整个社会生活规范化、有序化的变迁过程，有的社会学家在组织领域研究制度化，把它作为组织变迁的一种方式。法治化是指在国家、政府、社会治理的过程中，以“法”作为治理的基础，使国家、政府和社会以法治为基本原则和依据。

（三）制度治党与依规治党

制度治党与依规治党的区别与联系，还可以引出党的制度建设与制度治党的区别与联系，在此，对于这些概念的区分，将对后面制度治党思想的研究起到基础性的作用。

首先，对“治党”与“建党”两个概念进行区分，即对制度建党与制度治党进行区分。“建党”是一个宏观的概念，建党思想的提出可以追溯到中国共产党成立之初，并且与党组织的存续紧密相连。“治党”的逻辑起点在中国共产党由革命党转为执政党，党的内部治理成为国家治理体系中的重要一环。制度建党是将制度作为建党的重要依托，以此来推动党的建设与各项工作的推进。制度治党是将制度作为管党治党的重要依据，以制度作为党长远发展的保证。

其次，对制度治党与依规治党的概念加以区分。两者之间“治党”的主体责任十分明确，但两者的内涵与外延仍有不同之处。党章明确提出党的纪律检查委员会的主要任务是维护党的章程和其他党内法规，因此有人理解为纪委就是依规治党的主体，实际上党章用的是“维护”这样的表述，纪委在依规治党方面发挥监督作用。从依规治党的实施过程看，党内法规要落实到具体执行层面，还应该包括党委各部门在内的领导机构及各级党组织负责人，他们才是“治党”的主体。更为重要的是，他们更应该按照党内规矩办事，也是被治理的对象。

“规”是什么？当前较为一致的看法是指党内法规，根据《中国共产党党内法规制定条例》对于党内法规的定义：“党内法规是党的中央组织以及中央纪律检查委员会、中央各部门和省、自治区、直辖市党委制定的规范党组织的工作、活动和党员行为的党内规章制度的总称。”可以看出党内法规是以党章为根本，包括准则、条例、规则、规定、办法、细则等在内的行为规范，而不应包括不成文的惯例、基层党组织的内部规定等。因此，可以这样界定依规治党，即执政的中国共产党着力于推进社会主义国家治理体系和治理能力现代化，在依法治国的基础上，制定、完善党内各项规章制度，使全党各级组织和全体党员自觉执行相关制度，促进执政领导体制的科学化。可以说，依规治党是制度建设的深化和细化，它与党内法规建设有很大不同，其最重要的区别在于“治”上，党内法规建设隐含了静态的法规制度订立，而依规治党则更多体现在法规建设基础上的动态治理过程中，更具有实践性。

制度不仅仅包括党内法规，党内法规制度体系只是党的制度体系的一部分。党的制度体系包括党的法规体系、运行实施体系、组织保障体系和监督制约机制等，即党内法规制度体系是党的制度体系的重要组成，依规治党是制度治党的进一步深化。

制度治党与党的制度建设密切相关，党的制度建设是制度治党的前提，制度治党是党的制度建设的目的。党的制度建设，为制度治党提供了必要的制度框架体系、制度意识和宝贵经验，使制度治党的实施有制度可以遵循。制度治党是在党的制度建设基础上发展而来的，是对党的制度建设的发展与升华，是包含党的制度建设在内的管党治党的基本方略。

在内涵上，制度治党就是在管党治党过程中，在现代治理理念的指导下，遵循党的建设规律，构建系统的党内法规制度体系，在制度体系下协调党内矛盾，处理党内问题，规范党内言行，监控权力运行。党的制度建设是通过制定具有约束力、符合党内发展实际的规章制度，不断健全党的法规制度体系，使党内生活和工作程序更加规范化。

制度治党的领域包含思想、组织、作风、反腐倡廉和制度等各方面建设在内的全方位的治党；而党的制度建设仅仅侧重于各方面具体制度的完善。制度治党是党在治理现代化理念下提出的治党思想，治理现代化理念强调治理主体多元化，在其基础上形成、发展来的制度治党思想也强调多元治理，而党的制度建设是在党建生活的实践中，通过对党的工作及生活经验教训的分析、概括、总结而提出的。

制度治党强调的是“治”，侧重的是用制度来管理、约束党的一切事务，使党内事务都在制度的监督、约束下有序进行，避免党内出现违规违纪的言行，不断增强党执政的本领；其解决的是共产党人长期思考的如何治党的问题。而党的制度建设虽然也有强调制度在党建方面的重要作用，但它更多强调的是“建”，其目的是不断丰富、完善党的制度体系，使党的工作活动制度化、民主化、规范化；其所解决的是共产党人长期致力的如何健全党内法规制度的问题。

第三节 制度治党思想的基本特征

制度治党思想是马克思主义无产阶级政党理论一脉传承并加以创新的理论成果，制度治党思想是在马克思主义指导下，马克思主义者关于无产阶级的理论和马克思主义诞生以来无产阶级政党的实践经验与教训相结合的成果，是时代发展变化的产物，也是时代发展的必然。作为时代精神的精华，制度治党思想对于政党执政规律的把握与运用，是马克思主义与时俱进的根本体现，制度治党所坚持的无产阶级政党建党原则与目标是从未改变的，因此制度治党思想在本质上具有稳定性，尽管内容与形式会随着时代变化而变化，但制度的本质、原则和目标不变。

一、制度治党思想具有继承性

制度治党思想是对马克思主义无产阶级政党理论的理论创新，在马克思主义经典作家的著作中，有大量关于制度治党思想的表述，极为重视制度在无产阶级政党建设中的重要作用。马克思、恩格斯在《共产党宣言》中就强调要将无产阶级联合起来，共产党“应该使自己的每一个支部都变成工人协会的中心和核心，在这种工人协会中，无产阶级的立场和利益问题应该能够进行独立讨论而不受资产阶级影响”①。列宁关于民主集中制的论述与主张，至今仍是世界范围内主要共产党的根本组织原则与组织制度，中国共产党在建党初期就确立了民主集中制思想指导的组织制度，经过不断的完善与发展，形成了具有中国特色的民主集中制理论与思想。毛泽东思想、邓小平理论、“三个代表”重要思想、科学发展观，一直到习近平新时代中国特色社会主义思想，形成了一脉传承的马克思主义中国化的理论体系，制度治党思想是在党的制度建设和制度建

① 马克思，恩格斯. 马克思恩格斯选集：第一卷［M］. 中共中央马克思恩格斯列宁斯大林编译局，译. 北京：人民出版社，1995：369.

党等党建思想的基础上发展而来的，是中国共产党党建思想的创新与发展。

制度治党思想是无产阶级政党建设、实践经验的总结与升华。马克思、恩格斯指出，党章是无产阶级政党的行动准则，是确保党的团结统一的根本。不论是在为共产主义者同盟起草纲领性文件《共产主义原理》《共产党宣言》，帮助其制定《共产主义者同盟章程》时，还是在国际工人协会、第二国际以及德国社会民主工党建设中，马克思、恩格斯始终强调党的纲领和章程的重要性。俄共（布）、苏共、第三国际也极为重视党的制度建设，中国共产党自新民主主义革命、社会主义革命和建设，一直到改革开放，都始终坚持党的制度建设。制度治党思想是对前人治党理论与经验的总结与升华，是对当前无产阶级政党建设发展规律的深刻把握与认识，制度治党思想是马克思主义政党一脉传承的理论产物。

中国共产党民主革命时期的制度建设是在共产国际指导下和借鉴国外无产阶级政党制度建设的基础上构建的。中国共产党诞生之日起，就极其关注制度的构建。党的一大确立了党纲，产生了党的领导核心机构，规定发展党员的条件；党的二大通过了第一部《中国共产党章程》，进一步完善了党的组织框架体系。中国共产党领导中国革命发展的历程也是继承与发展民主集中制的历程，在这一历程中，不仅深刻地阐明了民主集中制的重要性、含义及相互关系，而且提出了在中国贯彻民主集中制的方法，制定一系列具体的规章制度。

中国共产党在社会主义革命与建设时期的制度建设是继承党在民主革命时期的优良传统建设起来的。为更好地发挥执政党的作用，党不断加强自身建设，在党内建设上，党不断健全党内各项制度，强调党的纪律，发挥制度与纪律的约束作用，提高党的素质；在党的领导制度建设上，制定了中华人民共和国在经济等各方面的制度，规划了发展步骤及前景，形成了中华人民共和国发展的新布局。党的八大强调了坚持民主集中制和集体领导制度的重要性，规定党的全国代表大会实行常任制。

中国共产党在改革开放时期制度治党不仅继承了党在革命和建设时期的成果，而且对过去的教训进行了深刻反思。邓小平指出过去中国共产党所犯的错误与党内制度不健全有着密切的关系，在党的建设中，既要重视思想的作用，也要注重制度的功能，后者比前者更重要，制度的根本作用决定着党和国家的前途与方向。邓小平改革了党和国家领导制度，实行领导干部任期制，始终坚持民主集中制，进一步完善党的干部制度和组织制度。江泽民将邓小平制度建党思想推向新的高度，更加注重制度的效能，进一步健全与完善了党内法规制度，提出了依法治国的思想，运用法律解决管党治国中出现的问题。胡锦涛站在党的生死存亡的制高点加强制度建设，进一步密切制度建设与其他各方面建设的关系，在其他各方面建设的进程中实现日常管理的制度化。

党的十八大以来，以习近平同志为核心的党中央坚持问题为导向，传承了马克思主义经典作家党的制度建设思想，继承了毛泽东、邓小平、江泽民和胡锦涛在革命、建设和改革中从严治党经验，特别是创新发展邓小平制度建党和制度改革的重要思想，提出了制度治党的思想，强调全面从严治党要“坚持思想建党和制度治党紧密结合”，抓住领导干部这个“关键少数”，全方位扎紧制度的笼子，“把权力关在制度的笼子里”，用更多的制度治党、管权、治吏。习近平总书记在新的历史条件下抓住制度治党这一根本问题，深入把握了新时期共产党执政规律，全面推进从严治党，进一步创造性地丰富了马克思主义政党的建设学说，充分说明制度治党思想的继承性。

二、制度治党思想具有创新性

制度治党思想是中国共产党思想体系创新的产物，在新形势下党内各种新问题开始显现，管党治党面临着新的形势和任务。对党内建设而言，创新是保证政党新兴生命力的源泉所在，要建成强有力的执政党，应当顺应时势，直面问题，革故鼎新。在关于党的建设理论不断创新方面，不仅要形成关于社会主义建设的理论体系，还应在管党治党方面形成系统的理论体系。中国的共产党指导思想在中国特色社会主义建设中不断丰富与发展，党建思想也在不断创新，制度治党思想是中国共产党管党治党思想创新的成果。在《共产党宣言》的七篇序言中，马克思和恩格斯着眼于1872—1893年间共产主义运动在欧洲乃至全世界的发展，结合政治、经济形势的变化为“共产主义革命斗争应走向何方”做出了完整的解答，不仅是对《共产党宣言》的补充和发展，也成为思想创新在国际共产主义运动史上的先例。此后，无论是列宁主义、毛泽东思想、邓小平理论，还是“三个代表”重要思想、科学发展观，尤其是习近平新时代中国特色社会主义思想，都是对马克思主义的发展与创新。

制度治党思想的创新性基于制度治党实践的创新。以创新挖掘制度治党新思维，通过创新党内监督的形式和方法，敢于使用新理念、新样式，如巡视制度在政治实践中发挥着无可替代的作用，这正是以创新思维发掘中国特有传统治理经验的结果。巡视利剑高悬，实现中央—省委—地方—基层党组织的垂直监督，吸取历代监察巡视制度的经验教训，以制度创新助推党的建设。无论多么精心的顶层设计，都需要有力的执行才能变为现实。制度治党的逻辑理念明晰，震撼力强，是党的制度建设不断创新发展的有力证明。

党的十八大以来，无论从完善制度建设，还是从加强制度的执行上，都体现了制度治党的创新性。新时期下，中国共产党基于面临的突出问题，创新党内制度和内容，在制度规定中，突出了抓住“关键少数”，突出高级干部，在制度执行上率先垂范，突出对高级干部的权力制约和监督；新修订的《条例》单独设置一章，规定了党的中央组织的监督内容，体现了制度治党的创新性。

制度治党创新性不仅体现在制度内容，而且体现在坚持问题为导向，与时俱进，并且从制定新的党内法规制度这一层面来看，填补了制度空白。一是为全面规范党内法规解释工作和统一正确实施，党中央印发《中国共产党党内法规制定条例》《中国共产党党内法规和规范性文件备案审查规定》《中国共产党党内法规执行责任制规定（试行）》等专门针对党内法规制定与执行的制度。二是为进一步加强其他各方面的工作，党中央公布《中国共产党统一战线工作条例（试行）》《中国共产党地方委员会工作条例》《中国共产党问责条例》等。三是为进一步加强党内法规的作用，成立中央办公厅法规局，专门进行党内法规的制定与调整，开设“党内法规”专业，加强党内法规的研究与理论建设。

从实践层面来看，制度治党也不断创新。党中央进行了国家监察体制改革，健全国家监察组织架构，努力构建集中统一、权威高效的国家监察体系，目的在于对全体行使公权力的公职人员进行全覆盖监察。2017 年 3 月，山西、浙江、北京三省市分别成立监察委员会。党中央在不断加强国内反腐败斗争的同时，成立了中央反腐败协调小组国际追逃追赃工作办公室，实施天网行动，实现了国际反腐新突破。

三、制度治党思想具有时代性

十九大报告指出：“实现伟大梦想，必须建设伟大工程。这个伟大工程就是我们党正在深入推进的党的建设新的伟大工程。”① 关于党的建设这一伟大工程，在坚持中国共产党一贯要求的同时，也赋予党的建设以新时代的内涵，体现在“坚持和加强党的全面领导，坚持党要管党、全面从严治党，以加强党的长期执政能力建设、先进性和纯洁性建设为主线，以党的政治建设为统领，以坚定理想信念宗旨为根基，以调动全党积极性、主动性、创造性为着力点，全面推进党的政治建设、思想建设、组织建设、作风建设、纪律建设，把制度建设贯穿其中，深入推进反腐败斗争，不断提高党的建设质量，把党建设成为始终走在时代前列、人民衷心拥护、勇于自我革命、经得起各种风浪考验、朝气蓬勃的马克思主义执政党”②。

制度治党思想是中国特色社会主义实践进入新时代的产物，具有深刻的时代烙印。制度治党的方式、方法体现了新时代的新要求。新时代党的建设作为新的伟大工程，就是要坚持党的政治建设、思想建设、组织建设、作风建设、纪律建设和制度建设“六位一体”的党建格局，并强调党的制度建设要贯穿于党的政治、思想、组织、作风与纪律建设的始终，突出制度建设的普遍性与重要性。依规治党将党的意志、宗旨及规矩制度化，形成管党治党的制度约束，使党的建设的成果得以有效保障，并确保其继续稳步向前发展，这是法治思维与法治方式在党的建设领域的体现和运用。作为新时代党的建设伟大工程的重要内容，依规治党的根本实现路径在于加强党内法规制度建设，运用制度手段对党内事务、党员干部行为、党内政治生活进行管理和约束，并将制度优势转化为治理党内各项事务的效能。党的十八大以来，中国共产党在党内法规制度建设中注重基层调研，坚持开门立规，多次召开部门和专家、群众座谈会，广泛征求听取党内同志意见和无党派人士意见，凝聚全党智慧和最大共识，起草好文件、制定好制度。

党的十八大以来，不仅强调要制定高质量、长期性、针对性和指导性强的制度规定，而且要强调狠抓落实，推动党内法规落地生根。针对党的法规制度体系当中存在的不适应、不协调、不衔接、不一致的问题，以习近平同志为核

① 习近平. 决胜全面建成小康社会 夺取新时代中国特色社会主义伟大胜利——在中国共产党第十九次全国代表大会上的报告［R/OL］. 新华网，2017-10-27.

② 习近平. 决胜全面建成小康社会 夺取新时代中国特色社会主义伟大胜利——在中国共产党第十九次全国代表大会上的报告［R/OL］. 新华网，2017-10-27.

心的党中央坚持思想建党与制度治党相结合，依规治党与以德治党相统一，做好党内制度的“立、改、废、释”工作，建章修规，不断扎紧扎密扎牢制度的笼子，党的建设进入一个全新阶段。从2012年开始，中央首次进行了党内制度的摸底清理工作，通过翻阅中华人民共和国成立至2012年6月的2.3万多件中央文件，梳理出规范党组织工作、活动和党员行为的文件1178件。这些党内制度是在特定时期制定的，带有特定时期的局限性，随着社会变迁，有些党内制度缺乏可操作性，成为“僵尸制度”。于是，进行了史上最大规模和力度的制度清理工作。经过清理，宣布失效的有369件，废止的322件，占到总数的58.7%，继续有效的487件中也有42件必须进行修订完善，以便适应新时代制度治党的新要求。

中国共产党不断推进党内法规制度的体系化建设。2013年，中共中央颁布《中国共产党党内法规制定条例》《中国共产党党内法规和规范性文件备案规定》《中央党内法规制定工作五年规划纲要（2013—2017年）》，标志着中国共产党建构党内法规制度体系的思想日趋成熟。2014年，在党的群众路线教育实践活动总结大会上，习近平总书记首次提出从严治党必须坚持思想建党和制度治党紧密结合的要求，并把全面从严治党提升到治国理政的高度。2015年，修订颁布《中国共产党廉洁自律准则》和《中国共产党纪律处分条例》。

2016年12月13日首次召开全国党内法规工作会议，颁布了《中共中央关于加强党内法规制度建设的意见》，为制度建设明确了指导思想、总体目标和重大举措。党的十八大以来，党内制度建设取得了显著成效。到2016年12月，制定修订了74部中央党内法规，超过现行有效的170多部中央党内法规的40%，党内法规制度体系的框架基本形成，进一步夯实了全面从严治党的制度基础。

2017年5月，中共中央颁布了《中共中央关于加强党内法规制度建设的意见》，探索赋予副省级城市和省会城市党委在基层党建、作风建设等方面的党内法规制定权。中央决定，在沈阳、福州、青岛、武汉、深圳、南宁、兰州7个副省级城市和省会城市开展党内法规制定试点，为期1年。2017年10月，十九大从新的战略高度部署新时代全面从严治党与党内制度建设，充分肯定了党的十八大以来党内法规制度体系不断完善的卓著成效，并阐明了新时代党的建设总要求，全面推进党的政治建设、思想建设、组织建设、作风建设、纪律建设，把制度建设贯穿其中。以党章为核心的“1+4”党内法规制度体系基本框架进一步完善，党的组织制度、党的领导制度、党的自身建设制度、党的监督保障制度进一步得到加强。2018 年 2 月，中共中央印发《中央党内法规制定工作第二个五年规划（2018—2022 年）》，为构建系统、完善的党内法规制度体系提供了指导性意见。

四、制度治党思想具有稳定性

制度治党是一项长期而艰巨的工程。制度在管党治党中具有根本性和决定性的作用，是全面从严治党的根本保证。制度治党思想是中国共产党进行革命、建设和改革实践的产物，其本身具有的稳定性，为制度治党思想的稳定性提供了实践的基础。制度的系统性、权威性和有效性都是在制度稳定性的基础上进行的。制度治党思想作为习近平新时代中国特色社会主义思想的重要组成，统一于“五位一体”总体布局与“四个全面”战略布局之中，作为这一理论体系的一部分，制度治党思想具有强有力的理论支撑。

制度治党思想是中国共产党制度建设实践发展到一定阶段的经验总结与升华，是中国特色社会主义法治思想在管党治党上的运用，用制度来治腐和防腐，用制度创新带动治党的建设步伐和效率，从而真正推动着中国共产党迈向新的历程。反腐的制度性建设与新的社会条件相契合，在细节上突破，在范围上扩展，在程度上加深，以充实而丰富的制度解决党内问题，以此为基础切实强化管党治党的科学化和现代化。中国共产党管党治党的实践作为制度治党思想的实践基础，在一段时期内具有延续性、稳定性。

制度治党的稳定性体现在制度系统的稳定性。党的制度建设就是构建一个完善的党内法规制度体系，支撑全面从严治党的有效实施。一是不断补足党的建设制度短板，这个补足短板，不是另起炉灶，而是在原有的制度建设的基础上，根据实际需要，不断完善党的组织、宣传、作风等具体制度。如党中央颁布实施《中央党内法规制定工作五年规划纲要（2013—2017）》《中央党内法规制定工作第二个五年规划（2018—2022）》就很好地体现了制度治党在制度上的系统规划。二是对党内制度进行系统的“立、改、废、释”工作，党中央不仅对党内现行的 1178 件党的法规和规范文件进行全面体检，并在集中摸底清理的基础上对法规制度进行了废止修订处理，先后出台修订了 50 余部党内法规制度，特别是新修订的《准则》和《条例》树立了党内制度成果的两大标杆，推进了制度治党党内法规制度自身系统性建设。

制度治党作为全面从严治党的重要手段，在管党治党中的核心地位，也说明制度治党具有稳定性。一是从制度治党与全面从严治党的关系看，思想建党和制度治党是全面从严治党的两个组成，并且在当下和以后都不会有所改变，新形势下从严治党要坚持思想建党和制度治党紧密结合，思想建党的政治方向和制度治党的根本保证两者之间紧密结合，互为过程，确保全党在思想行动上统一。二是制度治党在“四个全面”战略布局和“五位一体”总布局中的地位，要求制度治党必须具有稳定性，要统筹推进依法治国同制度治党、依规治党一体化建设，坚持党纪严于国法，把党的纪律挺在前面，严明政治纪律和政治规矩。

第二章　制度治党思想研究的理论基础与经验借鉴

无产阶级政党的诞生不是一朝一夕之功，而无产阶级政党的建党理论更是与指导思想一样，都是经过无产阶级政党的长期实践与发展不断演进的。无产阶级政党发展的一百七十多年中，马克思主义经典作家在推动无产阶级政党革命与建设的实践过程中，在深化对人类社会发展的认识和思考的基础上，不断革新无产阶级政党建设的思想与理论，最后形成了丰富的制度治党思想理论基础和实践经验。马克思主义经典作家的党的制度建设理论，从根本上使无产阶级政党区别于其他政党，深刻揭示了无产阶级政党建立、发展和治理其自身的实践规律。马克思主义政党作为新型的工人阶级政党，坚持民主集中制的根本组织原则。中国共产党作为以马克思主义理论指导的无产阶级政党，马克思主义经典作家关于无产阶级政党制度建设的思想是研究中国共产党制度治党最根本、最重要的理论渊源。

第一节　马克思、恩格斯关于无产阶级政党建设的论述

马克思、恩格斯作为伟大的无产阶级革命导师，早在19世纪40年代，就意识到无产阶级要想摆脱资产阶级、封建阶级等剥削阶级的剥削与压迫，获得自身的解放乃至实现全人类的解放，就必须首先建立能够代表无产阶级利益的无产阶级政党。无产阶级政党区别于其他政党的关键所在，是这个政党采取“不同于过去任何一个党派和团体的组织原则与制度”。马克思、恩格斯生活的时代是资本主义经济大发展的时代，商品经济的发展使得科学技术和生产力达

到前所未有的高度，而以工人阶级为主体的无产阶级则陷入了生活困顿、苦不堪言的至暗时代。无产者开始觉醒，无产阶级革命出现萌芽，无产阶级需要一个强有力的政党将他们的力量组织起来，无产阶级政党的建立充满了机遇与挑战。马克思、恩格斯在对人类社会历史进行深入研究的同时，将自己的思想体系与无产阶级工人运动结合起来，使无产阶级有了科学的思想体系指导和武装，为无产阶级政党建党理论和实践的发展提供了必不可少的条件。

一、马克思、恩格斯关于无产阶级政党建设的理论基础

马克思、恩格斯创立了历史唯物主义的科学理论，并在此基础上对科学社会主义和精神生产理论加以论述和分析。科学社会主义理论是无产阶级政党建立的依据，共产主义是无产阶级政党奋斗的目标，对无产阶级政党组织具有重要的指导作用；精神生产理论是历史唯物主义的一个重要方面，对于无产阶级政党开展思想政治宣传教育工作、党的理论与制度建设具有重要的指导意义。

（一）唯物史观是无产阶级政党产生的理论基础

马克思、恩格斯认为无产阶级政党的先进性，在于它有科学的世界观，这个科学的世界观就是唯物史观，它是无产阶级政党的思想武器，是无产阶级政党的行动指南。《共产党宣言》对于唯物史观这样描述：“共产党人的理论原理，绝不是以这个或那个改革家所发明和发现的思想、原则为根据的。”劳动分工是唯物史观的基础，阶级的产生正是由于分工的不断深化、物质生产与精神生产的不断发展而带来的阶级对立，“这些原理不过是现存的阶级斗争、我们眼前的历史运动的真实关系的一般表述”①。

《共产党宣言》中对于工人阶级联合成为无产阶级革命组织这样表述：“资产阶级无意中造成而又无力抵抗的工业进步，使工人通过结社而达到的革命联合代替了他们由于竞争而造成的分散状态。”可见，资产阶级在大工业发展的过程中，无法克服资本主义自身的缺陷，造成了两极分化的社会局面，资产阶级不断发展的结果就是资本的不断集中，造成富人更富，穷人更穷的局面；而生产资料与生活资料是与资本关联在一起的，穷人为了争取生活资料，为了更好

① 马克思，恩格斯. 马克思恩格斯选集：第一卷［M］. 中共中央马克思恩格斯列宁斯大林著作编译局，译. 北京：人民出版社，1995：285.

地保证自己的生存权利，联合起来在政治上发声，与掌握生产资料的资本家对立，成为无产阶级普遍的诉求。将无产阶级中的积极分子组织起来，组成各种政治组织投入政治斗争，政党就是这些组织中斗争最激烈，发声最为强烈的组织形式。共产党与其他工人政党的根本区别在于指导思想与奋斗目标的不同，共产党以科学社会主义理论作为自己的指导思想，其奋斗目标是最终实现共产主义，其他工人政党由于没有科学社会主义作为指导思想，要么成为资产阶级的附庸，要么成为少数人谋取利益的工具，总之，在这样的状况下，只有将科学社会主义理论与工人阶级革命运动结合起来才能成为真正的无产阶级革命政党。

劳动分工是唯物史观的基本观点，在分工和私有制基础上产生的阶级成为人类社会不断演进的基础，而资本主义大生产带来的结果是大多数人将成为无产阶级，“工人阶级在它反对有产阶级联合权力的斗争中，只有组织成为与有产阶级建立的一切旧政党对立的独立政党，才能作为一个阶级来行动；工人阶级这样组织成为政党是必要的，为的是要保证社会革命获得胜利和实现这一革命的最终目标——消灭阶级”①。无产阶级为了争取自身利益和全人类的自由必须组成政党，同有产阶级开展斗争，因此阶级斗争成为历史发展的表现形式。

（二）组织无产阶级中的先进分子，领导无产阶级的革命运动

马克思、恩格斯在《共产党宣言》中对共产党的性质加以阐述：共产党是无产阶级政党，代表无产阶级利益和要求，这一点与其他工人政党没有什么区别。共产党与其他工人政党的区别，必须用马克思关于阶级利益的论述来对无产阶级所代表的利益诉求加以分析，无产阶级追求的是全人类的解放与自由，共产党所代表的也就是全体人的利益诉求。“共产党人不是与其他工人政党相对立的特殊政党。”共产党是无产阶级政党、工人阶级政党的特殊群体，他们以科学社会主义理论为指导，具有极强的先进性与纯洁性，“他们没有任何同整个无产阶级利益不同的利益”。共产党人的利益与无产阶级的利益是一致的，共产党人本身就是无产阶级的一分子，“他们不提出任何特殊的原则，用以塑造无产阶级的运动”。共产党人不会搞特权，因为他们争取的权益是所有人的权益，不是他们自己个人的权益。

---

① 马克思，恩格斯. 马克思恩格斯全集：第十七卷［M］. 北京：人民出版社，1961：455.

共产党不是一般的无产阶级政治组织，是有组织的先锋队组成的先进政党。共产党要同无产阶级紧密地联系在一起，是无产阶级利益的代表，没有特殊的利益追求，但是它必须领导工人阶级开展无产阶级革命运动，因此共产党“应该使自己的每一个支部都变成工人协会的中心和核心，在这种工人协会中，无产阶级的立场和利益问题应该能够进行独立讨论而不受资产阶级影响”①。共产党人的这种领导作用，在同农民阶级的问题上是同样的，工人阶级产生的历史证明，工人与农民是天然的盟友，以此为出发点，在无产阶级革命运动中必须联合农民，实现工农联盟。

（三）马克思精神生产理论下的无产阶级政党政治理论建设

马克思精神生产理论是唯物史观的基础。分工是人类社会发展的动力，分工的基础是物质生产与精神生产。分工和私有制的出现，推动了城市和阶级的出现。历史并不是作为“产生于精神的精神”消融在“自我意识”中，历史的每一个阶级都遇到一定的物质结果，一定数量的生产力总和，人和自然以及人与人在历史上形成的关系，都遇到有前一代传给后一代的大量生产力、资金和环境。尽管一方面这些生产力、资金和环境为新的一代所改变，但另一方面，它们也预先规定新的一代的生活条件，使它得到一定的发展和具有特殊的性质。由此可见，这种观点表明：人创造环境，同样环境也创造人。② 无产阶级政党的建立，其实就在于一批人形成一个无产阶级思想的环境，这个环境可以影响一批又一批的后来人。

马克思在《德意志意识形态》中对于阶级之间的分工做了这样的描述：分工也以精神劳动和物质劳动的形式出现在统治阶级中间，因为在这个阶级内部，一部分人是作为思想家出现的（他们是这一阶级的积极的、有概括能力的思想家，他们把编造这一阶级关于自身的幻想当作谋生的主要源泉），而另一些人对于这些思想和幻想则采取比较消极的态度，他们准备接受这些思想和幻想，因为实际上该阶级的代表才是它的积极成员，所以他们很少有时间来编造关于自

① 马克思，恩格斯. 马克思恩格斯选集：第一卷［M］. 中共中央马克思恩格斯列宁斯大林著作编译局，译. 北京：人民出版社，1995：369.

② 马克思，恩格斯. 马克思恩格斯全集：第三卷［M］. 北京：人民出版社，1960：65.

身的幻想。① 无产阶级的分工同样也是有精神劳动和物质劳动的区别，无产阶级政党也是由负责精神生产的思想家和负责物质生产的体力劳动者构成的。

统治阶级的思想在每一个时代都是占统治地位的思想。这就是说，一个阶级是社会上占统治地位的物质力量，同时也是社会上占统治地位的精神力量，支配着物质生产资料的阶级，同时也支配着精神的生产资料。因此，那些没有精神生产资料的人的思想，一般是受统治阶级支配的。② 无产阶级专政的要求就是不仅在物质生产关系中占统治地位，在精神生产关系中同样占统治地位。“占统治地位的思想不过是占统治地位的物质关系在观念上的表现，不过是表现为思想的占统治地位的物质关系；因而，这就是那些使某一个阶级成为统治阶级的各种关系的表现，因而，这就是这个阶级的统治的思想。”③

无产阶级专政的实现必须依靠无产阶级政党，无产阶级政党的主要力量来源于无产阶级思想尤其是科学社会主义同工人运动、人民运动相结合，无产阶级政党的思想家们调节着思想的生产与分配。“……构成统治阶级的各个个人也都具有意识，因而他们也会思维；既然他们正是作为一个阶级而进行统治，并且决定着某一时代的整个面貌，不言而喻，他们在这个时代的一切领域中也会这样做，就是说他们还作为思维着的人，作为思想的生产者进行统治，他们调节着自己时代的思想的生产与分配；而这就意味着他们的思想是一个时代的占统治地位的思想。”④

二、马克思、恩格斯关于无产阶级政党建设的实践经验

马克思、恩格斯不仅创立了共产主义学说，将科学社会主义理论同工人运动紧密结合，并且积极加入工人运动，指导并参与了无产阶级政党的建立。马克思、恩格斯参与并指导了共产主义者同盟的成立，撰写了同盟的纲领性文件，作为第一个以科学社会主义理论指导的无产阶级政党，马克思、恩格斯开始了共产主义革命的探索。国际工人协会是二人开展无产阶级政党建设的第二次伟大实践，使工人运动在世界范围内有机地联系在一起，为共产主义运动在世界

① 马克思，恩格斯. 马克思恩格斯全集：第三卷［M］. 北京：人民出版社，1960：75.
② 马克思，恩格斯. 马克思恩格斯全集：第三卷［M］. 北京：人民出版社，1960：74.
③ 马克思，恩格斯. 马克思恩格斯全集：第三卷［M］. 北京：人民出版社，1960：74.
④ 马克思，恩格斯. 马克思恩格斯全集：第三卷［M］. 北京：人民出版社，1960：74.

范围内的展开积累了宝贵经验。德国社会民主工党的活动也是在马克思、恩格斯的指导下开展的，其中很多有关无产阶级政党的观点，成为无产阶级政党进行建党工作的原则性基础条件，直至现在，对于无产阶级政党建党实践仍然具有借鉴意义。

（一）重视无产阶级政党的根本制度建设

第一，马克思、恩格斯将党的纲领建设作为立党之本。马克思、恩格斯认为，党的纲领是一面公开树立的旗帜，能为全党指明奋斗目标和实现的基本路线、策略。党的目标和任务是纲领的基本，《共产党宣言》中写道："共产党人的最近目标是和其他一切无产阶级政党的目的一样的：使无产阶级成为阶级，推翻资产阶级的统治，由无产阶级夺取政权。"① 作为无产阶级政党的第一个纲领，阐明了资本主义必然灭亡和社会主义必将胜利的历史规律，规定了党的最近目的是建立无产阶级政权，最终目的是消灭私有制、消灭阶级，建立一个没有剥削、没有压迫、没有阶级和阶级对立的崭新的共产主义社会。

马克思、恩格斯十分重视党的纲领问题，不仅论证了党纲的重要性，而且阐明了制定党纲必须遵守的原则。党的纲领制定后，一定要付诸实践，否则就成为一纸空文。因此马克思、恩格斯指出，在确定了党的纲领之后，党的任务就是组织全党实现党的纲领，"一步实际运动比一打纲领更重要"②。在《共产党宣言》中，马克思、恩格斯申明："共产党人不屑于隐瞒自己的观点和意图。他们公开宣布：他们的目的只有用暴力推翻全部现存的社会制度才能达到。"③

1847 年，共产主义者同盟成立，成为之后欧洲各国无产阶级革命政党建立的雏形。共产主义者同盟是在马克思、恩格斯指导下改组成立的，并且二人为这个世界上第一个真正意义上的无产阶级政党起草了政治纲领《共产党宣言》。《共产党宣言》也标志着马克思主义的诞生，这个纲领性的文件系统地阐述了科学社会主义的基本思想，使得共产主义者同盟根本上区别于其他一切共产主义组织和一些密谋团体，在本质上有别于资产阶级政党。从这里就可以看出，马

① 马克思，恩格斯. 马克思恩格斯选集：第一卷［M］. 中共中央马克思恩格斯列宁斯大林著作编译局，译. 北京：人民出版社，1995：321.

② 马克思，恩格斯. 马克思恩格斯选集：第三卷［M］. 北京：人民出版社，1960：296.

③ 马克思，恩格斯. 马克思恩格斯选集：第一卷［M］. 中共中央马克思恩格斯列宁斯大林著作编译局，译. 北京：人民出版社，1995：343.

克思主义的诞生与第一个无产阶级政党的诞生是紧密联系在一起的，马克思主义理论中是有着丰富的关于无产阶级政党建党的理论与实践经验的。

第二，马克思、恩格斯将党的章程作为政党建设的依据。1947 年 6 月，在马克思、恩格斯的指导下，“正义者同盟”改为“共产主义者同盟”，马克思、恩格斯为其起草了第一个章程草案，即《共产主义者同盟章程》。《共产主义者同盟章程》是一个十分详细的关于无产阶级政党组织结构的章程，从党员的条件、党的组织机构、党的纪律和党的组织原则等多方面加以详细规定。章程规定所有盟员一律平等，同盟的各级组织和领导人由定期的选举产生，选举者有权撤换领导人员；同盟的下级服从上级，下级组织定期向上级组织报告工作情况；事关全盟的重大问题，要由全体盟员讨论决定，所有盟员必须服从同盟的一切决议，遵守同盟的纪律等，这些规定都体现了章程是同盟运行中的根本制度。

共产主义者同盟自 1847 年 6 月正式改组成立，共出现过四部章程。第一部是恩格斯参加制定，1847 年 6 月初全盟讨论修改的《共产主义者同盟章程》；第二部是 1847 年 12 月，在马克思、恩格斯参加和指导下，共产主义者同盟第二次代表大会修改并正式通过的《共产主义者同盟章程》；第三部是 1848 年由原伦敦中央委员会修改的章程；第四部是根据马克思的建议，新建立的科伦中央委员会拟定后，交马克思修改，1851 年 1 月 5 日由伦敦区部会议批准的章程。自 1847 年 6 月，共产主义者同盟在伦敦由正义者同盟改组成立，至 1852 年 11 月宣告解散，共产主义者同盟存在的五年时间里，出现了四部章程，而马克思直接指导修改的就是第二部和第四部，足见马克思对章程的重视。

其中，最能表现出马克思对章程重视程度的就是第三部章程。1848 年原同盟伦敦中央委员会把同盟章程做了修改，并将同盟的目标定位“建立一个统一的、不可分割的社会共和国”时，马克思强烈批评修改的章程软弱无力，对这种模糊不清的“社会共和国”给予了尖锐的批评，并给新建立的科伦中央委员会提出建议，要求重新起草同盟章程。在马克思的指导下，同盟的第四部章程第 1 条就明确规定“共产主义者同盟的目的是以宣传和政治斗争的一切手段达到破坏旧社会——推翻资产阶级，在精神上、政治上和经济上解放无产阶级和实现共产主义革命”。尤其要强调的是，“推翻资产阶级”这个奋斗目标是马克思亲笔加的。章程的第 2 条第 2 款规定盟员必须“了解无产阶级革命的条件、发展道路和最终目的”，这是对盟员思想行为上的具体规定，对于统一盟员思想起着不可替代的作用。

从马克思、恩格斯对无产阶级纲领和章程不断完善的过程中，可以清晰地看到，没有一部一经制定就完美无缺的制度，而是需要在革命运动发展的过程中，不断发现问题，不断加以修订和完善的，但是对于制度制定的原则性、底线性的规定，又应当十分注意，因为这直接关系到无产阶级政党革命目标的实现，也是对政党先进性的重要约束和支撑。

（二）不断完善无产阶级政党的具体制度

第一，马克思、恩格斯指导无产阶级政党初步构建了组织制度。共产主义者同盟作为世界上第一个真正意义上的无产阶级政党，不仅为整个无产阶级斗争留下了宝贵的精神财富《共产党宣言》，还为无产阶级政党构建了基本的组织架构，这是后来的无产阶级政党能够保证民主集中制有效实施的重要实践经验。同盟章程规定：代表大会是全盟最高权力机关和立法机关，大会的代表由每个区部推选派遣的盟员组成；中央委员会是共产主义者同盟的权力执行机关，规定其成员不得少于5人，负责同各总区部保持联系，每三个月做一次关于全盟状况的报告，并向代表大会报告工作但无表决权；总区部作为本省各区部的权力执行机关，管辖所在某省若干个区部，至少每三个月向中央委员会做一次工作汇报，在党的代表大会上做工作报告；区部管辖2个以上10个以下支部，区部委员会由所辖支部的主席和副主席组成，各支部至少每两个月向总区部汇报一次工作，总区部至少每三个月向所管辖的各支部通告包括区部收支在内的工作情况；同盟的支部是党的基层组织，由3至12人组成，设有主席和副主席各一人，负责接收盟员、收缴盟费、定期向支部报告工作、迁居前须向支部报告等。一切提案均须经总区部转交中央委员会，再由中央委员会提交至代表大会进行集体讨论。

同盟的组织结构既保证了政党具有严密性，也体现了政党的民主制度，使得每个盟员都能有效地表达自己的意见，并得到充分尊重，成为之后几乎所有无产阶级政党效仿的组织形式。无产阶级政党的各级机构基本上是按照支部、区部、总区部、中央委员会和代表大会这样的民主制层级结构组织起来的。这样的架构基本形塑了之后的马克思主义政党的组织结构，就是当代中国共产党的组织，也基本沿用这一架构。由于共产主义者同盟是第一次建立无产阶级政党的尝试，斗争经验不足，盟员的局限性等使得共产主义者同盟在五年的实践中，未能作为一个稳定成熟的政党在工人运动中发挥领导作用，只是以宣传为主要功能，但同盟在思想和组织上都为国际工人协会的建立做了必要的铺垫。

1964 年，国际工人协会宣告成立，国际工人协会建立之初，马克思、恩格斯就将如何实现政党的民主，作为组织构建的首要考量，充分吸收和借鉴了共产主义者同盟的组织经验。马克思为协会起草《国际工人协会成立宣言》和《协会临时章程》（1866 年 9 月日内瓦代表大会讨论通过，称为《国际工人协会章程》，1871 年 9 月伦敦代表会议修改后称作《国际工人协会共同规章》），并于 1864 年 11 月 1 日中央委员会会议上获得通过。经过协会历次代表大会的不断补充和修改，逐步发展成为一套共有 58 条的较为完整的组织条例。国际工人协会的最高权力机关仍然是代表大会，代表大会的决议具有最高法律效力。各支部选派代表参加代表大会并经代表们民主选举出总委员会成员，由总委员会在闭会期间根据代表大会赋予的权力监督章程和决议的执行。设立由委员会主席、总书记和各国通讯书记组成的常设委员会处理日常事务。各支部享有充分自由，在不违背基本原则的基础上，在遵守和执行协会的纲领、章程和代表大会决议的前提下，每个支部可根据本国法律和当地条件制定自己的地方性条例。

第二，马克思、恩格斯指导无产阶级政党建立党的代表大会制。1847 年，马克思、恩格斯在创建共产主义者同盟时，就把党的代表大会制度当作头等大事来看待，因为这直接关系到党内民主和权威的实现。一是通过纲领和章程不断强调和确立同盟的代表大会是同盟的最高权力机关和立法机关，这样不仅使盟员在思想上保持对代表大会地位的认可与维护，而且能够保证代表大会在形式上也始终是同盟的最高权力机关。二是通过各种形式确保党的代表大会具有最高权威，工作具有实效性，如党的代表大会实行年会制，定于每年 8 月举行，固定时间召开，能够保证代表大会的有效运转。

国际工人协会也将代表大会作为协会的最高权力机关，坚持代表大会年会制。章程对代表大会和总委员会的权力进行了有效的协调，既保证代表大会在协会作为最高权力机关的核心地位，也确保总委员会在代表大会闭会时有足够的权力处理协会的各项事务。强调总委员会的权力：除了沿袭同盟时期总委员会的最高执行权力的功能和向代表大会汇报工作的职责之外，还赋予总委员会监督各国家协会、暂时开除国际分部和支部、解决团体或支部间的纠纷等权力。但协会代表大会的最高权威不能被忽视，马克思、恩格斯提出总委员会的所有权力在任何时候都不能与协会的利益相对立，同时强调总委员会开除分部或解决分部间纠纷的决定只是暂时的，最终必须听候应届代表大会裁决。协会代表大会通过的决议，对协会的每个会员和地方组织都具有普适性和权威性，所以协会的最高权力始终属于代表大会。恩格斯曾在 1882 年致德国社会民主党主席倍倍尔的信中鼓励实行党代会的年会制。

代表大会制度必然涉及党的选举制度，马克思、恩格斯指导无产阶级政党实施民主选举的制度。欧美国家的选举制度经过了长时间的斗争与较量，工人运动也在这个阶段通过选举运动来争取政治利益。马克思、恩格斯在分析欧美国家政党选举的长期实践基础上，在同盟章程中对选举、任期和罢免等各方面确立了党的选举制度。同盟章程规定：每个支部由支部成员选举主席和副主席各一人；区部委员会从委员中选举出区部领导者；若干区部委员会选举出所在地区的中央委员会成员；代表大会则由每个区部派遣的代表组成。领导人和委员均由选举产生，并随时会因为工作不称职而被撤换，任期一年后须重新当选才可连任。① 严密、科学且民主的选举制度，使得真正优秀的革命战士有极大的可能性成为各级领导，同时对于防止党的领导者滥用职权、凌驾于组织之上具有极好的保障作用。

第三，马克思、恩格斯重视政党内民主讨论与集体领导的制度。共产主义者同盟时期，以章程的形式确定民主讨论与集体领导在同盟活动中的重要地位。一是关于集体领导的重视，同盟的重大事务必须交由代表大会来讨论决议，所选代表将基层盟员的意见带至代表大会，集体商议，共同决策，并由代表大会及时将大会的具体情况和决议向全体盟员进行通报。马克思、恩格斯主张抛弃章程中一切助长迷信、密谋主义和个人崇拜的东西，坚持集体领导原则。二是确保各项决策经过民主讨论，代表大会的年会制，并且遇紧急情况可以召集非常代表大会，以及各支部、区部和中央委员会实行的会议常态化，基本保证了民主讨论的及时性和充分性。本已在共产主义者同盟一大上通过的章程，马克

① 马克思，恩格斯. 马克思恩格斯全集：第十一卷［M］. 北京：人民出版社，1995：1024.

思仍然坚持发至各支部再次讨论修改，再交由同盟二大审查批准；同盟二大经过长时间的辩论才最终通过新原则，委托马克思、恩格斯起草《共产党宣言》，这些活动充分证明了马克思、恩格斯对民主讨论与集体领导的重视。

1864年，马克思、恩格斯创建国际工人协会，并为协会起草《国际工人协会成立宣言》和《国际工人协会共同章程》，规定实行集体领导，反对总委员会内的个人独裁，所有提议须经协会成员讨论并多数通过才能生效。国际工人协会在同蒲鲁东主义和巴枯宁主义的内部斗争中，进一步巩固发展了民主制，使其成为无产阶级政党的鲜明特色。1875年5月，世界上第一个民族国家范围内的无产阶级政党德国社会民主工党和全德工人联合会在哥达城举行了合并大会，合并成为德国社会主义工人党，实现了德国无产阶级政党的统一，结束了德国工人运动长期分裂的局面。德国社会民主工党基本沿用了国际工人协会的纲领和组织原则，是充分体现了马克思主义建党思想的无产阶级政党，但为了促成两党的合并，竟然拿组织原则做交易，通过了《哥达纲领》。这个纲领性文件既没谈无产阶级专政，也没谈未来共产主义社会的国家制度，充满了改良主义幻想。但是，党的组织章程否定了拉萨尔主义的主席个人独裁的组织原则，强调党内民主、实行集体领导和三个中央领导机构互相监督与制约。

（三）阐明无产阶级政党的组织原则

马克思、恩格斯在指导无产阶级政党建党过程中，没有明确地提出无产阶级政党的组织原则，但是在二人指导无产阶级建立无产阶级政党的不同时期，亲自撰写或指导的政党纲领、章程，包括相关著作和通信之中，可以提炼出二人对于无产阶级政党建党的组织原则与指导思想。

第一，无产阶级政党的决策机制必须是少数服从多数。在共产主义者同盟活动期间，马克思、恩格斯并没有明确地提出这一原则，只是在同盟的章程中体现了这一原则。在同盟章程中规定：要求所有盟员要以原则为准绳而非以个人权威为准绳，提出党内事务要交由党的代表和盟员决议而不能由少数几个人或个别领导人物决断；重大问题则须要遵循组织程序，经全体党员会议进行充分的民主讨论后议决。从同盟的章程中可以明显地看出，同盟实行集体领导和集体议决。第一国际时期，马克思强调协会最高权力机关必须遵循少数服从多数这一组织原则，并且作为党内政治生活的根本原则而确立下来。共同章程规定每个代表都平等地拥有一票表决权，议案必须得到三分之二以上与会代表的同意才能通过；如需对某一问题进行修正，则须委员会的委员先行通告，并在代表大会上发起讨论，充分听取不同的意见后形成新的“修正案”，经过多数表决后通过。马克思、恩格斯则始终注意贯彻并身体力行这一原则，并不因为二人的特殊身份而违背这一原则，他们自始至终坚持自己提出的所有建议，必须按照同盟的章程规定，提交代表大会讨论，经多数代表同意后才能执行。

第二，无产阶级政党要实现民主与集中的辩证统一。这里必须强调马克思、恩格斯关于民主与集中两种制度的论述，与现在所提的民主集中制原则是有很大区别的，当时的实践条件下，民主和集中是作为完全不同的制度形式提出的。马克思、恩格斯一贯主张党组织必须保证每个党员的意见得到充分体现，坚决反对党的领导者凌驾于所有党员之上，反对上级机关凌驾于整个党组织之上。马克思、恩格斯并不是绝对反对集中制，甚至还指出集中的重要性。他们认为当党处于非常或紧急状态时，工人阶级政党内部如果没有必要的集中就无法形成权威和统一的意志，也就很难进行任何合作取得对敌斗争的胜利。第一国际时期，为清除巴枯宁主义的不利影响，马克思、恩格斯在某些时期甚至特别强调党的集中领导的作用和总委员会的权威。民主制是为了保证每一位党员的意见得到充分的表达，集中领导是为了统一党的思想与行动，保证党组织的战斗力，当时条件下的民主与集中的辩证统一，是由无产阶级运动的现实需求决定的。

第三，无产阶级政党的党员要实现权利与义务的辩证统一。无产阶级政党的目标与无产阶级的目标是一致的，就是为了让劳动者摆脱一切依附与奴役，从而获得真正的自由，无产阶级政党没有自己特殊的利益，无产阶级政党的党员也不应为少数权贵争取特权。同盟章程中就明确规定“所有盟员都一律平等”，盟员在同盟内部虽有分工和职位的不同，但所有盟员地位平等。同盟章程中对于成为盟员的条件（作为盟员需要履行的义务）做出了明确规定，不符合条件会被除盟，盟员可以通过支部会、代表大会等渠道保证发表意见、选举等方面的权利。第一国际时期，马克思、恩格斯灵活地把“没有无权利的义务，也没有无义务的权利”这一话语写进共同章程，被工人群体接受，并成为后来人们用来理解权利和义务之间关系的经典依据。

第四，无产阶级政党在斗争策略上要实现原则性与灵活性的辩证统一。马克思、恩格斯认为“为了不致蜕化成为宗派，我们应当容许讨论，但是共同的原则应当始终不渝的遵守”①，因此无产阶级政党建立后的一项重要任务就是保持党的先进性和战斗力，同时期诞生的《共产主义原理》和后来的《共产党宣言》从理论、思想层面对无产阶级政党建立的历史影响、现实基础加以分析，有利于无产阶级政党形成统一意志。马克思、恩格斯对党内民主有着清醒认识，认为应该把党内存在的不同意见和争论看作一种常态，并提出要维护无产阶级的团结一致就必须正确看待党内斗争，正确进行党内斗争，在斗争中求团结、求真理，这是符合一般事物发展的辩证法规律的。同时，共产党人为了完成不同历史阶段的革命任务，需要联合一切可能的同盟者，在斗争策略上具有原则性和灵活性的统一。“为了进行斗争，我们必须把我们的一切力量捏在一起，并使这些力量集中在同一个攻击点上。如果有人向我说，权威和集中是两种在任何情况都应当加以诅咒的东西，那么我就认为，说这种话的人，要么不知道什么是革命，要么只是口头革命派。”② 马克思、恩格斯认为，共产党人应该从实际情况出发，联合小资产阶级和资产阶级中的民主派，努力争取一切有参加革命可能意愿的阶级力量与之结盟，同时强调在合作的同时既要坚持原则的坚定性又要讲求政策的灵活性。但是，对凌驾于无产阶级政党的基本原则之上的机会主义，马克思、恩格斯认为共产党应该直面争论，抛弃掩饰与调和的政策，而非一味纵容。马克思在《共产党宣言》中提道：“共产党人不是同其他工人政党相对立的特殊政党”③，而是“到处都努力争取全世界民主政党之间的团结与协调”④。

---

① 马克思，恩格斯. 马克思恩格斯全集：第二十二卷［M］. 北京：人民出版社，1961：480.

② 马克思，恩格斯. 马克思恩格斯选集：第四卷［M］. 中共中央马克思恩格斯列宁斯大林著作编译局，译. 北京：人民出版社，2012：606.

③ 马克思，恩格斯. 马克思恩格斯选集：第四卷［M］. 中共中央马克思恩格斯列宁斯大林著作编译局，译. 北京：人民出版社，2012：224.

④ 马克思，恩格斯. 马克思恩格斯选集：第一卷［M］. 中共中央马克思恩格斯列宁斯大林著作编译局，译. 北京：人民出版社，1995：343.

第二节　苏联无产阶级政党建设理论

苏联共产党在1922—1991年8月是苏联唯一的合法政党，也是苏联唯一的执政党，世界上最大的共产主义的政党。1861年2月，俄国开启了农奴制改革，宣布要废除农奴制度，拉开了俄国资本主义革命的序幕。后来，俄国工人运动蓬勃发展，科学社会主义思想开始在俄国传播，1898年，俄国社会民主工党第一次代表大会举行，俄国社会民主工党成立。开始了俄国无产阶级政党建设的探索与实践，列宁对党的制度建设进行了探索。

苏联共产党的前身就是俄国社会民主工党，1903年俄国社会民主工党分裂为布尔什维克和孟什维克两派。布尔什维克于1918年改称俄国共产党（布尔什维克），简称俄共（布）；1925年改称全联盟共产党（布尔什维克），简称联共（布）；1952年改称苏联共产党，简称苏共。直至1991年，八一九事件以后，被俄罗斯总统叶利钦下令停止活动，并没收全部党产。1991年苏联解体之后，人们普遍认为苏联共产党主要被俄罗斯联邦共产党及独立后的前加盟共和国共产党所继承。在长达九十多年的革命与执政实践中，苏联共产党开创了一个新的历史，同样苏联共产党的建党理论与实践经验值得借鉴、学习。

一、列宁关于俄国共产党（布尔什维克）建设的理论

列宁对俄国共产党（布尔什维克）建设的探索一共经历了三个阶段。

第一阶段：1898—1905年

俄国社会民主工党尚处于沙皇专制统治的白色恐怖之下，党内分散现象也十分突出，这一时期，列宁侧重于采取集中制，要求在党内建立铁的纪律。1898年，俄国社会民主工党第一次代表大会举行，这次大会没有建立党的统一领导制度，也没有建立党章。严格来说，俄国社会民主工党在党的制度建设上还没有开始。1903年，俄国社会民主工党第二次代表大会召开，它标志着列宁主义的诞生。这次会议通过了第一部党章，开始从制度上建党。

第二阶段：1905—1917 年

1905 年，俄国社会民主工党第三次代表大会召开，新党章明确规定，党的代表大会要实行年会制，首次规定了党员的条件等。1906 年，俄国社会民主工党第四次代表大会顺利举行，这次大会通过的新党章首次提出要在党内实行民主集中制原则，保障党员的民主权利和民主选举党代表的原则等，在党的制度建设历史上具有重要意义。

第三阶段：1917—1923 年

1917 年二月革命以后，沙皇政府被推翻，建立了资产阶级临时政府。布尔什维克不再处于秘密状态下，成为一个合法政党，它提出要紧密依靠工农阶级，通过武装起义夺取革命的胜利。列宁更加注重建立党的制度，使党进一步规范化和制度化。1917 年 7 月，俄国社会民主工党（布）第六次代表大会召开，在这次大会上，突出规定了党的全国代表大会的具体职责，党章首次提出党员要缴党费等，党的制度建设有了更显著的进展。苏共刚刚执政时，列宁重视发展党内民主，1917 年至 1923 年间，苏共党内呈现出生动活泼的民主政治景象。

（一）民主集中制

1898 年 3 月，俄国社会民主工党建立之初，还不是一个统一的无产阶级政党，为了建立一个统一的无产阶级政党，列宁开展了大量的理论探索与组织工作。列宁在《我们的当前任务》一文中谈到党的组织原则时第一次出现带有民主集中制思想的论断，“社会民主党地方性活动必须完全自由，同时又必须成立统一的因而也是集中制的党”。一直到 1905 年，列宁都将以民主和民主制为前提和基础的“集中制”作为党的组织原则。1905 年 11 月，俄国社会民主工党的孟什维克召开代表大会时提出：“俄国社会民主工党必须按照民主集中制的原则组织起来”，同年 12 月，列宁主持召开俄共（布）代表会议，指出：“代表会议确认民主集中制原则是不容争论的。”① 1906 年 4 月，在俄国社会民主工党第四次代表大会上，根据列宁的提议，第一次把“民主集中制”原则写入党章，大

① 中央编译局. 苏联共产党代表大会、代表会议和中央全会决议汇编：第二分册［M］. 北京：人民出版社，1964：119.

会通过的“组织章程”规定“党的一切组织是按民主集中制原则建立起来的”①。

无产阶级政党必须成为有组织的整体，党必须有统一的意志、纪律和行动，为此，必须严格执行党的纲领和章程，每一个党员都必须参加党的一个组织，并在其领导下工作。无产阶级政党是工人阶级的先进组织，党同阶级既有联系又有区别，无产阶级是党的阶级基础，党作为阶级中有组织的先锋队，无论在思想觉悟还是在行动积极性方面都比阶级高得多。“无产阶级的自发斗争如果没有坚强的革命家组织的领导，就不能成为无产阶级的真正的‘阶级斗争’。”②无产阶级政党作为工人阶级和其他一切无产阶级组织的领导者，按照民主集中制的原则组织起来，同人民群众，特别是本阶级群众保持密切联系，就能产生巨大的物质力量，促进社会变革，列宁曾经说过“给我一个革命家组织，我可以把俄国翻转过来”③。

（二）灌输论

科学的革命理论对党的建设有着重要作用。无产阶级政党只有在科学社会主义与工人运动相结合的情况下才能产生。

列宁的灌输论基于这样的论证而产生的。第一，社会主义学说不是自发地产生出来的，而是由学识丰富的知识分子创造的哲学、历史和经济的理论中产生出来的。第二，科学社会主义不可能产生于自发的工人运动之中，只有在深湛的科学基础之上才能被创造出来。第三，工人阶级的社会主义意识只能从外面灌输进去。“工人本来也不可能有社会民主主义的意识。这种意识只能从外面灌输进去，各国的历史都证明：工人阶级单靠自己本身的力量，只能形成工联主义。”④ 工人阶级由于受资产阶级的剥削，更多的时间用于获得生存资料，大量的时间投入劳动中，因此，工人没有时间了解自己究竟是怎样被剥削的，也没有更多的时间去了解自身的处境，工人阶级为了改变自己处境所做的努力，也极有可能会被少数人利用，成为少数人谋取利益的手段，或者成为资产阶级

---

① 中央编译局. 苏联共产党代表大会、代表会议和中央全会决议汇编：第一分册［M］. 北京：人民出版社，1964：165.

② 列宁. 列宁全集：第六卷［M］. 人民出版社，1984：128.

③ 列宁. 列宁全集：第六卷［M］. 人民出版社，1984：128.

④ 列宁. 列宁全集：第六卷［M］. 人民出版社，1984：29.

的附庸，科学社会主义的产生必然是来自从事精神生产活动的人，而他们的学说如果不能与工人运动相结合，那么就必然是乌托邦，社会主义运动永远都不可能获得成功。

共产党同无产阶级和其他无产阶级组织的区别，使共产党在觉悟程度和积极程度方面都比阶级和其他组织要高得多，但共产党必须同人民群众，特别是本阶级的群众保持密切联系，宣传自己的思想、纲领、路线，并力求通过掌握人民群众的力量来实现它，“党应当并且力求把自己的思想灌输到行业工会中去，使工会接受自己的影响”①。此外，无产阶级专政还要求党必须强有力地掌握国家机器，掌握社会的方方面面，也就是“党是一切无产阶级组织的最高组织形式”。

（三）无产阶级政党开展民主革命的策略

无产阶级应该并且必须在资产阶级民主革命中掌握领导权。列宁认为1905年的革命是发生在帝国主义时代的资产阶级革命，它与西方资产阶级革命的不同在于它的主要动力和领导力量来自无产阶级，俄国资产阶级的软弱性使得资产阶级民主革命的领导者只能是无产阶级。俄国的工人阶级，不仅受到资本主义发展不充分的资产阶级剥削，还要承受封建势力的压迫，农奴制残余成为生产力发展的最大障碍，无产阶级只有领导革命帮助资产阶级解决影响生产力发展的障碍，才能使无产阶级自身得到发展。在列宁看来，俄国无产阶级领导资产阶级民主革命的可能性是充足的：第一，无产阶级是最先进的和唯一彻底革命的阶级；第二，无产阶级建立了科学理论指导下的新型无产阶级政党；第三，无产阶级更希望获得革命胜利。历史事实证明，俄国无产阶级必须找到与自身密切相关的同盟者，中立或孤立自由资产阶级。工人阶级天生就与农民阶级亲近，一方面在于民主革命的核心在于农民，农民最关心的是土地，实行土地革命是建立和加强工农联盟的基础；另一方面由于工人阶级大部分是由失地农民组成的，工人阶级同农民阶级的联盟在俄国具有独特的优势，就是农民阶级要与沙皇封建势力斗争，工人阶级则要帮助资产阶级进行资产阶级民主革命推翻沙皇统治，因此工农联盟有牢固的利益基础和奋斗目标。

武装起义是革命取得胜利的主要手段。列宁指出武装起义是“保证人民对

---

① 列宁. 列宁全集：第八卷［M］. 人民出版社，1984：259.

沙皇制度取得完全胜利、保证争取民主共和制和其他政治自由的唯一道路”①。俄国沙皇制度的维系依靠军队、警察等暴力机关，而除了武装起义，以革命暴力来推翻暴力机关统治外，别无出路。列宁认为取得武装起义的胜利，就要组建坚强有力的革命军队，从政治上、组织上、军事技术上进行周密的准备，还要掌握起义的时机。为了吸引群众参加、支持武装起义，应当开展必要的政治宣传，提出人民能够接受的政治口号，如实行八小时工作日、成立农民革命委员会、没收地主土地等。

二、列宁关于执政党建设的理论

1917 年 10 月，十月革命胜利，使俄共（布）成为世界上第一个登上执政地位的无产阶级政党，由一个领导人民开展民主革命以取得国家政权为目的的“革命党”转变为发展生产力、巩固执政地位的“执政党”。社会主义从理论成为现实，第一个社会主义国家成立，这是震撼世界的伟大历史事件，在国际共产主义运动史上具有非常重要的地位。列宁从实际出发，把马克思主义的基本原理同俄国建设实践相结合，领导俄共（布）形成了马克思主义执政党制度建设的理论和初步实践。

（一）坚持和正确实现党在国家生活中的领导地位

如何正确处理执政党与国家政权之间的关系，即如何处理党政关系成为俄共（布）执政后面临的首要问题。俄共（布）取得政权之时，列宁已步入晚年，作为伟大的无产阶级革命导师，在短暂的领导执政过程中对党政关系的探索，给我们带来了极富价值的启示。

首先，作为执政党，必须坚持党对国家政权的领导。无产阶级政党与社会主义国家在阶级性质上是高度一致的，无产阶级政党是有组织的无产阶级的先锋队，是无产阶级的代表，无产阶级是没有自己的特殊利益的，因为无产阶级的特殊利益就是人类的普遍利益；而苏维埃政权是无产阶级专政的新型国家形式，代表的是人民的普遍利益，利益代表的一致性，使得党的领导与苏维埃政权有统一的基础。“只有工人阶级的政党，即共产党才能团结、教育和组织无产

① 列宁. 列宁选集：第一卷［M］. 北京：人民出版社，1984：610.

阶级和全体劳动群众的先锋队……并领导全体无产阶级的一切联合行动。”① 阶级通常是有政党来领导的，只有在无产阶级政党的领导下，无产阶级才能统一意志、行动，无产阶级政党就成为整个阶级，乃至全体人民的利益代表，无产阶级专政建立后，无产阶级政党必须保证对政权的领导，是社会主义国家处理党政关系的首要前提和基础。

其次，正确处理党政关系。苏维埃政权是执政党对国家经济政治工作领导的实现形式，党政不分是官僚主义滋生的一个重要原因，把大量时间花在具体的琐碎的行政事务上，无法有效进行执政党自身建设，会导致党的官僚主义作风十足，也会扼杀苏维埃机关和工作人员的积极性。列宁认为：“必须十分明确地划分党（及其中央）和苏维埃政权的职责；提高苏维埃工作人员和苏维埃机关的责任心和独立负责精神，党的任务则是对所有国家机关的工作进行总的领导，不是像目前那样进行过分频繁的、不正常的、往往是琐碎的干预。”②

最后，列宁明确提出，无产阶级政党取得政权后的根本任务是进行经济建设。“在任何社会主义革命中，当无产阶级夺取政权的任务解决以后，随着剥夺剥夺者及镇压他们反抗的任务大体上和基本上解决，必然要把创造高于资本主义的社会结构的根本任务提到首要地位，这个根本任务就是：提高劳动生产率。”③

（二）保持党与人民群众的联系

无产阶级政党的先进性，最根本之处在于它能够代表人民的根本利益并与人民群众保持密切联系。如何保持党和广大人民群众的密切联系是列宁十分关注的问题。列宁清醒地看到，革命胜利后，无产阶级政党由革命党转变为执政党，党的地位发生的变化使得党员的地位同样发生变化，党内不少人丢掉了革命时期的优良传统，开始脱离群众，高高在上。列宁对于社会主义建设的认识是：“只靠共产党员的双手来建立共产主义社会，这是幼稚的、十分幼稚的想法，共产党员不过是沧海一粟，不过是人民大海中的一粟而已。”④ 因此，列宁

---

① 列宁．列宁全集：第四十一卷［M］．北京：人民出版社，1984：85.
② 列宁．列宁全集：第四十三卷［M］．北京：人民出版社，1984：64.
③ 列宁．列宁全集：第三十七卷［M］．北京：人民出版社，1984：303.
④ 列宁．列宁全集：第四十三卷［M］．北京：人民出版社，1984：96.

认为必须加强同人民群众的联系，要求全体党员必须克服骄傲自大的情绪和倾向，反对官僚主义，改善党和国家机关的作风。

列宁始终从维护群众的切身利益出发，确定和调整党的目标和任务，同时，党和国家在制定政策和确定目标时，应当考虑人民的认识水平，注意能否被人民群众所接受。“先锋队只有当它不脱离自己领导的群众并真正引导全体群众前进时，才能完成其先锋队的任务。”① 针对当时苏俄人民文化素质普遍较低的状况，为保证党和国家的政策和目标能被人民群众接受，列宁晚年提出了“文化革命”的命题。

（三）加强监督体制建设

加强中央监察委员会的监督职能，建立健全党的各级监察机关。为保证中央监察委员会的地位，列宁重申了中央监察委员会在党内权力结构中与中央委员会的平行地位，要求“把中央全会完全变成党的最高代表会议，每两月开会一次，有监察委员会参加”，就可以使“中央委员会同中央监察委员会一起最终走上变成党的最高代表会议的道路”。② 中央监察委员会和中央委员会一样直接对党的代表大会负责，肯定了中央监察委员会的地位与权威，保证它对党的中央委员会、政治局等在内的一切中央机关和全体党员的监督和监察权力。

大公无私和不留情面是对监察委员会的首要要求。列宁要求中央监察委员会“防止任何人，包括总书记在内的所有中央委员，以其权力和威信来影响监察委员会的工作，妨碍监察委员会提出质询，检查文件、了解情况并严格按照规定办事”③。为保证其权威性，列宁要求选拔受党培养最多，经验丰富，铁面无私和严格执纪的同志组成中央监察委员会。

（四）建设一支纯洁的党组织队伍

列宁认为只有彻底铲除党内的派别组织和派别活动，才能消除分裂隐患，维护党的纯洁性，保证党的团结统一。俄国特殊的国情和非无产阶级思想的存在，使得派别组织和派别活动有生长的土壤，在思想上侵蚀党的肌体，制造思想混乱；在政治上瓦解革命队伍，制造党内和无产阶级分裂，损害党的利益，

① 列宁. 列宁全集：第四十三卷［M］. 北京：人民出版社，1984：23.
② 列宁. 列宁全集：第四十三卷［M］. 北京：人民出版社，1984：374.
③ 列宁. 列宁全集：第四十三卷［M］. 北京：人民出版社，1984：377.

因此，必须同派别组织和活动做斗争。

列宁强调在党内必须实行严格的组织纪律，积极开展两条战线上的斗争，采取必要的组织措施。“徒有其名的党员，就是白给，我们也不要。世界上只有我们这样的执政党，即革命工人阶级的党，才不追求党员数量的增加，而注意党员质量的提高和清洗‘混进党里来的人’。”① 代表大会授权中央委员会，在遇到违反纪律、恢复和进行派别活动的情况发生时，可以采取党内一切处分办法，直至开除出党。

三、斯大林关于苏联共产党执政党建设的理论

斯大林时期，面临战争的危险，不仅顶住了资本主义国家的各种压力，还领导苏联人民实现了国家工业化和农业集体化，建立起了社会主义制度。在执政期间，斯大林积极探索构建党的制度，逐渐形成了高度集中的制度建设模式，由于革命斗争环境和自身认识的局限性，斯大林后期背离了党的民主集中制，党的领导制度、组织制度、监督制度、党内生活制度也没有革新，并且发生了扭曲。但斯大林对于社会主义国家建设和无产阶级政党建设的探索是值得研究的。

（一）坚持党对国家政权的领导

斯大林既是俄共（布）早期领导人之一，又是苏联共产党的领导核心，斯大林执政期间，不仅捍卫了列宁主义，而且在列宁执政党建设思想的基础上，做出了新的阐释和概括，丰富和发展了列宁关于无产阶级执政党建设的理论。

斯大林认为必须巩固党的领导，无产阶级专政的基本条件之一就是坚持无产阶级政党的领导，1925 年 12 月，在苏共第十四次代表大会上，斯大林论述了党和无产阶级专政的关系，并告诫全党：“把党削弱一下，无产阶级专政马上就会动摇和削弱。”②

关于党的领导与国家政权等组织的关系，斯大林认为，党对国家政权的领导表现在以下几个方面：首先，共产党力求通过苏维埃和苏维埃大会，向政府的重要岗位上输送党的候选人、优秀共产党员；其次，党通过审议、监督、监

---

① 列宁. 列宁全集：第四卷［M］. 北京：人民出版社，1984：51.

② 斯大林. 斯大林全集：第七卷［M］. 北京：人民出版社，1956：284.

察等手段，对政府工作进行领导；最后，党通过制订工业、农业、商业和文化建设等方面的计划，发出总的方针性的指示。党对政府的领导，不仅是组织上的领导，还表现在政治上的领导，即方针、政策、路线等方面的领导。党通过政治领导、组织领导、思想领导三个方面，对国家政权进行正确而全面的领导，党是国家政权的领导者，而不能越过国家政权直接管理国家。

（二）贯彻民主集中制，充分发扬党内民主

斯大林认为，执政党充分发扬党内民主，是贯彻民主集中制和健全党内生活的重要条件。是否充分发挥党员群众的积极性是衡量党内是否发扬民主的标志，1926 年在谈到派别集团的自由时，斯大林指出“党内民主就是提高党员的积极性并加强党的统一，加强党内自觉的无产阶级纪律”①。同时，斯大林也奉告大家，党内民主是有条件和限制的，不能把党内民主绝对化。为了保证党内民主，斯大林还论述了关于党内民主与党的纪律之间的关系，党内民主不是为了削弱党的纪律，而是为了巩固和加强纪律，如果没有铁的纪律和坚固制度，无产阶级专政就不可能实现。

斯大林还认为，能否正确地开展批评与自我批评是事关执政党党内民主建设的重要问题。正确开展批评与自我批评是无产阶级新型政党的优良传统和作风。“我认为我们需要自我批评就像需要空气和水一样。我认为没有自我批评，我们的党就无法前进，就无法割开我们的脓疮，就无法消灭我们的缺点。”② 只有深刻了解自己并走向胜利的强有力的政党，才敢公开承认自己的缺点，并积极地纠正自己的缺点。

（三）密切联系群众

斯大林发挥了列宁关于新型无产阶级政党必须同人民群众保持密切联系的观点。人民群众是历史的创造者，社会主义建设事业是人民群众自己的事业，没有人民群众的支持，社会主义建设事业是无法开展的。“如果没有劳动群众的直接支持，单靠指挥人员的力量是不能建成社会主义的。”③ 无产阶级政党应当同人民群众保持最紧密的联系，同人民群众打成一片，走在群众前面，引导人

---

① 斯大林. 斯大林全集：第七卷［M］. 北京：人民出版社，1956：198.
② 斯大林. 斯大林全集：第十一卷［M］. 北京：人民出版社，1956：27.
③ 斯大林. 斯大林选集：上卷［M］北京：人民出版社，1956：318.

民群众，而不能置于群众之上、脱离群众。为了使全党进一步认识到同群众保持密切联系的重要性，斯大林引用了希腊神话来比喻党同群众的关系，把党比作英雄安泰，群众比作安泰的母亲地神盖娅，指出“只要他们同自己的母亲、同人民保持密切联系，他们就有一切把握，始终是不可战胜的”“相反，党只要脱离群众和失去同群众的联系，只要一染上官僚主义的毛病，他们就会丧失力量，变成空架子”。①

斯大林根据列宁提出的领导者向群众学习的观点，阐明了无产阶级政党实施正确领导的条件：第一，要正确地解决问题，就要考虑群众的经验，群众能亲自体验到党领导的结果；第二，无产阶级政党对于正确决策的执行，要有人民群众的直接帮助；第三，党组织对决策执行的监督检查，需要人民群众的支持。斯大林认为，单靠领导者是难以实施正确领导的，要实施正确的领导就要用群众的经验认识充实领导者的经验认识，必须同官僚主义做斗争，倾听群众的呼声，主动向人民群众学习。

第三节 中国共产党党建思想

中国共产党作为目前世界上最大的以马克思主义为指导思想的无产阶级政党，是中国工人阶级的先锋队，在革命和建设过程中掌握和巩固领导权，需要坚持和巩固民主集中制的组织原则，重视党的建设，不断建立和完善党的制度体系，切实提高制度治党的效能。治国必先治党，治党务必从严，从严必依法度，中国共产党制度建设贯穿于中国共产党革命、建设和改革的全过程。

一、毛泽东党建思想

以毛泽东为代表的中国共产党人在构筑党的建设这一伟大工程的过程中，是以马克思列宁的建党学说为理论依据的，但马克思列宁主义关于党的学说只是无产阶级政党建设的一般性原理和指导性原则。以毛泽东为代表的中国共产

① 斯大林. 斯大林选集：下卷［M］. 北京：人民出版社，1956：623-624.

党人，根据中国社会的历史条件，创造性地运用和发展了马克思列宁主义关于无产阶级政党的思想，使马克思主义基本原理同中国共产党建设实际有机统一，为无产阶级政党建设思想做出了巨大贡献。

（一）把党的思想建设摆在首位

毛泽东从中国社会历史条件入手分析了党内的本质矛盾，中国特殊的阶级构成致使许多带着小资产阶级革命性质的人加入党内。没有无产阶级化的小资产阶级分子的革命性在本质上是与无产阶级革命性不同的，思想上的表现是观察问题的主观性、片面性，政治上表现为“左”“右”摇摆，组织上表现为个人主义、宗派主义倾向。因而，党内长期以来的最本质的矛盾就是无产阶级思想与非无产阶级思想特别是小资产阶级思想的矛盾。

基于党内本质矛盾，决定了思想建设是党的建设的基础。毛泽东始终主张把思想教育、思想领导放在党的建设的首位，原因就在于思想建设贯穿于党的建设的各个方面。思想建设搞不好，就不能制定正确的政治路线，政治路线是政治建设的基本；思想上的统一是组织上统一的前提，民主集中制的贯彻，也是要先开展民主集中制方面的教育。

思想建设的主要任务就是用马克思主义理论去改造非无产阶级思想，提高党员的思想觉悟和理论水平，使广大党员不仅组织上入党，而且在思想上入党，使党在马克思主义理论指导下实现思想上、政治上和组织上的统一。党从诞生之日开始，就确立了马克思主义的指导地位，但如何用马克思主义理论武装全党，与非无产阶级思想开展斗争，是主要的问题所在。毛泽东提出将马克思主义同中国实际相结合的方法，号召全党不仅要学习马克思列宁主义的一般理论，而且要学习掌握马克思列宁主义观察、分析、解决问题的方法和立场，通过调查研究，科学地分析实际情况，达到对事物的认识，而贯穿始终的是要坚持实事求是的思想路线。

思想建设的基本方法是思想教育。毛泽东十分重视思想教育工作指出：“掌握思想教育，是团结全党进行伟大政治斗争的中心环节。如果这个环节不解决，党的一切任务是不能完成的。”① 具体规定了党内思想教育的材料和方法，规定了思想教育的主要内容，就是加强马克思列宁主义的思想政治教育、正确政治

① 毛泽东. 毛泽东选集：第三卷［M］. 北京：人民出版社，1991：1094.

路线的教育、党的知识的教育等。

思想建设的主要突进有两个。其一，展开积极的思想斗争。思想斗争就是要纠正党内各种非无产阶级思想的存在，在斗争过程中，既要防止自由主义、庸俗化的倾向，还要避免过火的斗争倾向。思想斗争最好的武器是批评与自我批评，增强党内政治生活的科学化、规范化，增强党员和党组织对非无产阶级思想的辨别力。其二，加强党性锻炼和思想修养。党内思想改造的目的在于使党员在思想上无产阶级化，使每个党员都具备无产阶级政党的党性原则。党员一方面要加强政治理论学习，另一方面要积极参加社会实践，在理论与实践结合的过程中，增强自身的党性修养，提高党性觉悟。

（二）加强党的作风建设

中国共产党在无产阶级政党发展史上首次提出“党风”的概念。党风不仅包括党员干部的个人品行和工作作风，还有政治、思想、组织、生活等方方面面的风气，如学风、文风等。党风是党性的表现，党性和党的世界观决定了党风的性质和发展变化。中国共产党的优良作风是理论联系实际、密切联系群众以及批评与自我批评。

中国共产党执政后，将党风问题同防止党蜕化变质联系起来。中国共产党成为执政党后，随着党的地位发生变化，党内容易滋生出官僚主义、骄傲自满等不良作风，脱离实际、脱离群众的危险增加，危害更大，如果不解决党风不纯的问题，党就时刻面临蜕化变质的危险。为此，党在总结国际共产主义运动和党内工作的经验教训基础上，制定了切实可行的制度：一方面要加强党员的思想教育，批判特权思想、官僚主义、主观主义、命令主义等错误思想；另一方面，制定必要的管理制度，一是生活方面取消影响不好的待遇、措施，二是政治生活上对领导人员的权力做出限制，三是建立适当的监督制度，保证对党员、干部的监督。把制度制约和监督制度引入党风建设，相比仅靠思想教育而言，更有约束力。

（三）首提“治”的思想，即“惩前毖后，治病救人”

开展正确的党内斗争，是无产阶级政党发展的一般规律，马克思列宁主义党的学说对此有相关的论述。毛泽东从中国共产党成长环境和党内矛盾的实际状况出发，论述了党内斗争的意义及方法、原则。

党内斗争是普遍存在的客观现象。中国共产党作为无产阶级政党是客观存在的事物，它同世界上其他的事物一样，存在着矛盾与斗争。党内矛盾是“无产阶级思想和非无产阶级思想（其中有小资产阶级、资产阶级甚至地主阶级的思想，而主要的是小资产阶级的思想）之间的矛盾”①。因此，党内斗争的实质是思想上的斗争，正确开展党内斗争，是保证党内团结统一的重要手段。

毛泽东在总结党内斗争经验的基础上，提出“惩前毖后，治病救人”的党内斗争方针。“惩前毖后”就是对以前犯的错误一定要揭发、不讲情面，但是要以科学的态度分析批判过去的坏东西，以便使以后的工作做得慎重、更好；“治病救人”就是对待思想上和政治上的毛病，不能采取鲁莽的态度，应该使犯错误的同志认清问题和原因，给予改正的机会。

（四）对民主集中制作了全新阐释

民主集中制是党的根本组织原则。党组织作为客观存在的事物，是一个矛盾的统一体，有其自身矛盾运动的规律。中国共产党是由全体党员按照一定原则结合在一起的有机体，是党的领导者和被领导者的矛盾的结合体，是党的首脑和各级组织、全体党员依照一定原则结合起来的统一体，这个原则就是民主集中制，反映了党的内部的本质联系。

民主集中制就是民主基础上的集中和集中指导下的民主相结合。毛泽东指出：“民主集中制，它是民主的，又是集中的，将民主和集中两个似乎相冲突的东西，在一定形式上统一起来。”② 民主集中制实现了民主与集中这一对矛盾的有机统一，二者相互制约、相辅相成。一方面，民主是实现集中的前提与基础，没有民主，集中就无从谈起，即使建立其集中制，也是暂时的、不稳固的；另一方面，民主离不开集中，党内民主是在党的领导下实现的，是受党章、党规约束的，脱离了党的集中统一领导，不受党内规章制度的约束，就会使党组织和党员按自己的意愿行事，从而陷入无政府主义，威胁党内民主。离开民主讲集中，或者离开集中讲民主，都是对党内政治生活的破坏。“只有实行高度的民主，才能达到领导上的高度集中；只有在以民主为基础的高度集中领导之下，

---

① 毛泽东．毛泽东选集：第三卷［M］．北京：人民出版社，1991：1108．

② 毛泽东．毛泽东选集：第二卷［M］．北京：人民出版社，1991：383．

才能实行高度的民主。"① 民主集中制是群众路线在党内政治生活中的运用，党的工作方法是从群众中来，到群众中去，党的领导干部和广大群众密切联系。

民主集中制必须实行集体领导的原则。集体领导是党的民主集中制在党的领导工作和领导制度上的体现，是各级党委实行正确领导的可靠保证。集体领导要求做到以下几点：首先是健全党委制，党委制是防止个人专权，保证集体领导的重要制度；其次是重大问题集体讨论的原则，个人不能做出决定；最后是坚持集体领导与个人分工负责相结合的制度，重大问题民主讨论决定，具体工作执行由个人负责。正确处理领袖与党的关系，是贯彻党的民主集中制和集体领导原则的关键，既不能否认个人的作用，否认先进人物和领导的作用，也不能将个人置于党和群众之上，避免做出错误的决定。民主集中制的核心内容是党员个人服从组织，少数服从多数，下级服从上级，全党服从中央，这是无产阶级政党党性原则的必然要求。

二、邓小平党建思想

邓小平高度重视党规党纪的建设，指出："国要有国法，党要有党规党法。党章是最根本的党规党法。没有党规党法，国法就很难保障。对于违反党纪的，不管是什么人，都要执行纪律。"② 重视党的制度建设，是邓小平在改革开放后对于党的建设提出的一项重大决定。

（一）坚持和改善党的领导

邓小平提出坚持党的领导和改善党的领导辩证统一的观点。1980 年，邓小平明确阐述坚持党的领导和改善党的领导的关系："为了坚持党的领导，必须努力改善党的领导。"③ 改善党的领导，需要对党的组织工作和领导工作加以改善，还需要改善党的领导制度。"除了改善党的组织状况以外，还要改善党的领导工作状况，改善党的领导制度。"④ 改善党的领导制度，是坚持和改善党的领导的重要环节，一方面要坚持党的领导不动摇，这是坚持党的领导这个无产阶

---

① 刘少奇. 刘少奇论党的建设［M］. 北京：中央文献出版社，1991：465.
② 邓小平. 邓小平文选：第二卷［M］. 北京：人民出版社，1994：147.
③ 邓小平. 邓小平文选：第二卷［M］. 北京：人民出版社，1993：268.
④ 邓小平. 邓小平文选：第二卷［M］. 北京：人民出版社，1993：268.

级专政的根本原则；另一方面，党必须善于领导，掌握好领导这门艺术，更好地发挥领导核心的作用。

对于领导制度方面的问题，关系到党和国家的存亡，全党必须高度重视。邓小平认为："我们过去发生的各种错误，固然与某些领导人的思想、作风有关，但是组织制度、工作制度方面的问题更重要，这些方面的制度好可以使坏人无法任意横行，制度不好可以使好人无法充分做好事，甚至会走向反面。"① 坚持党的领导是无产阶级专政的根本保证，无产阶级政党是无产阶级有组织的先锋队，无产阶级政权脱离了无产阶级政党的领导，就不再是无产阶级专政。

（二）坚持和健全民主集中制

邓小平将民主集中制上升到党和国家根本制度的高度。"民主集中制是党和国家最根本的制度，也是我们传统的制度。坚持这个传统的制度，并且使它更加完善起来，是十分重要的事情，是关系我们党和国家命运的事情。"② 中国共产党将民主集中制从党内生活运用到国家政治生活中，作为调整国家政治生活的基本准则，是民主集中制原则在新的历史条件下的创造性运用。

邓小平更注重从民主与集中的有机统一这一角度阐释民主集中制。民主集中制是民主基础上的集中和集中指导下的民主相结合。首先，揭示了民主集中制的实质和内在规律，对统一党内的认识有积极作用，民主集中制不是民主制，也不是集中制，而是民主与集中的结合；其次，克服了民主与集中相脱离的倾向，党内政治生活，存在民主不够或集中不够的原因，就在于不能辩证地处理好民主与集中的辩证关系。

（三）明确制度建设是执政党建设的一项根本任务

党的制度建设在党的建设中占据重要地位，是因为党的其他各项建设都离不开制度建设。党的制度建设与其他各项建设相互依赖、相互支撑，是密不可分的。其他各方面的建设既是制度建设的组成内容，又受到制度建设的规范和制约。党的制度建设就是将党的建设纳入制度的轨道上，使党内生活应当遵守的原则、党内问题的有效应对方法，以章程、条例、准则、决定、规定的形式确定下来，科学的制度不仅是无产阶级政党组织统一、行动一致的保证，也是

---

① 邓小平. 邓小平文选：第二卷［M］. 北京：人民出版社，1993：333.

② 邓小平. 邓小平文选：第一卷［M］. 北京：人民出版社，1993：312.

党发展壮大的重要条件。

制度建设关系到党和国家的命运。邓小平总结“文化大革命”教训，认为“不是说个人没有责任，而是说领导制度、组织制度问题更带有根本性、全局性、稳定性和长期性。这种制度问题，关系到党和国家是否改变颜色，必须引起全党的高度重视”①。制度是通过一定的程序制定出来的要求党的各级组织和全体党员必须遵守的办事规程和行为准则，是集体智慧和经验的结晶，体现着全党的整体利益。党的制度问题具有根本性、全局性、稳定性和长期性的特点，没有好的制度，党的正确路线和政策就不可能形成，更不可能有效地被贯彻和落实。

党的制度建设具有广泛性和客观性。党的制度建设是党的政治建设、思想建设、组织建设和作风建设的载体和保证，党的制度涉及党的建设的各个方面，党的建设的广泛性决定了党的制度建设的广泛性。党的制度建设“不因领导人的改变而改变，不因领导人的看法和注意力的改变而改变”②。只有保证制度建设的客观性，才能保证党的建设平稳、有效。

三、“三个代表”重要思想

“三个代表”重要思想是中国共产党对无产阶级政党党建理论的重大贡献，第一次系统回答了要“建设成为一个什么样的党、如何建设党”的问题，并作为中国共产党的指导思想指导党的建设。中国共产党作为中国唯一的执政党，其执政的合法性来源于党的先进性与纯洁性，“三个代表”回答了党的先进性来源于何处的问题，而要真正地使党成为“三个代表”，就必须加强党的纯洁性建设，党作为无产阶级专政的领导核心，必须具有现代化的执政能力和执政水平。“三个代表”重要思想是在认真总结执政党建设和国际共产主义运动经验教训的基础上提出来的精辟论断和科学结论，是对马克思主义、毛泽东思想和邓小平理论的继承和发展，集中反映了当代世界和中国的发展变化对党和国家工作的新要求。

十六届四中全会通过的《中共中央关于加强党的执政能力建设的决定》是

① 邓小平. 邓小平文选：第一卷［M］. 北京：人民出版社，1993：312.
② 邓小平. 邓小平文选：第二卷［M］. 北京：人民出版社，1993：146.

中国共产党彻底完成由“革命党”向“执政党”转型的重要标志。① 党的执政能力建设作为当前党的建设的根本目的，党内制度必须服务于党的执政能力建设。先进性和纯洁性建设，是为执政能力建设服务的，而党的其他各项建设都是从属于先进性和纯洁性建设的，党的制度建设是党的其他各项建设的制度保证。制度建设的目的就在于从制度层面，维持党的先进性和纯洁性，以达到加强执政能力的目的。

贯彻“三个代表”重要思想，关键在坚持与时俱进，核心在坚持党的先进性，本质在坚持执政为民。江泽民同志反复强调的领导干部一定要讲政治，从根本上说，也就是要求正确认识和处理党同人民群众的关系。“三个代表”的论述，最实质，也是最核心的内容就是中国共产党要成为最广大人民群众根本利益的忠实代表。在新的历史条件下，我们党面临着执政、改革开放和发展市场经济的考验，在严峻考验和复杂斗争面前，有的党员干部经受不住历史的考验，放松了对世界观的改造，理想、信念发生了动摇；有的甚至蜕化变质，搞以权谋私，腐化堕落，走向了党和人民的对立面。对此，我们必须高度重视，严格管理，从严治党，坚决刹住各种不正之风和消极腐败现象，否则就有脱离群众的危险。

按照“三个代表”的要求，加强党的作风建设，一是要用邓小平理论和“三个代表”重要思想武装自己的头脑，指导自己的行动，在改造客观世界的同时努力改造主观世界，树立起科学的世界观、人生观和价值观；二是要坚持走群众路线，“从群众中来，到群众中去”，要经常深入基层，深入工农群众，特别要深入到艰苦地区和困难多的地方去，开展调查研究，总结群众经验，同时又善于把党的路线方针政策变成群众的自觉行动；三是要关心群众疾苦，倾听群众呼声，代表群众利益，努力为群众办好事，办实事，并带领群众勤劳致富，走共同富裕的道路；四是要加强教育，发展民主，健全法制，强化监督，创新体制，把反腐败育于各项重要政策措施之中，从源头上预防和解决腐败问题。

---

① 吴兴智．党的制度建设实践：成就、经验与启示［M］．北京：经济科学出版社，2017：80.

四、科学发展观与党的建设

党的十七大报告提出，以科学发展观为指导，党的建设围绕“五位一体”的总体布局，要以健全民主集中制为重点加强制度建设。党的十七届四中全会指出，使党的制度建设为党内生活提供运行机制、制度保证，以科学的制度保障党的建设，严格遵循执政党建设规律，不断增强党内生活和党的建设制度的严密性和科学性，推进党的建设的科学化、制度化、规范化，使党的制度建设努力体现时代性、把握规律性、富于创造性。

党的十六大以来，中国共产党高度重视党内法规制度建设，把以党章为核心的党内法规制度建设贯穿于党的思想建设、组织建设、作风建设和反腐倡廉建设的始终，依靠制度具有的根本性、全局性、稳定性和长期性的特征和功能，党内法规制度在党的建设中发挥了巨大的规范和保障作用，重视党的法规制度建设已成为全党的共识。为此，胡锦涛同志在党的十七大报告中强调指出“要坚持用制度管权、管事、管人”，“更加注重制度建设”。科学发展观是同马克思列宁主义、毛泽东思想、邓小平理论和“三个代表”重要思想既一脉相承又与时俱进的科学理论，是我国经济社会发展的重要指导方针，是发展中国特色社会主义必须坚持和贯彻的重要战略思想。深入贯彻落实科学发展观必须加强党内法规制度建设，这是党的建设新的伟大工程同中国特色社会主义伟大事业相统一的内在要求、党领导的中国特色社会主义伟大事业的必然选择。

五、习近平全面从严治党思想

从严管党治党，扎紧制度的笼子。习近平总书记在参加十二届全国人大三次会议上海代表团审议时的谈话中讲道：“要建立健全相关制度，用制度管权管事管人。要突出重点，重在管用有效，全方位扎紧制度笼子，更多用制度治党、管权、治吏……”① 习近平总书记关于制度治党的讲话，充分说明党的主要领导人十分重视依靠制度进行党的治理。

思想建党与制度治党同时发力、同向发力。习近平总书记在党的群众路线

① 习近平. 在参加十二届全国人大三次会议上海代表团审议时的讲话［EB/OL］. 新华网，2015-03-05.

教育实践活动总结大会上讲道："从严治党靠教育，也靠制度，二者一柔一刚，要同向发力、同时发力。"①党内制度与党的思想理论的衔接，就是思想建党与制度治党的结合。思想建党首先要求党员加强思想学习，制度也是党内意识形态的重要组成，党内制度的学习也是广大党员干部党性学习的重要内容；其次，制度治党也在通过各种制度的完善，来保证广大党员教育学习的管理，通过各种教育学习的制度，把党的指导思想和马克思主义中国化最新理论成果，宣传给广大党员，学习教育的制度化，使得思想建党有所保障和依托；最后，思想建党与制度治党是你中有我、我中有你的，加强思想建党与制度治党必须把制度与党的指导思想紧密结合起来。

制度建设贯穿党的建设始终。党的建设包括政治建设、思想建设、组织建设、作风建设、纪律建设和制度建设六方面，六大建设构成一个复杂的系统工程，任何一方面的建设单独突进都不可能取得应有的效果。党的十九大报告中，对党的六大建设之间的关系进行了概括："以党的政治建设为统领……全面推进党的政治建设、思想建设、组织建设、作风建设、纪律建设，把制度建设贯穿其中……"② 党的制度建设作为党的建设系统中的重要组成部分，需要处理好与其他方面建设以及制度建设系统内的关系。

依法治国与制度治党、依规治党要统筹推进一体建设，健全完善制度机制的同时，须注重改革举措的配套衔接。以党的纪律检查机制与国家监察体制改革为例，党内法规制度方面先后出台《关于新形势下党内政治生活的若干准则》《中国共产党问责条例》等，以制度规范严纪律、明规矩；国家法律方面新颁布的《中华人民共和国监察法（草案）》打破党内法规与国家法律的藩篱，整合成立的监察委员会不仅可以监督党内领导干部，对其他领导干部同样有监督执法权。通过纪检与监察体制改革可以看出，党内法规与国家法律不仅在制度制定层面配套衔接，而且在执法机构、执法程序方面也加强了配套衔接。

---

① 习近平在党的群众路线教育实践活动总结大会上的讲话［EB/OL］. 人民网，2014-10-09.

② 习近平. 决胜全面建成小康社会 夺取新时代中国特色社会主义伟大胜利——在中国共产党第十九次全国代表大会上的报告［R/OL］. 新华网，2017-10-27.

第三章　中国共产党制度建设实践的经验与教训

中国共产党近百年领导革命、建设和改革的历史就是一部不断奋斗、不断探索、不断创新的历史，也是一部党的制度建设史、发展史和完善史。党的建设这一伟大工程是系统而复杂的，制度建设是党的建设的重要组成，是党的建设现代化无法避免的路径。无产阶级政党是无产阶级有组织的先锋队，有组织的前提是有纪律、有规则，制度是规则的高级形态，是体现无产阶级先进性与纯洁性的根本保证。中国共产党在长期历史实践中明白，制度建设在党的建设中具有根本性、全局性、稳定性和长期性，以修改完善党章为主线，以健全民主集中制为核心，伴随着党对制度建设认识的深化，形成了由党的章程和民主集中制为根本，党的代表大会制度、选举制度、干部制度、监督制度、党员权利保障制度、工作制度等配套建设的制度体系，党内政治生活迈向制度化、民主化。

中国共产党建党 100 年来，在加强自身制度建设方面，经历了一个探索、发展的过程，为方便研究，根据各个时期党的任务与工作重点，结合相应历史时期制度建设的特点，将党的制度建设分成三个阶段加以阐述。

第一，新民主主义革命时期（1921—1949），党的根本任务是反帝反封建，在追求民族独立与国家富强的历史潮流中，中国共产党选择了马克思主义，这一时期党的制度建设主要是围绕民主集中制进行早期的探索。

第二，社会主义革命与建设时期（1949—1978），中国共产党带领中国人民取得新民主主义革命的胜利，掌握了国家政权，建立了中华人民共和国，开始进行由革命党向执政党转变的艰难探索，这一时期党的制度建设重点是领导制度与监督制度。

第三，改革开放与社会主义现代化建设时期（1978 年至今），中国共产党完成了由革命党向执政党的转变，更多地依靠制度进行管党治党，党的制度体系初具规模，尤其是党的十八大以后，党内法规制度体系不断完善，党的建设制度改革不断深入，开始由制度建党向制度治党转变，党的治理能力现代化水平不断提高。

制度治党思想的形成是中国共产党长期历史实践的结果，梳理和总结中国共产党制度建设的历史经验与教训，凝练党的制度建设规律，对于认识制度治党思想有着积极作用。

第一节 新民主主义革命时期党的制度建设探索

新民主主义革命以无产阶级登上政治舞台为标志，1919 年五四运动爆发，工人阶级作为独立的政治力量登上历史舞台，表现出了强大的革命力。1921 年，中国共产党成立，成为领导中国无产阶级开展革命斗争的中流砥柱，中国的新民主主义革命有了领导核心。新民主主义革命是以马克思列宁主义为指导的、由中国共产党领导的一次彻底的反帝反封建革命运动。中国共产党开展新民主主义革命与斗争的过程中，为适应革命斗争的需要，制定了一系列规章制度，使得民主集中制得以有效执行，为革命斗争的胜利提供了制度保障。

一、党的制度建设基础初步奠定（1921—1935）

新民主主义革命时期，中国共产党的主要任务是带领全国人民进行新民主主义革命，推翻三座大山，建立党领导下的人民政权。在当时复杂的国内外环境与特殊的历史背景下，根据党革命斗争的实践特征，党内制度建设可划分为两个阶段：第一阶段是从建党初期到遵义会议，这一阶段中国共产党刚刚成立，在共产国际的指导下探索中国革命的方向，集中开展工人运动和农民运动。从南昌起义到遵义会议期间，党面临着严峻的生存与发展问题，开始对党的实体性制度进行探索性的创制和运行。第二阶段是从遵义会议到中华人民共和国成立，这一阶段党要实现民族独立与民主解放，党的制度建设随着党的成熟而逐步走向完善。

中国共产党诞生于处在半殖民地半封建社会的近代中国，研究党的制度建设需要对中国进入近代史的内外环境进行分析，这是对党内制度建设研究的历史前提，也是分析党内制度建设的社会环境的基础。

世界历史的大背景是资本主义大发展。17 世纪中叶，一些西方国家先后爆发资产阶级革命，随着人们对利润最大化的不断追求，降低生产成本、提高生产效率成为资产阶级的努力方向，这就促使人们通过借助各种工具来推动生产。蒸汽机的发明使得生产动力可以更便利的获得，极大地促进了资本主义社会的工业化水平，即工业革命的到来促进了工业化大生产时代的诞生。资产阶级对利润最大化追求的特性，与工业化大生产完美的契合，推动了世界范围内资本主义的大发展。第二次工业革命的到来，使得生产效率进一步提高，对利润的无限追求使得廉价原材料和广大的商品销售市场成为资产阶级扩大生产、追求利润的必然选择。中国社会没有促使资本主义萌芽走向成熟，也没有重视先进科学技术的社会氛围，更没有及时地把握睁眼看世界、跟上时代发展的机遇，因此，中国的资产阶级没有像西方国家那样光鲜地登上历史舞台，中国的原材料与巨大市场也因自给自足与闭关锁国没能合理利用，西方的资本主义国家就盯上了中国的丰厚物产与巨大市场，用坚船利炮轰开了中国紧闭的大门。

国内历史背景是鸦片战争后中国进入半殖民地半封建社会。自 1840 年英国发动侵略中国的鸦片战争，近代中国被迫打开了大门。西方列强在一次又一次的对华战争后，通过签订各种不平等条约，在中国构建了一个巨大的利益攫取网，从《南京条约》一直到《辛丑条约》，越来越苛刻的条款、越来越严密的条约，使得中国半殖民地半封建社会的程度一步步加深，中国的民族危机空前严重。但是英勇的中国人民从未放弃过反抗外来侵略和改革现状的努力，从广州三元里人民抗英斗争开始，一直到戊戌变法、辛亥革命，中国人民一直在探索一条救亡图存的道路。

1917 年，俄国十月革命的胜利，给中国人民送来了马克思主义。俄国十月革命胜利对于中国的重要性在于，使中国人民和先进分子看到了希望，俄国工农大众在帝国主义的强大阵线下，已然取得突破性胜利，建立了一个新型的社会主义国家，这给在帝国主义侵略下饱受苦难和侮辱的中国人民以极大信心。1919 年，在仍是半殖民地半封建社会的中国，一支从未在中国历史出现的政治力量突然爆发出惊人的战斗力与组织力，并且在同当局与帝国主义的斗争中表现出了更彻底的革命性与斗争性，这就是中国的无产阶级。工人运动开始进入人们的视野，无产阶级的力量开始被人们重视，马克思主义的进一步传播有了阶级基础。

1921 年 7 月，中国共产党第一次全国代表大会召开，中国共产党成立，这是近代中国革命历史上具有里程碑意义的大事件，中国革命有了坚强的领导力量。1921 年到 1927 年的六年中，1921 年到 1923 年中国共产党主要对党的组织建设和主要任务进行了不断的完善，并领导工人运动形成第一高潮；1924 年到 1927 年第一次国共合作期间，中国共产党领导工农大众开展了一系列斗争，充分显示了无产阶级的重要力量。1927 年，“四·一二”反革命政变后，中国共产党开始走上“农村包围城市，武装夺取政权”的道路。土地革命时期，中国共产党依然在共产国际的指导下开展革命斗争，还没有独立自主解决问题的能力与魄力，直到第五次反围剿失败后，遵义会议上确立了党的新的领导集体，这是中国共产党第一次独立自主解决问题的开始，也是党的制度建设具有分水岭意义的标志。

这一时期的党内制度建设主要围绕党的基本运行开展，制度建设主要表现为党的基本制度的确立和运行，主要包括党章的制定和修改完善、民主集中制的确立、党代表大会制度确立、党的监察制度的形成以及党的干部制度的创制等。

第一，党的根本制度建设基本完成，党章的制定与民主集中制的确立。1921 年，中国共产党一大召开，确定了党的名称，明确了党的任务，通过的《中国共产党第一个纲领》成为中国共产党制度建设的起点。1922 年，中国共产党二大召开，会议通过《中国共产党章程》，分六章二十九条，对党员发展、政治任务、党组织构成、党的会议制度以及党的纪律等问题进行了具体规定。党章是党的根本制度，是党全部活动的基础和依据，党的制度建设必然以完善党章为基础。

民主集中制的形成。民主集中制与党的代表大会制度是中国共产党制度体系的根本制度，是制度治党所依靠的核心制度，也是党内制度建设和制定的根本原则，这是中国共产党作为无产阶级政党在制度建设上同其他政党有所区别的根本标志。1924 年，党的四大审议通过《对于组织问题之决议案》，提出“党实行民主的集权主义”；1927 年，五大通过《中国共产党第三次修正章程决案》，进一步明确党的组织原则，首次提出“党的指导原则为民主集中制”；1928 年，六大把党的民主集中制原则做出了更为详细的规定。

第二，党的具体制度建设。一是党的监察制度建立并完善，党的五大专门成立了监察委员会，明确监察委员会与党的中央委员之间的关系。1927 年 11 月，《最近组织问题的重要任务决议案》在中央临时政治局扩大会议上通过，该决议案决定在各级党部建立巡视指导制度。在 1928 年和 1931 年建立起与巡视相配套的《巡视条例》和《中央巡视条例》，以此明确和规范巡视工作的目的、职权任务和工作方法等内容，通过巡视制度保障党的集中领导。二是党员干部管理制度的确立。党的三大明确提出了党管干部原则，此次大会制定了《中国共产党中央执行委员会组织法》，就党员的教育通过了《关于开办最高党校问题的决议》，决定 1926 年在北京和广州各成立一所长期党校。此外，为加强中央对地方党部领导以及密切上下级之间的联系，我们党还建立了下级党部对上级党部的报告制度。三是其他制度的制定和完善，如选举制度、定期会议制度、工作报告制度、支部工作制度、党员管理制度和交纳党费制度等，使得党内制度建设更加完善，为党的工作和建设发展提供了制度保证。

第三，党性教育制度的确定。中国共产党成立之初，就有通过党内规章制度规范党性教育的尝试。首先是党章、党纲等党的根本性制度中对党性及宣传教育活动的规定，其次是以决议、决定等文件为主的党性教育规范性文件的颁布。1925 年，中共四大通过《对于宣传工作之决议案》中提出“设立党校有系统地教育党员”，党校等专门的党性教育机构建设是早期中国共产党的党性教育制度化的探索。1921 年 8 月，毛泽东同志在湖南创办的湖南自修大学，被称为中国共产党的“党校之源”。此后，刘少奇、任弼时等在安源创办了类似党校的学校，1924 年 12 月，中国共产党第一个以党校命名的干部培训学校——中共安源党校正式开学。此后北方区委党校、江浙区委党校、湖南区委党校、广东区委党校等相继创办开学，作为专门培养党内干部、人才的职能学校，为以后党性教育机构组织的进一步发展奠定了基础。

二、党的制度建设渐趋成熟（1935—1949）

1935 年 1 月，中共中央政治局在贵州遵义独立自主地召开解决中国革命问题的一次扩大会议，纠正了王明“左”倾冒险主义在军事上的错误，确立了以毛泽东为代表的中共中央的正确领导，制定了红军之后的战略方针。这次会议是中国共产党第一次独立自主地运用马克思列宁主义基本原理解决路线、方针政策问题的会议，这次会议之后中国共产党开始独立自主解决中国革命问题与党内问题，也开始以马克思列宁主义中国化的理论成果指导党内制度建设的实践。

1935 年 12 月 9 日，中日民族矛盾激化，“一二·九”运动迅速波及全国，抗日救亡斗争迅速发展成为全国规模的群众运动。在此之前，1935 年 7 月召开的共产国际第七次代表大会，提出建立反法西斯统一战线的问题。8 月 1 日，中共驻共产国际代表团以中华苏维埃共和国临时中央政府和中共中央的名义，起草并在不久之后公开发表了通常被称为“八一宣言”的《为抗日救国告全国同胞书》。中共中央结束长征到达陕北后，12 月 17 日至 25 日在瓦窑堡召开政治局扩大会议，讨论军事战略问题、全国的政治形势和党的策略路线问题。会议通过张闻天起草的《中央关于目前政治形势与党的任务决议》。12 月 27 日，毛泽东根据会议精神，在党的活动分子会议上做题为“论反对日本帝国主义的策略”的报告。

从遵义会议结束到中华人民共和国成立期间，这一阶段实现了我党制度建设从根本制度完善到建立基本制度、具体制度完善与实施的转变，这一期间党的制度建设实现了从实体性制度到程序性制度的发展，初步建立了一个较为完备且具体的制度体系，为中华人民共和国成立后我们党执政和治党奠定了坚实的制度基础。

第一，党的根本制度得到完善。党的七大对党章进行了修改，制定了具有中国特色的党章。遵义会议后，中国共产党仍处于国民党围剿之中，因而此时党的代表大会从 1928 年六大后一直没有按照党章的要求召开，党章的重新制定也是在 1945 年党的七大中才被提出来。党的七大专门把修订党章作为重要议程。七大修订后的党章涉及总纲、党员、党的组织机构等十一章，首次在章程里明确了党员应有的权利与义务，并把地下党组织奖励与处分内容单独列为一章；首次把党的纲领作为总纲写入党章，从而实现了党章、党的纲领和党的法规的有机统一，七大党章成为结构完整且比较成熟的党章。

七大的党章是结合中国共产党实际制定、具有中国特色的党章，七大确定的党章结构模式成为中华人民共和国成立后党章制定和修订的基础。同时，七大修改和完善后的党章对制度治党、党内政治规矩以及政治纪律建设做出明确的说明：“在党内不容许有离开党的纲领和章程的行为，不能允许破坏党纪、向党闹独立性、小组织活动以及阳奉阴违的两面行为。中国共产党必须经常注意清除自己队伍中破坏党的纲领和党章、党纪而不能改正的人出党。”

民主集中制原则有了重新定义和具体制度的展开。为克服遵义会议前由于民主集中制被破坏带来的不利后果，遵义会议后，以毛泽东为核心的党中央高度重视在领导制度上贯彻与实施民主集中制。1938 年，党的六届六中全会通过《中共扩大的六中全会政治决议案》，当中提出“认真实行党的民主集中制——个人服从组织，少数服从多数，下级服从上级，中央是全党最高的领导”。为进一步贯彻民主集中制，六届六中全会还通过了《关于中央委员会工作规则与纪律的决定》《关于各级党部工作规则与纪律的决定》《关于各级党委暂行组织机构的决定》等文件，分别对中央委员会、中央政治局、中央书记处、各中央局及中央分局、地方党部的工作任务、纪律、职责范围和党的组织机构等方面进行明确规定。中央重申了党的纪律，“个人服从组织，少数服从多数，下级服从上级，全党服从中央，党的一切工作由中央集中领导”，并进一步科学阐述民主集中制——民主的集中制，即民主基础上的集中与集中领导下的民主有机结合。

第二，党的干部制度得到发展。干部选拔、教育与管理等相关制度。1938 年，张闻天在六届六中全会上发布《关于抗日民族统一战线的与党的组织问题》，提出提拔干部是党的一项经常性工作。1939 年 6 月，原总政治部发布《关于大量吸收知识分子和培养新干部问题的训令》，1943 年 1 月中共中央发布《关于征调敌后大批干部来陕甘宁边区保留培养的决定》明确提出，培养干部不仅是当时的斗争需要，“同时也为着将来发展的需要”，因此中央对干部培养对象也提出要求，要求各地“应该坚决的送质量好的干部”。除了吸收党外干部与新干部外，中央还通过加大对干部教育的方式促进干部能力的提升。

1940 年，中央书记处专门发布《中央关于办理党校的指示》，敦促各地党领导机关均应办理培养不同层次干部的党校，党的干部制度建立起相关管理制度。1938 年通过《关于各级党委暂时组织机构的决定》，明确规定敌后各中央分局、区、地、市、县的各级党委设立组织部，其职责为集中管理干部的考察、征调与分配的工作。

1948 年 1 月，中共中央发布《关于建立报告制度的指示》，明确提出报告由书记负责，不要秘书代劳，每两个月做一次综合性报告。同年3月25日中央对建立报告制度做了补充性指示，规定各级党组织一切有关政策、策略性质的指示、答复和报告，均须发给和报告中央。8月中央再次针对存在的事前不请示和事后不报告的现象，发出《关于严格执行报告制度的指示》，随后的9月中央政治局通过《中共中央关于各中央局、分局、军区、军委分会及前委向中央请示报告制度的决议》，决议中进一步明确党的请示报告制度。

第三，党的领导制度初步形成与顺利发展。党委制的确立。1948年9月，毛泽东起草《关于健全党委制》决定，文中指出："党委制是党保证集体领导、防止个人包办的重要制度。"同时他还强调："集体领导和个人负责，二者不可偏废。"党委制对于充分发挥党的集体领导与分工负责制度的优势，夺取新民主主义革命胜利起到非常重要的作用。

党和政府关系在制度上的确立。抗日战争期间，建立了边区政府，因而如何处理党和政府的关系是当时所面临的重要问题。为此，1942年中央政治局会议上，党通过党内法规《关于抗日根据地党的领导及调整各组织间关系的决定》，该法规确立了党的一元化领导，同时对处理党和政府关系的基本原则做出规定，这为今天党和政府关系中，强调党的领导限于政治领导、组织领导和思想领导，强调党政分开具有十分重要的意义。

第四，党性教育制度的完善与发展。1933年举办的马克思共产主义学校、1935年在瓦窑堡恢复建制后，正式命名为中共中央党校，成为中国共产党培养党内中高级干部的专门学校。1941年的《中央关于增强党性的决定》、1942年的《中共中央关于在职干部教育的决定》等文件，对加强党性教育加以规定，使得党性教育活动得以有效开展。1940年的《关于办理党校的指示》、1941年的《中央党校计划》、1942年的《关于党校组织及教育方针的决定》等，对党校建设加以指导，党校作为专门的党性教育机构，加强了党性教育的组织和机构保障。

党的主要领导人对党性教育的重视。中国共产党主要领导人在长期的革命实践中，就已经发现党性作为一名党员的基本素养，在革命斗争中的重要性，通过一系列的理论论述，阐明了开展党性教育的必要性，这些文献既是中国共产党开展党性教育必学的内容，也是对党性教育加以规范的约束性规定。以毛泽东的《反对本本主义》《改造我们的学习》《整顿党的作风》《反对党八股》，刘少奇的《论共产党员的修养》和陈云的《怎样做一个共产党员》等 22 个文件为中心，开展大规模的学习、教育活动，有效推动了党性教育活动。

在整个新民主主义革命时期，党的制度体系初具规模，基本形成了以党章为统领，以党的领导制度、监督制度、生活制度和工作制度为配套的制度体系。

第二节　社会主义革命与建设时期党的制度建设实践

中华人民共和国的成立，标志着新民主主义革命的胜利，中国共产党所处的环境、地位发生了变化，党的主要任务也发生了变化，由反帝反封建转为进行社会主义改造与建设，面对复杂的国际环境与国内建设困境，党在社会主义革命与建设时期的制度实践也经历了艰难的探索，甚至在“文化大革命”期间遭到了严重的破坏，这为党内制度建设积累了宝贵的经验，为新时代党内制度建设走向制度治党提供了必不可少的实践基础。

一、全国范围执政后党的制度建设探索与准备（1949—1966）

1949 年中华人民共和国成立到 1956 年中国基本建立了社会主义制度，进入社会主义初级阶段，党的制度建设也进入了新的阶段。中华人民共和国成立之初，由于中国经历了长期的动乱与战争，社会矛盾尖锐，短时间内稳定国民经济，恢复国民经济发展就成为首要任务，在经济基本平稳后，从 1953 年开始，中国开始进行社会主义工业化建设和对农业、手工业与资本主义工商业的社会主义改造（三大改造），逐步由新民主主义向社会主义过渡，到 1956 年，中国基本建立了社会主义制度，进入社会主义初级阶段。

第一，确立党的领导地位的制度建设。1949 年 11 月，中共中央政治局公布《关于在中央人民政府内组织中国共产党委员会的决定》《关于在中央人民政府内建立中国共产党党组的决定》，中央人民政府党委会及党组织对中央人民政府的领导地位得到确立，同时从制度上将党对干部的管理加以规范。1953 年中共中央出台的《关于加强干部管理工作的决定》确立了党委领导下的行政首长负责制，并提出中共中央领导、各级党委统一管理的分级分类干部管理制度。另外，各类基层组织也通过文件和决议的形式确立了党的领导地位。1962 年 10 月，中共中央组织工作会议制定《中国共产党农村基层工作条例试行草案》《中国共产党国营企业基层组织工作条例试行草案》以及《中国共产党国营商业企业基层组织工作条例试行草案》三个文件，详细规定了基层组织的性质、任务、职责和组织方式等内容。

第二，对民主集中制提出了新的解释。1962 年七千人大会上，毛泽东、刘少奇认真总结了 1958 年以来的经验教训，系统地论述了民主集中制原则和制度，强调要发扬民主和加强集体领导。毛泽东指出：没有民主，不可能有正确的集中；没有民主，就不可能制定出好的路线、方针、政策和办法；没有高度的民主，不可能有高度的集中，而没有高度的集中，就不可能建立社会主义经济；没有民主集中制，无产阶级专政不可能巩固。这四个方面，是毛泽东在社会主义时期对民主集中制理论的新发展。并且强调必须恢复正常的民主生活制度，克服个人说了算的家长制，坚决实行党委集体领导下的分工负责制度，把切实加强对干部的监督作为贯彻民主集中制的重要措施。

第三，进一步完善了党的组织制度。干部轮训制度的确定，1961 年中共中央发出《关于轮训干部的决定》，对干部轮训的目的、对象、组织领导、内容、措施和方法都做了详细规定，使轮训制度进一步得到完善。初步建立干部交流制度，1962 年党的八届十中全会通过了《关于有计划地交流各级党政主要领导干部的决定》。恢复干部鉴定制度。中央组织部工作会议规定，在 1963 年年底以前，应该对干部普遍地进行一次鉴定，以后，每隔两年或三年，都要鉴定一次。初步提出废除领导职务终身制。中央组织部工作会议规定，必须在干部工作方面逐步地形成一套比较完整的使干部能上能下、能“官”能“民”的制度。

第四，进一步完善了党的监督制度。1949 年 11 月，中央成立纪律检查委员会，各级纪律检查委员会也相继成立，随后颁布《中央纪律检查委员会工作细则》确立了一系列检察工作的决定和规范。1950 年 2 月，中共中央出台《关于各级党的纪律检查委员会领导关系问题的指示》，明确规定各级纪委受双重领导。在“三反”“五反”运动中，毛泽东、周恩来、刘少奇等亲自参与制定和修改《惩治贪污条例》，使贪污腐败现象得到遏制。1953 年 11 月，中共中央制定出台《关于审查干部的决定》，该决定对审查干部的目的、范围、方法和政策等内容做了明确规定，旨在监督党内干部贪污、浪费和官僚主义等问题。1956

年5月，为明确中央监察委员会和地方监察委员会的关系，中央批准中央监委第一次全会制定的《中央监察委员会工作细则》《中央监察委员会关于处分党员的批准权限的具体规定》等文件，当中明确规定地方各级监察委员会接受党的中央监察委员会领导。1962年党的八届十中全会通过了《关于加强党的监察机关的决定》，加强中央和地方监察委员会，扩大各级监察委员会委员的名额。扩大了监察委员的职权，要求各级监委加强对同级国家机关的党员的监督工作，监委必须严格按章办事，切实加强了党的自身建设。

第五，党性教育制度的完善与发展。中华人民共和国成立后，中国共产党开始了构建党性教育制度化体系的各方面尝试。经过1950年的整风整党运动后，形成了两个十分重要的党性教育制度，首先是全体党员教育制度，中国共产党在全党进行了系统的党性教育活动，通过选拔培训整党教员和干部，使一批党员、干部具备较高的党性修养和政治素质，再将他们分派到各基层党组织指导整党工作，在全体党员中进行了系统的党性教育；其次是支部教育制度，通过健全党支部的组织生活与开展经常性的教育工作来加强党员的党性修养，党的组织工作人员、专职的理论教员都是按规定设置的，党支部开展批评与自我批评、自我审查等，通过发挥党员的积极性，保证党性教育的有效开展。

中国共产党执政后，为适应新的执政地位与执政环境，加强党员、干部的党性教育，构建了从中央到地方的高、中、初三级党校教育体系，党校成为党员、干部接受党性教育的主渠道。三级党校体系的建立，使得专门的党性教育职能部门在全国范围内推广，使得党性教育的组织与机构保障更强。

此外，中共中央颁发了一系列的文件，如1951年2月的《关于加强理论教育的决定（草案）》、1951年7月的《关于重视党校工作的指示》、1955年7月的《关于党的高级干部自修马克思、列宁主义办法的规定》等，使全体党员在统一的制度下无例外和不间断地进行党性学习。党性教育制度化在这一时期基本形成，党的规范性文件基本覆盖了全体党员、干部的学习、教育，同样的党性教育的组织机构——党校成为党性教育的重要机构，党组织也成为党员开展教育与自我教育的重要场所。

二、党的制度建设严重破坏和畸形发展（1966—1978）

"文化大革命"时期党的制度，如同党和国家各项事业一样，遭到了空前的破坏。“文化大革命”之所以能持续十年之久，其中一个重要原因就是党的制度被践踏。党内制度成了一纸空文，甚至被反革命势力包装成践踏党和国家尊严的借口与保护伞。“文化大革命”给党的制度建设带来的灾难，尤其是对党内制度的严肃性、纪律性带来的影响更加严重。

党章遭到破坏。“文化大革命”期间，作为党根本制度的党章遭受空前破坏。党的九大对党章做出修改，强调“无产阶级专政下的继续革命”及“文化大革命”作为指导思想，重点突出以阶级斗争为纲，这些观念均为不符合社会发展客观规律的错误表述。同时该党章还取消了党内民主、集体领导以及取消中央书记处和中央监察委员会等机构。九大、十大通过的党章，将历届党章规定的行之有效的有关集体领导的内容做了删除。民主集中制遭到严重破坏。民主集中制作为党的根本组织制度和领导制度在“文化大革命”时期遭到严重践踏。

从党的领导制度上看，中央文革小组取代了中央政治局，革命委员会取代了省、市、自治区党委和省、市人民政府。党的基层组织被砸烂，处于瘫痪状态。从党的生活制度看，党内生活极不正常，党的各级领导干部随意被揪斗，甚至被群众组织宣布开除党籍。党的工作制度、监督制度、会议制度、选举制度等都遭到破坏。党员的民主权利被忽视。党在九大对党章的修改，进一步取消了党在七大、八大做出的关于党员权利的专条规定，党内民主建设更是趋于暂停。“文化大革命”期间，中共中央的集体领导制度被“革命委员会”取代，这一机构包揽了党务、行政和司法各方面的工作，党基层组织活动和党员的组织生活陷于停顿。

对党员干部的监督制度也被搁置。由于在党建领域，陷入“斗私批修”的狂热运动之中，党员的党纪教育被迫中止，从中央到地方各级，政府的纪律检查委员会等机构陷入瘫痪状态，中止受理信访和申诉，停止对党员干部的生活作风腐化、违反党的政策和贪污、侵占国家、集体财产等问题以及其他问题的查案工作。

党的组织原则和组织制度被破坏。党的全国代表大会作为党的最高机关，既不按时召开，也不发挥其最高权力机关的作用。发动“文化大革命”这么影响深、规模大的运动也不要经过党的全国代表大会。党的监察机构被取缔，对党员和干部的处分更是没有了章法。

第三节　改革开放与社会主义现代化建设新时期制度建党的实践

党的十一届三中全会到党的十三届四中全会，这一时期是党的制度建设的伟大转折点，党内制度建设实现了从制度建党到制度治党的转变，党的制度建设进入了一个新的历史阶段。

一、党内制度的恢复与发展（1978—2012）

这个时期，党在实事求是的思想路线指引下，比较好地处理了制度建设上继承和发展的关系，不仅强调继承和恢复，而且强调发展，注意了制度建设的整体性、结构性、层次性和开放性，在党的制度建设上取得了明显的进展。

第一，党章和民主集中制的地位得到恢复与巩固。党章是党的根本制度，是党内的最高权威，也是制度建党的根本依据。十二大对“文革”进行了拨乱反正，吸取以往党的建设经验后，更加强调了制度在党的建设方面的重要性。比如，在党章中明确规定了中央和省一级委员会和纪律检查委员会由中央和省一级党代会选举产生，且在党章中强调了党的民主原则和集体领导的原则，有效防止党内独断专行。十二大后，党章基本是在党的十二大党章基础上，结合时代特点和党情新要求不断完善，吸收我们党对执政规律新的认识，初步形成与党的发展形势相适应的党章。

与民主集中制配套的具体制度体系得以建立。作为党制度体系中的基本制度，民主集中制是党内领导制度和组织原则，对规范党内政治关系和组织关系发挥了巨大的作用。在民主集中制原则下，我们党制定了一系列规范党内政治和组织关系的制度。一是建立了党内民主制度，制定了《党内民主生活的若干准则》《关于党的地方各级代表大会若干具体问题的暂行规定》《党政机关信访工作暂行条例》《中国共产党地方组织选举工作条例》以及《中国共产党党员权利保障条例》等文件，建立起代表大会代表任期制、代表差额选举制、任用重要干部票决制以及地方党委讨论决定重要问题等重要制度。二是制定了旨在保证党的领导的集中制度，制定了《中国共产党地方委员会工作条例》《关于高级干部保守党和国家秘密的规定》等，建立了中央政治局向中央委员会全体会议定期报告、地方各级党委常委会向委员会全体会议定期报告的工作制度，此外还建立起相应的党委工作制度、政治纪律、保密制度和外事制度等各项具体制度。

第二，党的各项基本制度得到恢复与发展。完善党的组织制度，完善了党内政治生活和党的代表大会等制度，进一步促进了党内各项工作规范化。为健全党的民主生活制度，1980 年党的十一届五中全会通过《关于党内政治生活的若干准则》，并对县级以上党员干部的民主生活制度做出进一步规定。在党代表大会上，1985 年印发《关于党的地方各级代表大会若干具体问题的暂行规定》，标志着党的各级代表大会制度逐步走向制度化和规范化。1994 年中共中央下发《中国共产党地方组织选举工作条例》，通过党内法规的方式规范了党的代表大会相关制度。

党对干部制度进行改革。为建立完善党政领导干部辞职制度，加强对其管理和监督，颁发了《党政领导干部辞职暂行规定》，规定中首次出现“引咎辞职”条款。《中共中央关于严格按照党的原则选拔任用干部的通知》《党政领导干部选拔任用工作暂行条例》《关于推行党政领导干部任前公示制度的通知》《关于党员领导干部报告个人有关事项的规定》《公开选拔党政领导干部暂行规定》《党政领导干部职务任期暂行规定》等文件，初步建立起了领导干部公开选拔制度、任前公示制度和干部任期制等干部管理体系。1982 年颁布的《中共中央关于建立老干部退休制度的决定》，对老干部离退休的年龄界限等问题做出了具体规定。《党政领导干部考核工作暂行规定》及《县级以下党政领导干部任期经济责任审计暂行规定》，对领导干部政绩考核评价体系进行进一步完善；并且健全了干部教育培训制度，《中央党政机关干部教育工作的决定》《关于建立健全省部级在职领导干部学习制度的通知》和《关于建立县级以上党政领导干部理论学习考核制度的若干意见》《干部教育培训工作条例（试行）》，初步建立起适应现代化建设需要的干部学习体系。

党的组织管理制度不断加强。党的组织是我们党完成政治任务的根本保证，是党战斗力和工作的基本所在，党健全完善党的组织管理体系对党的治理意义重大。《中国共产党全民所有制工业企业基层组织工作条例》《中国共产党普通高等学校基层组织工作条例》《中国共产党农村基层组织工作条例》等，建立起覆盖农村、街道、国有企业、高校、非公企业、社会团体等基层党组织的管理体系；《中国共产党发展党员工作细则》《关于进一步做好新形势下发展党员工作的意见》等文件，对党员发展流程、党员发展标准提出了明确、具体的规范要求。

党的监督制度进一步健全。十一届三中全会上决定重建党的纪律检查机构，十二大在党章中明确党的纪律检查委员会的构成与职责。制定《党的纪律检查机关案件审理工作条例》《关于审理党员违纪案件工作程序的规定》《中共中央纪律检查委员会关于对党员干部加强党内纪律监督的若干规定》等规定，建立起与检察机关、法院、公安、人事等机构的工作联系制度。颁发《关于党政机关县（处）级以上领导干部收入申报的规定》《关于建立巡视制度的试行办法》《关于领导干部报告个人重大事项的规定》《中国共产党纪律处分条例》《关于实行党政领导干部问责的暂行规定》《国有企业领导人员廉洁从业若干规定》《中国共产党党内监督条例（试行）》等条例规定，党内监督制约体系已经初步形成。对反腐败和廉政建设进行探索，下发《关于进一步制止党政机关和党政干部经商、办企业的规定》《关于共产党员在经济方面违法违纪党纪处分的若干规定》《关于党员领导干部述职述廉的暂行规定》《中国共产党领导干部廉洁从政若干准则（试行）》《关于纪委协助党委组织协调反腐败工作的规定（试行）》《中国共产党党员领导干部廉洁从政若干准则》《关于实行党风廉政建设责任制的规定》等，全面落实党风廉政建设责任制。

建立规范党内法规制定的制度。在确立党章作为党的根本大法地位的同时，为加强制度制定的科学化、规范化，中共中央 1990 年下发《中国共产党党内法规制定程序暂行条例》，对制定党内法规的原则、党组织的工作、活动、党员行为以及党内各类规章制度的规划、起草审定和发布，均做了具体规定，保证了党内法规制定在党章指导下的规范性，进而使制度建党的实效性与科学性得到进一步保证。

二、十八大以来，党内法规制度建设渐成体系

党的十八大后，我们党在治国理政上做出一系列战略部署，尤其是十八届三中全会中提出要推进国家治理体系和治理能力现代化的战略部署，推进全面

依法治国和全面深化改革的战略部署，是我们党对治国理政规律的把握，也是深化党的建设制度化的必然要求与结果。

第一，制定新的党内法规制度。党的十八大以来，中国共产党为进一步强化制度的科学性，规范党内法规制度制定流程，于2013年颁布《中国共产党党内法规和规范性文件备案规定》，在规定中对党内法规和规范性文件备案的原则、范围、期限、审查、通报等方面提出了具体要求。此后，为加快构建治党的党内法规制度体系，2013年11月中央编制党内法规制定工作第一个五年规划《中央党内法规制定工作五年规划纲要（2013—2017）》，其中涉及34件新制定、出台的重要党内法规，包括条例5件、规则6件、规定14件、细则9件。此外，还制定了《推进领导干部能上能下若干规定（试行）》，制定实施《深化党的建设制度改革实施方案》等，通过制定新法规来完善党的制度体系建设。2013年中央修订颁布了《中国共产党党内法规制定条例》，作为党内的立法条例，对党内法规的制定原则、制定权限、规划与计划、起草、审批与发布、适用与解释、备案、清理与评估等内容做出了明确规定。

第二，根据新形势下出现的新问题，不断对党内法规制度进行修订。在总结党的十七大以来党的建设新经验基础上，特别是贯彻从严治党的要求，党的十八大通过了《中国共产党章程（修正案）》，在修正案中对党的建设总体要求、党的干部以及党员均提出了新的要求。2014年6月中共中央办公厅印发《中国共产党发展党员工作细则》，进一步规范党员的发展程序；2015年10月，修改《中国共产党党员廉洁自律准则》和《中国共产党纪律处分条例》两部党内法规，坚持正面引导与反面处理相结合，规范党员政治生活。废止滞后于实践发展和形势任务要求的法规制度，2012年6月中共中央批准印发的《中共中央办公厅关于开展党内法规和规范性文件清理工作的意见》，提出分两个阶段清理中华人民共和国成立以来党的法规文件。2014年8月，中共中央下发了《关于废止和宣布失效一批党内法规和规范性文件的决定》，决定废止162件部分内容同党章和党的理论路线方针政策相抵触、同宪法和法律不一致、明显不适应现实需要、已被新规定涵盖或替代的党内法规和规范性文件。通过立、改、废等方式对法案法规进行更新，对形成科学的制度体系有着十分重要的意义。

第三，在强化制度体系建设的同时，加强了党的制度执行体系建设。十八大以来，中国共产党先后制定实施了“八项规定”，开展了“三严三实”专题教育活动以及“反四风”的群众路线教育活动，通过惩处违反党规者，使党的制度和规定真正起到震慑作用。在反腐败方面，强化了党章赋予的监督权力，中央先后对各省市区直辖市和中央部委及国企进行巡视；强化了党委（党组）主体责任和纪委（纪检组）监督责任，加大追责问责力度；适应新形势下对纪检的新要求，推动了纪检体制改革。通过一系列的反腐败举措，确保了党的法规和制度得到刚性运行，保证了作为治理能力重要组成部分的制度的执行力有效落实。

第四，新时代以来，党性教育与互联网结合，使得党性教育制度化有了新突破，但也带来了新挑战。学习中国、学习强国、新时代 e 支部和中国教育干部网络行政学院等网络教育平台的出现，使得党员、干部的学习更加直观、可视化，对于学习情况的反馈也更加及时。以吉林省的新时代 e 支部为例，对党员与党组织的学习进行积分制管理，通过积分对党员的学习教育进行规范，学习强国 APP 更是将积分优化到每一篇文章、每一个时间段，通过新型传播媒体加强党性教育，是党性教育制度化的又一趋势。

党性教育的法规制度体系逐步构建并完善。中国共产党的根本制度《中国共产党章程》和民主集中制，对共产党员的党性进行了详细的阐述；基本制度中《中国共产党廉洁自律准则》《中国共产党纪律处分条例》《关于新形势下党内政治生活的若干准则》等党内法规对党性有了更为细致的规定；“两学一做”教育活动常态化制度化，“三会一课”制度、“创先争优”等具体制度，使党性教育的可操作性更强。基本构建了党性教育的法规制度体系，配以严密的党组织、党校等机构保障，使得党性教育制度化体系更加完善。而党章、党规等党内规章制度成为党性教育的重要内容，旨在培养党员的制度意识、素养。

第四节 中国共产党制度建设的历史经验与启示

党内制度建设的科学、有效是制度治党的前提条件，对中国共产党制度建设历史的考察，就是为了从漫长的历史发展中寻找制度建设的规律，为制度治党的深入发展提供强有力的制度体系支撑。将中国共产党党内制度建设放在整个中国共产党的历史发展过程来看，每个时期的制度建设都是与当时的社会存在有着直接而现实的联系的。

一、党的制度建设必须放在世界历史范围内进行考量

中国共产党作为一个以马克思主义理论为指导的无产阶级政党，党领导的革命实践是世界无产阶级运动的一部分，这个历史实际是天然的，不是在历史发展过程中强加的，而是在党诞生的那一刻就决定了的。

（一）党的指导思想与奋斗目标注定与世界发展相联系

1921 年 7 月，中国共产党成立，制定了第一个党纲，党纲明确规定“推翻资本家阶级的政权”“消灭资本家私有制”、消灭阶级区分等内容，这是明确的具有马克思主义思想指导的斗争目标。这些规定，标志着马克思主义在中国革命和斗争实践中的指导地位。马克思主义不是一个独立于世界之外的思想体系，相反，马克思主义是与国际工人运动、无产阶级伟大革命紧密联系在一起的思想体系。中国共产党将马克思主义作为党的指导思想时，就注定与世界范围内的无产阶级运动联系在一起，就注定中国的无产阶级运动是世界无产阶级运动的一部分。

列宁对无产阶级政党的重要性提出：“无产阶级在争取政权的斗争中，除了组织，没有别的武器。……它所以能够成为而且必然会成为不可战胜的力量，就是因为它根据马克思主义原则形成的思想一致是用组织的物质统一来巩固的，这个组织把千百万劳动者团结成一支工人阶级的大军。”① 中国共产党就是按照列宁的建党原则，建立起来的工人阶级先锋队，在中国共产党筹备之时，就以马克思列宁主义建党理论武装自己，以制定和修订党章为中心，积极探索党的制度建设。

（二）中国共产党建立之初就注定要借鉴世界主要无产阶级政党建设经验

中国共产党第一次代表大会就是在共产国际的资助与指导下召开的，共产国际代表马林、尼克尔斯基参加了中共一大，这说明建党初期的很多经验与措

① 列宁. 列宁全集：第八卷［M］. 北京：人民出版社，1984：24.

施都是与共产国际息息相关的。中国共产党第二次代表大会正式决定参加第三国际，成为共产国际的支部，共产国际在很长一段时间是中国共产党的实际领导者。这在党的制度建设上体现得也十分明显。

党的根本制度建设，中国共产党章程和民主集中制都是直接来源于共产国际，借鉴苏联共产党的经验。从中共一大的《中国共产党纲领》和中共二大的《中国共产党章程》来看，与当时的苏联共产党章程和共产国际章程有着很多相似之处。

党的各种决定、制度建设都是与共产国际有着深深联系的，这说明中国共产党从来都不是与世界割裂的，制度建设也应放在世界范围内进行考量。不能将党的制度建设与世界历史、无产阶级发展的历史、无产阶级政党建设与斗争的历史尤其是世界范围内无产阶级政党制度建设的历史相割裂。

中国共产党早期对制度建设是非常看重的，这主要得益于列宁布尔什维克党的建党经验。在同第二国际修正主义和俄国党内的机会主义斗争的实践中，列宁非常强调党的组织制度和组织纪律对于党的统一的作用。列宁倡议建立的第三国际，也要求各国党保持严格的组织纪律性。正是严格按照列宁的建党原则建立起的中国共产党，从一开始就是一个统一的、严格组织纪律的马克思主义政党。但更准确地说，中国共产党早期的制度建设只是用第三国际关于共产党的组织框架来规范党组织和党员的思想与行为，真正开始通过制度来加强党的建设、指导党的实践是在大革命失败后，中国共产党不断探索实践后形成的。

二、党内制度建设要与中国实际相结合

中国共产党成立后，把马克思主义基本原理与中国革命实际结合起来，初步形成了对中国革命的一些基本认识，制定出了反帝反封建的民主革命纲领。同时，也对党的性质、阶级基础、奋斗目标、组织原则和纪律等，都做了初步的探索，得出了基本正确的结论，对于中国革命和党的建设都具有重要的指导意义。

（一）党的制度建设必须符合社会发展的历史与现状

党的制度建设目的是建立和维护党的内部秩序，通过制定和实施党内法规和制度，使党内政治生活和党的建设活动正常有序地进行。党内制度建设不是

某个人主观臆断的结果，是由党的建设实际决定的。党的建设实际就是党所处的历史环境，每一个新生事物都无法脱离它产生之前的现实环境与条件，党的制度建设也无法脱离这个时代的政治、文化、道德等方面因素的制约。中国共产党成立之初，由于革命斗争的现实需要，中国共产党有了建立起党组织的现实条件，但在主观上，中国共产党所处的历史环境决定，中国的革命还需要很长一段时间，必须为自身革命创造条件，才能完成党的革命任务。

中国共产党成立之初，是在一个半封建半殖民地国家进行党的建设，这与马克思、恩格斯所提到的无产阶级革命是完全不同的，中国的社会环境也不像列宁所处的俄国时期，因此党的制度建设，只是在一定程度上有迹可循，可以参照马克思主义经典作家的建党理论和实践经验。中国共产党如何靠制度建党，必须依靠自身努力，走马克思列宁主义党的建设理论学说与中国实际相结合的道路。

中国革命与建设的不同，中国共产党的历史任务与目标的不同，都使党的制度建设有中国发展的特色。在新民主主义革命时期，中国共产党把马克思主义的基本原理、国际共产主义运动的历史经验，特别是苏联共产党的经验同中国的实际相结合，创立了一套有鲜明的中国特色的党的组织制度、领导制度和工作制度。不仅在民主集中制等根本制度上与各国共产党保持了共性，而且创造了“支部建在连上”、民主基础上的集中和在集中指导下的民主、党委会的工作方法等这样一些极富中国共产党人个性的制度实践。这些制度为党的事业的发展壮大、党的战斗力的不断增强提供了可靠的保证，同时也为党取得政权提供了保证。

（二）党的制度建设必须符合中国社会的思想传统与风俗习惯

毛泽东思想、中国特色社会主义理论体系包含了党对制度建设重要性认识的不断深化，同时，党的制度建设理论也不断完善。新民主主义革命时期，关于党的制度建设思想逐步成熟起来，不仅具有丰富的理论内涵，而且在指导党的建设和革命实践中都发挥了重要的作用。

邓小平对党的制度建设重要性的认识相当深刻，提出党的制度是根本性、稳定性、长期性和全局性的建设；提出要在“法治”理念下以制度治党，根除和克服“人治”现象，而加强党的制度建设的根本就是要加强党章建设；主张通过党规党法来保障党员权利。正是在邓小平制度建设思想的指导下，改革开放以来党的制度建设获得了前所未有的重大发展。以江泽民为核心的党的第三代中央领导集体形成了以“三个代表”重要思想为核心的党的建设理论，提出了把制度建设贯穿于党的思想、组织、作风建设之中的重要思想，把制度建设作为党的建设的一个重要组成部分。以胡锦涛为总书记的党中央在实践中提出了科学发展观思想，进一步丰富和发展了党的制度建设的思想，推动制度建设继续向前发展，初步形成了较为完整的党内制度体系。

三、党内制度建设成果必须成为全体党员的共同认可与共同遵循

制度建设作为超意识形态的存在，对意识形态本身就有着明确的规定，因此制度本身就应成为全体党员、党组织的共识、共同遵循。

（一）制度的执行前提是全体党员的认同

1927 年，毛泽东发动秋收起义，随后建立了井冈山革命根据地。三湾改编时，确立了“将党的支部建在连上”的制度，毛泽东指出：“党代表制度，经验证明不能废除。特别是在连一级，因党的支部建设在连上，党代表更为重要。”1929 年 12 月，古田会议通过的决议更加明确了这一点，还强调加强党的思想建设的同时，必须加强党的组织建设，必须坚持民主集中制，反对极端民主化、非组织观点等错误倾向。

1935 年 1 月的遵义会议确立了毛泽东的军事领导地位，1938 年 9 月党的六届六中全会又确立了毛泽东在全党的领导地位，这一时期，党的制度建设本质上就是通过一系列会议决议构建起来的，党的认识水平和领导能力比过去有了很大提高，组织也空前壮大。最重要的是，通过一系列的会议讨论和实践证明，党的制度建设必须得到全体党员的认同，并严格按照党的制度进行实践。

1938 年中共六届六中全会通过了《中共扩大的六中全会关于中央委员会工作规则与纪律的决定》等一系列决议，强调要健全党的民主集中制，系统地规定了中央委员会、政治局、书记处及各级党委、党部的工作任务、职责范围和纪律。1945 年中共七大党章明确规定“党内民主的集中制，照党章规定，即是在民主基础上的集中和在集中指导下的民主”“党内的秩序，是由个人服从组织，少数服从多数，下级服从上级，全党各个部分组织统一服从中央的原则来

建立的"。1949 年 3 月，毛泽东在中共七届二中全会上论述了关于进一步加强党委会的工作方法，强调各级党委必须正确认识有效的工作方法。

（二）制度建设的目标是形成特定的文化环境，实现规定的非制度化

党的制度建设，就是要把党的建设的各方面纳入制度化的轨道，通过章程、条例、准则和决定等形式作为制度固定下来，成为党的组织和全体党员共同的行为准则，以实现党的活动的制度化、规范化、程序化。但马克思主义中关于人的全面发展学说和无产阶级政党党性建设的理论中，都应该对制度建设的目标有一个明确的认识，制度规范党组织和党员的行为，但其最终目标是，在没有制度约束的时候，党组织和党员依然能保证无产阶级政党的党性不变。

一是思想上对党的制度建设十分重视。在民主革命时期，中国共产党十分重视建设严密的党内制度，制度是否严密、有效，直接关系到党的生死存亡。随着党取得执政地位，党的制度建设逐渐失去了外部压力，但在实践中继承了民主革命时期党的制度建设的许多重要成果，还对党内民主制度做了积极探索。

二是把思想建设放在首位，着重从思想上建设党。党的思想建设放在首要地位，并不妨碍制度建设作为党的建设的根本性问题存在，制度建设的实践必然要依靠思想建设来实现。思想建设和政治建设、组织建设、作风建设一样，解决的是党的建设中一个方面的问题，而制度建设则是要把所有这些方面的成功经验作为原则、体制、规范确定下来，成为全党都遵循的东西。从这个角度说，思想建设最终也应落实到制度建设上，靠相应的制度来保证其稳定地、长期地、正常地进行。但是，在实践中，这一点常常被忽视了。

四、党内制度建设必须保持一定的制度"韧性"

制度建设必须有一定的韧性，制度韧性是指在长时间的历史发展中，制度的根本原则与遵循是符合时代发展规律的，而变化的是具体的制度实施方式、方法。

（一）党内制度建设遵循一定的原则

中国共产党是马克思主义理论指导下的无产阶级政党，但各级党组织和党员都要在宪法和法律范围内活动，党的主张通过法定程序成为国家法律，变成全民意志，党与法的关系逐步理顺，党的领导也就更好地实现。

一是理清党内法规与国家法律之间的关系。党的领导核心地位与党必须在宪法和法律范围内活动不是相互冲突的，而是对党内法规与国家法律提出了新要求，党内制度必须与国家法律法规相统一，不能违背国家法律规定，尤其不能违背宪法。党的制度建设是党内制度和党外制度建设的统一体，党的制度建设逐步与国家法律制度建设相结合，党的制度的不断发展完善与国家法律体系的建设进程共同推进。

二是党的制度建设的总体规划不断明晰。随着党的建设不断深入，党内制度的配套建设需要进一步完善，党内制度的审查与纠错机制也在不断探索中建立与完善。党的制度建设逐步形成了以党章的修改完善为主线、以健全民主集中制为核心，党的代表大会制度、党内选举制度、党员权利保障制度、党的干部制度、党内监督制度、党的具体工作制度等相关的配套制度建设，共同构成了党的制度建设的体系。党章是党的根本大法，是最高层次的党内行为规范，其他所有的党内法规和制度都必须以此为根据而制定。

三是不断加强党章的科学性、先进性与权威性。党章根据时代特征和党面临的形势任务，不断修改和完善。党成立以来，一直把健全完善党章作为制度建设的根本。党的历次代表大会都要对党章进行修改，体现了党对自身建设规律认识的深化和与时代进步、社会发展的一致性，也体现了在推进制度建设方面取得的成就。民主集中制是党的根本组织原则、组织制度和组织纪律，是全党必须遵循的基本准则，民主集中制始终是党的制度建设的核心。党不断完善和发展民主集中制，与党章的修改完善一起构成了党的制度建设的根本点，以此推进党内其他各项具体制度的建设。

（二）制度的执行者具有超强的稳定性

党的制度建设存在的最大问题就是制度运行过程中主客体之间的矛盾。制度的制定者同时是制度的执行者、监督者、评估者和惩戒者，这对于制度执行来说，意味着制度本身的运行就存在漏洞，但要解决这个问题，就必须从党的自身出发。依据党的具体情况和制度建设的特点，在制定党内重要的制度时，总是在坚持群众路线的基础上，先经过试点，取得经验，然后再在全党范围内推广，并在实践检验的基础上，对其不断地进行修改和完善。由于党采取扎实稳步的办法，根据条件成熟的情况逐步地推进党的制度建设，因而制定的党内法规、条例具有科学性、稳定性和权威性。

中国共产党不断进行强化监督执纪方面的探索。一是纪检监察机关的建立，1993 年实施了纪检监察合署办公，以强化监督力量。二是纪检监察机关派驻机构改革逐步展开，2005 年实现对派驻机构的统一管理。三是增强社会监督力量，社会监督渠道不断扩展，包括信访监督、新闻监督、网络监督等都得到推进，网络监督力量也逐步凸显。党的制度建设通过不断改革，以加强自身制度建设的有效性。

五、党内制度建设要顺应时代发展的趋势

制度建设必须及时做出改进与调整，要设置专门的制度建设机构，对党内制度做出系统评估，制度改进不及时就会造成制度漏洞，就容易钻空子。

（一）制度的制定具有局限性

党内法规制度根据其产生背景和约束对象的不同，具有层次性，这是制度局限性的最主要体现。党内制度的层次性要求必须构建完整的制度体系，单方面的制度建设无法保证制度的实施。党章是最根本的党规党法，是规范和约束全党行为的总章程，是党的建设的根本依据。党内的规定、决定、规章制度等一系列行为规范，从效力来讲，有的是根本性的，有的是具体性的；有的是党的最高权力机关制定的，有的是党中央有关职能部门制定的；有的是制定其他规章的依据，有的则要依据其他规章来制定。党章在党内法规体系中是处于最高层次的、根本性的、统领党内其他法规的最高行为规范。但党章无法规定到每一个细节，党章也无法预判到历史发展的每一个阶段，因此党章就需要不断完善，就需要制定相应的配套制度。

中国共产党自诞生以来的一百年间，历来高度重视党章建设，始终把制定和完善党章、学习和贯彻党章、遵守和维护党章作为党的建设的一项基础性工作，坚持不懈地加以推进。对党内，党章是团结和统一的法规基础；对党外，党章是人们判断党的理念和实践的主要根据。现行党章是 1982 年 9 月党的十二大修改制定的。根据形势和任务发展变化，从十三大到十八大都对党章的部分条文进行了修改。发挥党章的根本规范性的作用，也需要进一步修改党章。总纲是党章的前提和总则，1921 年中国共产党的一大就通过了《中国共产党第一

个纲领》，但二大到六大的党章是没有总纲部分的。中共七大以后的党章加入了总纲，现在的总纲部分对党的性质、党的指导思想，党的宗旨，党在社会主义初级阶段的基本路线，党的建设的总任务，都做了概括，但这是随着时间不断发展而完善的，并不是在最开始就是如此的。

（二）党的建设是随着时代不断发展的

从党的建设的历史进程看，党的建设一直在不断创新、与时俱进，党的制度建设也在不断创新。党的建设的与时俱进和不断创新，需要制度建设加以保障，并使之规范化和制度化，换句话说党的制度建设作为一个过程也必须与时俱进，做到制度创新并贯彻落到实处，即所谓“治国无法则乱，守法而弗变则悖，悖乱不可以持国。”“世易时移，变法宜矣。”新形势下党的任务和队伍出现了新情况，更要求加强制度治党。

中国共产党成立之初，就注重党章建设，党的每一次代表大会，都对党章进行了修改完善。建党初期，党的制度来不及完善，党章发挥着各种党规党法的作用，使党成为一个极具凝聚力、战斗力的严密的革命组织，以致连蒋介石都如此总结：共产党之所以“常能以少胜多，操纵如意”，就在于组织严密。中共七大以后，党章得到完善，成为民主革命时期最为成熟的一部党章。历史证明，七大党章的确“是一部保证党能够领导中国民族和中国人民获得胜利和解放的党章”。党的八大党章是中国共产党执政后制定的第一部党章，它初步探索了社会主义建设、执政党建设的规律，为建设社会主义、建设党提供了科学指导，为改革开放奠定了基础。党的十二大党章是在恢复七大、八大党章的基础上、深刻总结“文化大革命”制定的，是党执政以来最好的一部党章，所以此后的党章，都只是在十二大党章的基础上进行部分条文的修改。可以说，党的十二大党章，奠定了中国共产党带领全国人民取得改革开放伟大胜利的基础。党的历史表明，党章建设，是党的事业兴旺发达的根本前提，也是党审时度势，正确认识时代的基本表现。

民主集中制是党的制度体系的灵魂，建党后不久，中国共产党就确立了民主集中制组织原则。陈独秀时期实行家长制，由于漠视民主集中制原则，导致葬送了大革命的胜利成果，党的发展受到严重挫折。王明“左”倾错误领导时期，党内教条主义盛行，民主集中制被抛弃，导致各革命根据地相继丧失。延安时期，由于党坚持贯彻民主集中制，致力于适合战争条件的民主集中制建设，最终领导中国人民取得了革命胜利。中华人民共和国成立后，在加强民主集中建设过程中，党领导社会主义改造，取得骄人成绩，社会主义建设的探索，也取得了宝贵经验。但是，受国内外、党内外不利因素影响，党的民主集中制也受到破坏，导致“左”的错误发展，个人崇拜盛行，社会主义建设遭受挫折，最终爆发“文化大革命”。粉碎“四人帮”以后，党贯彻民主集中制，并大力加强民主集中制建设，因而开辟了改革开放新局面，党和人民的事业蒸蒸日上。党的历史表明，党贯彻民主集中制的时期，民主集中制建设得到加强的时期，党和人民的事业就欣欣向荣；民主集中制遭到破坏的时期，党和人民的事业就要遭受挫折。

党的制度建设历史，不仅要与时代相结合，顺应时代发展趋势，还应在改变中保持自己的特色，坚守共产党人的原则与底线，使党成为真正具有强大组织力、战斗力的政党。

第四章 新时代制度治党思想的要素与结构

十八大以来，全面从严治党成为新时代管党治党的新常态，制度治党是全面从严治党的内在要求与根本保障，制度治党的实践为制度治党思想的形成提供了坚实的现实基础。制度治党的分析视角多元，但是将“治”作为制度运行动态过程的依据，对制度治党的结构进行分析，在制度运行的时空结构之上，构建制度治党运行的理想结构——螺旋上升结构，以此为制度治党研究的根本原则和依据，划分制度治党的核心要素，即制度供给、制度衔接、制度执行和制度效能四个要素，并对制度治党运行的各要素的地位和功能进行分析。

第一节 制度治党思想的要素构成

全面从严治党是“四个全面”战略布局的根本保障，全面从严治党要求思想建党与制度治党同向发力，制度治党的题中之意与最终目的就是实现思想建党，一项制度的成功与否就在于它最终能否实现正式制度的非正式化，即制度的内化于心、外化于行。当前关于制度治党的研究多集中在理论层面与空间维度，而从制度运行的时态维度进行的研究却很少，制度变迁理论解释了制度的新陈代谢，同时也为“治”这一动态过程提供了理论依据，这为当前阶段研究分析制度动态运行的要素构成与运行机制提供了划分依据。

一、制度治党思想的要素分析原则与方法

制度治党思想是指将制度治党作为一个完整的运行体系，单纯研究制度的

构成，是无法将整个制度治党体系构建起来的，而制度的运行也仅仅是制度治党的一部分，不是制度治党的全部构成，因此在进行制度治党要素划分的过程中，就必须突破传统制度分析的原则与方法，科学划分制度治党的构成要素与结构，以此为基础对制度治党的运行机制进行探究。

（一）制度治党思想要素分析的原则

1. 马克思精神生产理论是制度治党思想研究的根本依据，也是制度治党系统要素划分的理论来源。制度本身就是精神生产的产品，制度是一系列规则有机统一形成的整体，是一个完善的系统。

马克思在《黑格尔法哲学批判》导言中对国家制度做了相关定义，认为“国家制度只不过是政治国家和非政治国家之间的协调，所以它本身必然是两种本质上各不相同的势力之间的一种契约”①。必须清楚马克思对于国家制度的认识，是基于“人的本质是一切社会关系的总和”这一定义，制度是调解人与人、人与社会、人与自然关系的产物。政治国家与非政治国家是人类社会发展到一定阶段的社会关系，政治国家的社会关系是政治活动中的人、组织、机构和关系等，非政治国家是指政治活动之外的人、组织、机构、观念和关系等，自然环境在国家不断发展中，带有了政治国家和非政治国家的属性。

人的各种社会关系中，生产关系直接影响人的发展问题。人的生产活动可以分为物质生产、精神生产和人的生产，精神生产与物质生产紧密相关，精神生产是在物质生产的基础上实现的，人的生产属于种族的繁衍，暂不讨论。精神生产关系随着物质生产关系的变化而变化，阶级是以物质生产关系为基础划分的社会关系。

> 占统治地位的思想不过是占统治地位的物质关系在观念上的表现，不过是表现为思想的占统治地位的物质关系；因而，这就是那些使某一个阶级成为统治阶级的各种关系的表现，因而，这就是这个阶级的统治的思想。②

---

① 马克思，恩格斯. 马克思恩格斯全集·第一卷［M］. 北京：人民出版社，1956：316 .

② 马克思，恩格斯. 马克思恩格斯选集·第一卷［M］. 北京：人民出版社，1995：98 .

在物质生产领域占统治地位的阶级，在精神生产领域同样占统治地位。

政党作为阶级的代表，政党理论是阶级精神生产的集中表现，政党的制度更是政党理论的凝结。党章、党纲等作为政党的根本制度，是政党关于政治理论的高度概括，以此为指导产生的各种制度，是在特定政治理论指导下进行的专门精神生产。随着物质生产关系的变化，精神生产关系必然会发生变化，但这种变化不能同步，精神生产关系的变化有时超前、有时滞后，期间的规律仍需不断探索才能发现。社会高度发展的今天，对制度的要求也不断提高，作为政党特定的精神生产，制度必须及时有效地调整，才能有效应对各种问题。

2. 制度变迁理论是对制度发展变化的客观认识，是制度治党思想研究的必然依据。强制性制度变迁和诱致性制度变迁在中国共产党制度实践过程中都有不同程度的体现，根据制度变迁理论对制度的发展变化过程进行客观、准确的把握，是制度治党的必然选择。

新时代制度治党思想是对制度动态运行规律的把握，制度治党思想实现了强制性制度变迁与诱致性制度变迁辩证统一，强制性制度变迁理论的特点是自上而下的制度推行，诱致性制度变迁则主要依靠制度变迁影响因素的变化引发制度变迁。首先，中央层面对制度变迁发挥了积极作用，大量的正式制度是自上而下推行的，带有明显的强制性制度变迁色彩，但是，中国共产党制度实施的监督力量来源于党本身，外界强制力的介入小。党内问题的调和失败，最严重的后果是党员开除党籍和党组织解散，对于财产、人身等个人权利无权干涉，必须交由国家法律处置，强制性制度推行依靠的力量不足，党员的自觉遵守成为制度推行的首要条件，强制性制度变迁在党内的实践必然以诱致性制度变迁为目的。

其次，强制性制度变迁所引发的制度供给主要源自顶层设计，在中国共产党党内制度建设的实践中，中央、省级以上机关党组织制定的各种制度，以法规制度为主，是正式制度的主要形式，但是，党内还存在有大量的省级以下党组织确定的制度，是针对党内已发生的问题所提供的应对经验和措施，上升为党内制度。法规制度的制定必须具有普遍性，以应对党内普遍存在的问题，但是因地域、经济、文化、民族、习俗等给党内制度实施带来的差异，必然造成制度运行的特殊性，自上而下的制度改革与推行，无法应对制度运行的特殊性，而应对特殊问题的制度来自广大基层党组织与党员的实践，基层党员的习惯、作风等非正式制度是党内正式制度建设的土壤，自下而上的制度变革是诱致性制度变迁的主要表现。

最后，将强制性制度变迁与诱致性制度变迁辩证统一地结合起来，是坚持辩证唯物主义与历史唯物主义指导原则相结合的典型示例。就中国共产党制度建设的经济基础来看，社会主义市场经济体制本身就是将市场资源配置看不见的手与政府宏观调控看得见的手辩证统一的产物，本身就实现了强制性制度变迁和诱致性制度变迁的辩证统一，中国共产党作为中国特色社会主义市场经济体制的领导者与参与者，在这样背景下建立党内制度规范必然要实现强制性制度变迁与诱致性制度变迁的辩证统一。中国共产党始终坚持民主集中制，要求民主基础上的集中与集中指导下的民主相结合，民主与集中的辩证统一也是强制性制度变迁与诱致性制度变迁辩证统一的表现。党的制度建设充分发挥民主集中制原则，全国共有四百多万个党组织，九千多万党员，充分发挥民主就要有很多的规范，约束党员、党组织的行为，将这些规范充分地凝练升华，使得适应全体党员和党组织的制度规范以成文的形式固定下来，就要求党的上层组织集中规范。强制性制度变迁要求保证党中央集中领导，相信党中央能够带领全党分析问题、解决问题，开展党的建设这一伟大工程，诱致性制度变迁要求相信广大党员、领导干部的创造力、意志力，能够在党的政治生活、政治工作中发现问题、解决问题，并丰富党的制度体系。

习近平新时代制度治党思想实现了强制性制度变迁与诱致性制度变迁的辩证统一，制度变迁的过程就是制度治党思想的动态运行过程，制度治党动态运行体系中的要素与构成也是按照制度运行进行结构划分的，制度运行的历时态变化是制度治党思想的根本。

（二）制度治党思想要素分析的方法

辩证唯物主义与历史唯物主义统一的方法。制度治党首先要解决的问题就是制度是否真实存在，能否发挥治党的作用，解决这个问题就必须坚持辩证唯物主义的观点，制度是客观存在的，且不以人的主观意志为转移，制度本身是人类社会实践的产物，随着人类社会的产生而产生，也必将因为人类社会的客观变化而变化，但制度不是万能的，必须认识到制度具有其局限性，尤其是依靠制度调节人类社会关系方面，制度的局限性便显现出来，但这不能成为研究制度对于人类社会重要作用的阻碍。制度的变化只是因为人的实践能力的提高，而发生的与实践相适应的变化，当然有时制度的变化会先于社会变化，有时又滞后于社会变化，这就要用历史唯物主义观来进行解释了，制度是社会存在，但是制度是与社会意识紧密联系的社会存在，必须承认社会意识是客观存在的，且社会意识是不断发展变化的，制度作为体现社会存在的社会意识，一方面它的客观存在是不以人的意志为转移的，另一方面作为人类社会实践的产物，制度会随着人的社会实践的改进而不断发展，因此必须坚持辩证唯物主义与历史唯物主义的统一。

局部分析与整体分析相结合的方法。一方面，在进行制度治党研究的过程中，必须将制度治党作为一个有机的运行整体，单方面地强调某一要素的重要性或单纯地讨论某一制度或运行机制的决定性都是片面的，无法真正地把握制度治党的运行规律，而将制度治党视为一个整体，在制度构成、制度运行与制度效能发挥和长远发展上进行系统、完整的分析，可以有效掌握制度治党的发展趋势，并为制度治党的长效机制提供理论依据。另一方面，对制度治党运行的各部分进行详细分析，如对制度治党的“制度”进行系统分析，使制度体系更加科学、完善，对制度治党的制度供给提供发展思路；对制度治党运行的制度供给、制度衔接、制度执行和制度效能进行分析，找出当前制度治党运行过程中的薄弱环节，尤其是对整个制度治党作用发挥具有关键性作用的环节，使制度治党的改进有据可依；对制度治党各环节的运行机制与发展策略进行具体分析，使制度治党更具有操作性与实践性，从而提高制度治党研究的科学性、系统性。

模型构建的方法。在文科领域尤其在思想体系研究方面，很少能够以模型直观地展现思想体系的主要构成与运行方式，但由于制度治党运行的特殊性，且制度治党体系构建的系统性，使得以制度治党的运行为基本参照，对制度治党进行模型构建变为可能。通过将制度治党的动态运行以模型的方式搭建，可以清晰地看到制度治党的薄弱环节与发展出路，以此对制度治党的下一步发展提供可靠建议，能为制度治党发挥实效提供有益帮助。

二、马克思精神生产理论下的党内制度供给

全面从严治党要求思想建党与制度治党同向发力、同时发力。制度治党的

前提是有科学完善的制度体系，党内制度体系的建设是一个长期发展的过程，必须清晰地认识到制度具有双重性、客观实在性和主观能动性。制度既是客观存在的，不以人的意志为转移的，同时，人又可以通过大量的实践活动对制度加以干预，而这些都要基于人的社会关系与社会分工。

（一）精神生产与意识形态概述

马克思在对人类社会进行分析的过程中，明确了分工是阶级产生的基础，基于分工将人的劳动分为精神劳动与物质劳动，对应地划分了精神生产与物质生产。必须明确地对精神生产与意识活动加以划分，精神生产是指人进行精神劳动，已满足人的精神产品需求的生产。意识活动从人开始使用工具，就有了意识活动，意识活动与精神生产不能等同起来。不同的精神产品相互影响，相互作用，会产生不同的意识划分，意识形态就随着不同精神产品之间的区分而产生，意识形态之间的斗争起源于其在各自人群中的影响力。精神生产是以人类无差别的意识活动为基础的，人的意识活动基于人脑对客观世界的反映，这是无差别的，区别在于作为满足人的需求的精神产品，为谁生产、为谁服务的问题，意识形态领域斗争应运而生。

意识形态领域斗争是新时代中国共产党执政面临的复杂斗争，是伟大斗争的重要阵地。党内制度建设与意识形态的辩证关系在于：一方面，制度作为党内意识的凝结，对党内意识形态的统一与规定有着重要的作用；另一方面，作为社会存在的党内制度，随着中国共产党的历史发展，形成了独特的制度发展史，党内制度建设不可能摆脱前人的成果，在加强党的制度建设的同时，必然会受到党内制度建设已有成果的约束。

马克思精神生产理论中有关精神生产资料、阶级对精神生产活动的影响等，是研究党内制度供给的重要理论基础。就制度本身而言，是被人的意识认识到的真实存在的“社会意识”，制度本身就是真实的社会存在，制度不是人主观臆造的，而是客观存在的实在，如果制度不是真实存在的，那么所有的正式制度中的法律、法规和规章都无法对人类社会产生真实的作用。非正式制度中的传统观念、意识形态等都是客观存在的，是被人类意识发现的，并且用人类对世界的认识描述出来的意识。制度本身就是意识形态的凝结，是意识形态的物质体现，意识具有主观能动的作用，制度（以法律、法规或体制、机制等真实存在的）是意识能动地改造客观世界最有力的体现。

意识形态对制度有着巨大的影响，制度本身就是一种意识形态，制度是带有强制性、约束力的意识形态；意识形态对人的约束力不强，但对人的影响却是在无形中形成的，因此意识形态对人行为的规范成本极低。精神生产是意识活动的重要组成部分，精神生产不能等同于意识活动。

马克思在《德意志意识形态》中概述了政治制度与意识形态的关系。历史并不是作为“产生于精神的精神”消融在“自我意识”中……这种观点表明：人创造环境，同样，环境也创造人。① 政治制度作为人类长期历史发展的环境积累，是人的精神生产产品不断丰富、完善的过程，政治制度更多地受到意识形态的影响，就政治制度本身而言就是高度概括的社会意识形态，因此，政治制度一方面要受到已有的社会意识形态的影响，另一方面也在规定着社会意识形态的发展。

（二）制度供给的基本内涵

党内制度供给问题的研究，有利于发现党内制度建设的规律，为党的建设伟大工程提供保障。党内制度供给的研究，针对党内制度供给的原则、方法，如何实现党内制度的有效供给，实现供需平衡等。

制度供给实质上是精神生产领域下，党内依据一定的政治理论，为实现一定的政治目标，维护党的政治纲领，实现党的组织统一、行动一致进行的制度生产。制度供给的实质是精神生产。

制度供给主要有以下三个特点：

第一，中国共产党作为制度供给的主体，具有主观能动性。

第二，中国共产党能够清晰地认识到制度的作用与规律，并加以利用。

第三，制度作为精神产品，能够实现生产、再生产的过程。

党内制度的供给的主体，是广大党员，他们通过一系列实践产生精神活动，但是制度供给是党内的有效经验上升成为制度。因此在表面上看来，制度供给的主体是党的主要领导部门，但是实质上制度供给的主体是党的广大党员。在这里要讨论这样一个问题，那就是制度的制定者到底是不是制度的供给者？从某种程度上而言，制度制定者肯定是制度供给者中的一员，但是制度供给者并

---

① 马克思，恩格斯. 马克思恩格斯全集·第三卷［M］. 北京：人民出版社，1960：43.

不仅仅是制度的制定者，制度制定的过程是将党在管党治党过程中的一些好的经验、做法固定下来，以制度的形式来规范全体党员。制度的供给者是广大党员，而制度的制定者是党内具有一定实践经验的，同时具有良好理论素养与理论功底的精神生产工作者，他们为党内制度供给提供了大量实践总结。

制度供给是指制度产生以应对现实问题的需要。制度供给，首先要明确制度供给的主体，这就必须分析党内制度存在的基本形式，基于非正式制度理论将党内制度分为正式制度和非正式制度两种形式，正式制度主要是指党中央、中央部委、省级以上党组织等制定的规章制度；中国共产党的非正式制度是在党的漫长历史发展过程中形成的，非正式制度包括党内的各种传统、习惯、行为准则、伦理规范等，其主要的特征就是没有正式的形成文字、制成条文，也不需要正式的组织机构来实施，它存在于社会的风俗习惯和人民的信念之中，以舆论、口谕的方式相互传递、世代传承。① 制度的产生首先是非正式制度，正式制度是在非正式制度以规范化的形式确定以后形成的，正式制度的形成要考虑到制度成本问题，非正式制度要考虑公平和效率问题。

（三）党内制度供给作为无产阶级政党精神生产的主要体现

马克思在分析阶级的过程中，是以人类社会的分工为基础的。对于无产阶级政党内部而言，也是有精神劳动与物质劳动划分的，这样的划分对于分析无产阶级政党的精神生产具有重要意义。

> 分工也以精神劳动和物质劳动的形式出现在统治阶级中间……一部分人是作为思想家出现的……另一些人对于这些思想和幻想则采取比较消极的态度，他们准备接受这些思想和幻想……②

无产阶级政党作为无产阶级政权的领导者，也会出现精神劳动与物质劳动的分工。从事精神生产的思想家，把阶级内的各种精神产品生产出来，以满足阶级的需要。马克思主义作为科学的无产阶级指导思想，在于马克思主义始终

---

① 周敬青，谷语，宋薇. 党内非正式制度研究——审视党内潜规则［M］. 北京：中央编译出版社，2014：19.

② 马克思，恩格斯. 马克思恩格斯全集·第三卷［M］. 北京：人民出版社，1960：53 .

以无产阶级乃至全人类的利益为根本服务对象，以全人类的自由和解放为奋斗目标。

制度与意识形态的辩证关系是研究党内制度供给的基础，中国共产党作为无产阶级的代表，党内制度建设是基于党内意识形态即党内精神生产，而党的精神生产必然是以无产阶级的精神生产为基础的。党内制度与意识形态相互影响，党内制度本身作为党内意识的凝结，其存在的阶级基础是中国共产党——中国无产阶级的先锋队，经济基础是中国特色社会主义市场经济体制，实践基础是中国共产党领导的革命和建设事业。

党内制度与意识形态有着直接的关系，意识形态的产生本身就是以社会存在为基础的，中国特色社会主义市场经济体制建设是中国特色社会主义意识形态产生的前提，作为中国特色社会主义事业领导者、参与者的中国共产党，党内意识的产生不可能跳脱社会主义市场经济体制的影响，作为党内意识高度凝结的党内制度，必然要随着中国社会主义市场经济体制的不断变化而变化。

（四）党内制度供给的发展路径探析

基于马克思精神生产理论，对党内制度与精神生产、意识形态的辩证关系有了更深刻的认识与了解，那么以精神生产规律为基础，对党内制度供给的发展路径与策略加以分析，对加强党内制度建设有着重要的指导意义。

掌握意识形态领域话语权，为党内制度提供强有力的意识环境保障。话语权的掌握不仅是在各个领域发声，更重要的在于使人信服。“……一个阶级是社会上占统治地位的物质力量，同时也是社会上占统治地位的精神力量……那些没有精神生产资料的人的思想，一般的是受统治阶级支配的。”① 过去的表象似乎证明掌握了精神生产资料，或者拥有精神财富，就可以掌握话语权，但真实的情况是真正掌握话语权的是使人们信服的人。

在奴隶社会、封建社会，物质分配权（物质生产）和社会话语权（精神生产）集中在少数人手中，当社会需要制定规则时，更多的是由掌握物质财富的人来制定。生产力低下，生产资料匮乏，精神生产资料更是稀缺，精神生产资料必然会集中在少数物质生产资料丰富的人手中，私有制不仅使人们的物质财富得以积累，精神财富由于不得不借助于物质财富得以保存流传，似乎掌握了

① 马克思，恩格斯. 马克思恩格斯全集·第三卷［M］. 北京：人民出版社，1960：52.

物质生产资料的人，同时也掌握了精神生产资料，也就有了意识形态的话语权。掌握物质生产资料的人同时也大量掌握精神生产资料，如竹简、帛、纸、金属等，没有丰富的物质生产资料也就没有精神生产资料了。

社会不断进步后，尤其是进入资本主义和社会主义社会后，物质生产与精神生产资料不再仅仅掌握在少数人手中，尤其在互联网普及后，精神生产资料开始变得普及化、大众化，电脑、手机等都可以作为精神生产资料，掌握了精神生产资料，就能够有渠道发声，话语权在人类社会中就出现了下移。但是，真正地掌握话语权的，不是所有掌握了精神生产资料并进行“发声”的人，而是发现客观规律，并将客观规律有效传递给别人，并使人信服的人，这就需要揭示事物的本质，人的本质就是人本身。中国共产党在马克思主义科学理论指导下，掌握精神生产资料，把握意识形态话语权，进行党内制度供给，就可以把党内制度建设得更加科学、有效，执行也更加有力。

加强党的基础理论建设，尤其是党的法治、法规理论建设，为党内制度供给提供科学理论支撑。只有科学的思想理论，才能真正地为党内制度供给提供理论支撑，这些理论体系是对无产阶级政权各种关系的正确把握，“……使某一个阶级成为统治阶级的各种关系的表现……就是这个阶级的统治的思想”①。这些科学的思想理论，将对整个社会的意识形态有着重要的影响，党的基础理论建设必然对党内制度供给产生积极影响。

制度供给，还要明确制度供给的主体。作为党内关系主体的党员，在党内政治生活中形成的各种传统、习惯、行为准则、伦理规范等都是制度的内容，另一方面是进行精神生产的思想家，把各种要求、规范形成文字，制成条文等，都是党内制度建设不可或缺的部分。

三、全面从严治党背景下的党内制度衔接

制度治党是全面从严治党的内在要求，加强党内制度建设的同时，必须注意制度衔接，以保证制度的科学性、权威性和有效性。制度治党的关键是要依靠制度进行党的治理，制度是党内实践经验的凝练升华，各种制度的确立都是基于党内实践活动基础决定的。加强制度衔接就要做到以下方面：在理论衔接

① 马克思，恩格斯. 马克思恩格斯全集・第三卷［M］. 北京：人民出版社，1960：52.

上要同马克思列宁主义、毛泽东思想和中国特色社会主义理论衔接；在体系衔接方面要与中国特色社会主义制度体系、法治体系衔接，也要做到党内制度体系之间的衔接；在实践衔接过程中，处理好供需衔接、执行衔接和效能衔接等。

（一）制度衔接的内涵

习近平总书记在参加十二届全国人大三次会议上海代表团审议时的谈话中讲道："要建立健全相关制度，用制度管权管事管人。要突出重点，重在管用有效，全方位扎紧制度笼子，更多用制度治党、管权、治吏……"① 习近平总书记关于制度治党的讲话，充分说明党的主要领导人十分重视依靠制度进行党的治理。制度治党是一个全方位的动态运行过程，制度衔接在这个运行过程中具有很重要的作用。党内制度建设需要通过制度各方面的衔接匹配，实现制度内容的科学性、运行的有效性。本文从党内制度同马克思主义指导思想、中国特色社会主义制度的衔接，以及党内制度实践各环节的衔接进行探讨。

制度衔接就是要把从严治党过程中涉及的各种制度进行衔接匹配，使制度可以在党的治理中发挥重要作用，体现制度的权威性和严肃性。制度供给解决了制度的产生，制度的科学性、有效性问题还需要制度衔接解决。究其本质而言，制度衔接仍然属于制度供给的范畴，但由于长期以来在制度衔接问题方面重视不足，制度的有效性、科学性、系统性受到影响，因此，将制度衔接放到与制度供给同等重要的位置，制度衔接要解决的是党内制度与国家制度之间的衔接，如党规与国法的衔接，党内制度与中国特色社会主义制度体系之间的衔接；还包括党内制度之间的衔接，党的法规制度与制度建设之间的衔接，法规制度之间的衔接，新老法规制度之间的衔接，上位法规制度与下位法规制度之间的衔接等都是制度衔接必须解决的问题。

制度衔接是制度运行过程中对于制度供给的补充，其实质是精神生产理论下的精神产品分配问题，即制度供给之后，如何能够真正地执行，落到实地，需要进行制度的分配，以使制度能够与各方面有效贯通。

（二）制度衔接的特征

制度衔接的阶级性。制度是中国共产党在长期的历史实践中形成的，中国

---

① 习近平. 在参加十二届全国人大三次会议上海代表团审议时的讲话 [N/OL]. 新华网, 2015-03-05.

共产党的性质决定了其制定的各类制度必须代表中国工人阶级、中国人民和中华民族的利益。制度衔接是中国共产党完善制度体系的重要环节，因此制度衔接也具有一定的阶级性，制度衔接是为了使中国共产党的制度体系能更好地代表中国工人阶级、中国人民和中华民族的利益，维护制度体系的权威，巩固中国共产党的领导核心地位。

制度衔接的方向性。中国共产党是坚定的马克思主义政党，始终坚定地坚持社会主义方向，努力建设中国特色的社会主义，中国共产党制定的各类制度必然是为了保证党沿着社会主义方向前进。制度衔接需要对党的制度进行多方面的衔接匹配，要解决制度不合理的部分，是中国共产党保持社会主义方向的重要保障。

制度衔接的时代性。中国共产党是一个与时俱进的党，党的各类制度就必须根据时代发展不断做出调整，以适应不断发展变化的社会。制度衔接是制度适应不断变化发展的社会现实的重要途径，制度衔接的内容、方法也会随着时代的变化而变化，制度衔接就反映了与时俱进的时代性。

（三）制度衔接的目标

1. 使制度的内容更加科学

制度衔接有利于制度内容的科学。制度的供给，不仅是简单地制定出制度，还要使制度的内容科学，使制度符合辩证唯物主义和历史唯物主义的根本世界观与方法论，不能违背共产主义信仰和社会主义共同理想；制度不能与党的实践活动有冲突，否则制度的执行就不通畅；制度与制度之间要协调，没有对立或者“叠床架屋”的现象，同时，党内制度也不能同国家的法律法规冲突。

2. 使制度的运行更加有效

制度衔接有利于制度运行的有效。制度是约束党组织和党员行为的规范，重在执行，这样才能发挥制度的作用。第一，制度是意识形态的重要内容，制度衔接保证了制度在世界观和方法论上的正确性，保证制度的运行通畅；第二，制度衔接使得制度适应实践活动的变化，防止制度供给与现实的需求不对称，保证制度的长期有效和顺利执行；第三，制度衔接能有效应对制度陷阱（一个制度出问题，需要另一个制度来补充调整），避免出现制度的冗杂、紊乱。

3. 使制度的体系更加完备

制度衔接有利于制度体系的完备。制度衔接是对制度体系的完善，首先，制度衔接的过程对现有制度之间不协调的地方进行调整，使现有制度之间相互呼应，彼此支持，而不是互相打架，形成明显的制度漏洞；其次，制度衔接对新制度的制定和修正有着相当重要的作用，新制度要与已有制度衔接匹配，还要适应当前的社会实践，使制度能够有效执行；最后，制度衔接使制度与现实执行之间更加流畅，制度必须与实际情况相吻合，才能使制度更加完善，形成完备的党内制度体系。

（四）制度衔接的内容

制度治党本身作为一个动态运行过程，各个环节都需要有力的衔接，制度治党依赖的制度也需要同各方面保持衔接，以保证制度的有效执行。

1. 党内制度与马克思主义理论指导思想的衔接

党内制度与马克思主义理论指导思想衔接。中国共产党在面临各种问题时，就会以马克思主义理论为指导思想，提出解决问题的有效措施，制度就是要把各种有效措施和好的实践经验及时地固定下来，实现应对问题有效措施的经常化、制度化。

党内制度作为中国共产党意识形态领域的重要组成，是在长期历史实践中不断形成的。“实践、认识、再实践、再认识……”作为认识的全过程，不只是实践到认识和认识到实践两次飞跃的综合，而且表现了认识过程的反复循环和无限发展。① 中国共产党的制度建设，正是在不断地实践，认识，再实践，再认识……的过程中，不断加强对制度作用的认识，通过认识的提高来指导实践的进步，在加强党内制度建设的同时，制度治党的思想在实践中提出，同样，制度也是在实践中不断地完善和发展，建立了中国共产党现有的制度体系。

列宁在苏联建国初期发挥了重要的作用，当然他也看到了诸多的问题，在《新经济政策和政治教育委员会的任务》中提到“政治教育工作者”面前的三大敌人是：一是共产党员的狂妄自大，二是文盲，三是贪污受贿。中国共产党进行制度治党的主要目的就是保持党的先进性与纯洁性。列宁在谈到第三个敌人——贪污受贿时，更是说：“在容许贪污受贿和此风盛行的条件下，实施法律

① 肖前，李秀林，汪永祥. 辩证唯物主义原理［M］. 北京：人民出版社，1981：355.

只会产生更坏的结果。在这种条件下不能搞任何政治，这里没有搞政治的基础。"① 共产党员的狂妄自大，会使得共产党员脱离人民群众，就会形成懒政，成为庸官，这是另类腐败。

邓小平在《党和国家领导制度的改革》中提道："改革党和国家的领导制度，不是要削弱党的领导，涣散党的纪律，而正是为了坚持和加强党的领导，坚持和加强党的纪律。"② 党和国家领导制度的改革顺应了时代和历史发展的需要，对于加强党的建设，巩固党的领导核心地位，有重要的历史意义。制度衔接要与以邓小平理论、"三个代表"重要思想和科学发展观为核心的中国特色社会主义理论相衔接。

习近平总书记在中共十八届四中全会第一次全体会议上关于中央政治局的报告中讲道："依法治国是坚持和发展中国特色社会主义的本质要求和重要保障，是实现国家治理体系和治理能力现代化的必然要求。"③ 制度治党是"四个全面"战略布局中全面依法治国和全面从严治党的重要内容。党内制度衔接是制度治党的重要环节，加强制度治党，党内制度必须同习近平治国理政思想衔接。

2. 党内制度与中国特色社会主义制度的衔接

党内制度与中国特色社会主义制度衔接。中国共产党是中国特色社会主义事业的领导核心，中国特色社会主义制度是在中国共产党的领导下产生的，党内制度作为中国特色社会主义制度的一部分，必须加强两者之间的衔接。

中国共产党在执政和建设过程中形成了中国特色的社会主义理论，以此为指导构建了中国特色社会主义制度体系。党内制度体系同样是在中国特色社会主义理论指导下，中国共产党进行的制度实践，也是中国特色社会主义制度体系的重要组成部分。党内制度实践是中国特色社会主义制度实践的重要组成，加强党内制度同中国特色社会主义制度的衔接，才能保证中国特色社会主义法治体系的制度属性和前进方向。

---

① 列宁. 新经济政策和政治教育委员会的任务 [M] //列宁. 列宁选集：第四卷. 北京：人民出版社，2012：572-592.

② 邓小平. 邓小平文选：第二卷 [M]. 北京：人民出版社，1994：320-343.

③ 习近平. 在中共十八届四中全会第一次全体会议上关于中央政治局工作的报告 [R/OL]. 人民网，2014-10-20.

党内制度体系要同中国特色社会主义制度衔接。中国共产党作为中国特色社会主义现代化建设的领导核心，加强党内制度建设的同时，中国共产党在长期历史实践过程中形成了民主集中制的组织制度，同样也将这样的制度用在了中国特色社会主义制度体系建设中。坚持和完善人民代表大会制度，必须坚持民主集中制。民主集中制是中国国家组织形式和活动方式的基本原则。①

3. 党内法规体系与中国特色社会主义法治体系衔接

党内法规体系要同国家的法治体系衔接。习近平总书记在《从严治党必须从严管理干部》中讲道："党的十八届四中全会把形成完善的党内法规体系纳入全面推进依法治国的总目标，对增强党内法规制度的系统性和有效性提出了新的要求。"② 党内法规体系作为五大法治体系的重要组成，党内法规体系要与其他四大体系相衔接，同时，党内法规体系也要建设自己的实施体系、保障体系和监督体系，与法治实施体系、保障体系和监督体系衔接。

中国共产党建成的以党章为核心的法规制度体系与国家建成的以宪法为核心的社会主义法律体系要衔接。"要完善党内法规制定体制机制，注重党内法规同国家法律的衔接和协调……党员不仅要严格遵守法律法规，而且要严格遵守党章等党规，对自己提出更高要求。"③ 党纪对党员的要求是要比法律要求高的，纪在法前，纪严于法。

> 在我们国家，法律是对全体公民的要求，党内法规制度是对全体党员的要求，而且很多地方比法律的要求更严格……全面依法治国，必须努力形成国家法律和党内法规制度相辅相成、相互促进、相互保障的格局。④

党纪对党员的要求是要比法律要求高的，纪在法前，纪严于法。如 2016 年中央出台的《中国共产党问责条例》中，对五种问责的情形做了具体的规定，

---

① 习近平. 在庆祝全国人民代表大会成立六十周年大会上的讲话［EB/OL］. 新华网，2014-09-05.

② 习近平. 从严治党必须从严管理干部（2014-12-14）［M］//中共中央文献研究室. 习近平关于全面从严治党论述摘编. 北京：中央文献出版社，2016：107.

③ 习近平. 加快建设社会主义法治国家［J］. 求是，2015（1）：3-8.

④ 中共中央文献研究室. 习近平关于协调推进"四个全面"战略布局论述摘编［M］. 北京：中央文献出版社，2015：11.

诸如没有贯彻落实党中央决策部署、作风建设流于形式、管党治党失之于宽松软等够不上追究法律责任的问题，都被列进了党内问责条例的范围，体现了党内法规与国家法律的衔接配套。

4. 党内制度体系的衔接

党内制度体系要做好配套衔接，做到党内制度相互协调、相互支撑。党内制度体系也包括党内法规制度体系、实施体系、保障体系和监督体系，党内制度衔接必须注意党内制度体系间的衔接。

首先，党内制度体系的衔接，必须以党章和民主集中制为根本原则和根本出发点。其次，中央各项制度也是地方制度必须坚持和遵守的，坚持党的领导，就必须维护党中央的核心地位，党内制度建设也要以党中央的制度建设为依据和标杆，地方党组织的各项制度与中央制度相违背的要坚决改正，向党中央的制度看齐。中央和地方制定的各项制度，低阶位的制度要向高阶位的制度衔接，同时不利于执行的制度要向便于执行的制度衔接，这样才能保证制度衔接得有着力点。

习近平总书记在十八届中央政治局第二十四次集体学习时讲道：

> 这些年来，从中央到地方搞了不少制度性规范，但有的过于原则、缺乏具体的量化标准，形同摆设；有的相互脱节、彼此缺乏衔接和协调配合，形不成系统化的制度链条……必须做到前后衔接、左右联动、上下配套、系统集成。①

如2016年11月，中国共产党修订的《中国共产党党内监督条例》，作为专门负责党内监督的中央纪委的重要依据，采取日常监督、专项检查和执纪问责等多种手段，将监督条例的执行与党内政治生活的若干准则、问责条例、党纪处分条例等党内法规有机地衔接起来，切实维护了党章、党规的严肃性与权威性。② 中共中央制度的权威性树立起来，党内制度建设的标杆就有效运作起来，对于各级党组织制度建设就有借鉴意义。

---

① 中共中央纪律检查委员会、中共中央文献研究室．习近平关于严明党的纪律和规矩论述摘编［M］．北京：中央文献出版社、中国方正出版社，2016：64.

② 中共中央文献研究室．习近平关于全面从严治党论述摘编［M］．北京：中央文献出版社，2016：107.

5. 制度实践各环节的衔接

党内制度在马克思主义思想的指导下，与中国特色社会主义制度的衔接过程中，实现党内制度的供给，还要通过制度的宣传、教育，使制度内化于心、外化于行，这就需要党内制度实践在供需、执行和效能方面衔接。

供需衔接是制度实践的必要条件。党内制度的实践缘起于中国共产党领导和加强自身建设的过程中应对各种问题的需求。党在面临各种问题和挑战时，需要用制度的方式把解决的措施固定下来，以达到“惩前毖后”和“治病救人”的目的，以党对制度的需求为导向，党内制度供给产生。党内制度衔接在制度供给（制度制定）过程中就必须考虑到，制度的衔接关系到制度的科学性，运行的有效性。

制度供给过程中要考虑到各方面的衔接。首先是制度供给同理论的衔接，只有掌握科学的世界观和方法论，才能对面临的形式做出正确的分析，制定出科学的、有效的制度。其次是制度供给同历史经验的衔接，“要认真总结党的建设实践经验，及时把比较成熟、普遍适用的经验上升为制度……使党内各项法规制度便利管用，在全面从严治党中发挥更大作用”①。最后是制度供给同现实需求的衔接，党内制度要便于执行，与发展变化的现实联系，防止内容模糊不清。

执行衔接是指制度必须与现实衔接。制度运行的关键在于制度的执行，制度执行过程中的衔接是十分重要的。首先，制度执行需要加强制度的宣传和教育；其次，使党员干部对制度的要求内化于心，使广大党员干部的心中树立起制度意识；最后，制度一定要通过广大党员干部的行为表现出来，“制度一经形成，就要严格遵守，坚持制度面前人人平等、执行制度没有例外……”② 不仅要记在心里，更要外化于行，通过实际行动，践行制度的各项要求，真正地落到实处。

制度的宣传和教育同制度的执行要紧密地衔接起来，制度执行的衔接，不仅在于制度被党员干部接受和执行，还在于制度的权威性和严肃性的维护。当

---

① 习近平. 从严治党必须从严管理干部（2014-12-14）［M］//中共中央文献研究室. 习近平关于全面从严治党论述摘编. 北京：中央文献出版社，2016：107.

② 习近平. 在党的群众路线教育实践活动工作会议上的讲话［N/OL］. 新华网，2013-06-18.

然，制度不是万能的，不能企图通过制度解决所有的党的问题，但是，制度是相对稳定和客观的，制度对于问题的解决也相对公正，制度被普遍地认可和接受，才能发挥制度的各项作用。

效能衔接是指将制度效能有效地反馈到制度运行的各环节。制度运行的各个环节都会产生一定的效能，制度的效能衔接，也是制度实践过程中必须解决的问题。制度供给、制度衔接、制度执行都会产生各自的效能，当然，这些都是制度效能的组成部分。制度实践的各个环节产生的效能，都对制度整体效能的实现有重要的影响，因此必须实现效能的衔接，及时地评估和反馈，才能使制度的整体效能充分体现。

制度效能的有效衔接，需要制度实践各环节评价体系和反馈体系的构建，当然，制度实践还要有强有力的纠正机制，制度供给的效能在制度衔接和制度执行过程中会显现出来，这时通过有力的纠正机制，及时对制度的不合理之处进行修改，就可以使制度内容科学，运行有效。

（五）影响党内制度衔接的主要因素

1. 基础性制度建设——党内制度衔接着力点

党内基础性、主干性制度的建设，为党内制度衔接提供着力点。尽管在理论衔接、体系衔接和实践方面的衔接都有很大的成效，党内制度同理论和实践的衔接方面成效尤为显著，但是在体系衔接方面仍有很大上升空间，十八大以来党内制度通过规划整理，利用废、立、改、释等手段对党内制度进行了完善，取得了很大成果，但是具体制度和基础制度在进行衔接时依然缺乏指导性的制度。需要依据法学部门建立的原则指导党内法规制度的建设，以社会主义制度体系建设的原则和方向，制定党内与之相配套衔接的制度。

2. 配套性制度建设——党内制度衔接发展重点

党内制度配套不足，系统不完善，这是党内制度在建设过程中就存在的病症。早期党内制度建设没有统一的规划，遇到问题，将解决问题的各种有效途径以制度的方式加以固定，党在各个历史时期面临的各种问题不同，制度也就各有特色，有些制度已经不能满足当前的需求，有的已经过时，更有的制度从来没有执行，说明制度的实施体系、保障体系和监督体系建设不力，这就要及时地制定出配套的制度，以保证制度的执行。

3. 系统性制度建设——党内制度衔接发展途径

党内法规制度加强系统性建设，解决制度间相互冲突和“叠床架屋”的问题。党内制度是党在实践中遇到问题后不断完善和发展起来的，因此党内制度的系统性不足，制度之间相互冲突就是在所难免的，这也是造成制度执行不力的原因之一；其次，党内制度有着重复的问题，“叠床架屋”形容制度的重复问题，党内制度的形成历程，使得制度可能存在内容重复或权限重合等问题，同时，党内制度对于党员的约束与国家法律之间也存在着重合的问题，党内制度要与国家法律紧密衔接，党内制度不能与国家法律有冲突。

四、关于制度执行的基础性前提假设批判

制度的生命力在于执行，将制度执行作为制度治党的重要一环加以分析，是研究制度治党的内在规律和提高制度治党实效的必然要求。但是，对于制度执行的研究，不能仅仅局限于当前制度执行过程中有哪些阻力和不足，也不能将制度执行作为一个现象进行分析，这样对制度执行的剖析永远是停留在表面的，而没有深入制度执行的内在本质，尤其是对如何提高制度执行力方面的认识，更是无法提供有效解决办法。

（一）制度执行的内涵

制度执行的本质是制度作为思想认识再实践的过程。制度执行作为制度运行过程中的关键一环，是精神生产理论下的精神产品消费问题，制度执行的关键在于约束人、改变人，精神产品的消费目的就在于对人的思维产生影响，以致影响人的行为，从而达到改变世界的目的。

制度治党的目的就在于利用制度改变党员的思想、行为。提高制度执行力本质上就是提高制度的生命力，也是永葆制度治党生命力的关键。“天下之事，不难于认法，而难于法之必行。”制度的生命力在于执行，提高制度执行力是制度治党的关键。

新时代，制度治党的核心是把制度贯穿党的建设全过程，前提就是提高制度执行力，确保党的制度要求落到实处，这样制度治党的各项要求、举措才能发挥作用。十八大以来，党内法规制度的不断完善为提高制度执行力做了必要准备，但从具体实际来看仍未达到预期效果，具体表现为：一是制度的执行主

体缺乏法治思维和制度认同，影响制度执行的效果；二是缺乏监督和保障机制，使得制度执行仅停留在表面宣传上，难以发挥实质作用；三是缺乏制度执行的环境与条件，没有形成制度执行文化，不利于营造提高制度执行力的政治生态。

（二）制度有效执行的基础性前提假设

制度如何才能具有执行力，能够得到有效执行？这是制度在制定伊始就需考虑的问题，但直到制度真正开始执行、落实，都无法有效证明制度是否有效执行，只能从制度执行之后的其他事实中才能反映出来，这就需要对制度执行的基础性前提假设进行分析。

制度执行的基础性前提假设之一是制度的内容是科学、完善的。制度能被有效执行就必须有科学、完善的制度体系，这是毋庸置疑的，但在实际的制度制定过程中，是无法保证制度的制定如预期般的科学、严谨，一则是制度制定存在着时间上的先后顺序，每一项制度的制定都是当时实际问题的需要，不是从一开始就可以高屋建瓴式地将制度设计完毕，时间上的代差和每一段时间内制度制定实际的差异，都会造成制度之间的漏洞或重复，这是无法避免的事实；二则是制度本身又分为了正式制度和非正式制度，正式制度以文字的形式确定下来，以文字的形式记录实践和指导实践，本身就会存在着制度内容理解上的差异，这在制度执行过程中是无法避免的。

制度执行的基础性前提假设之二是制度执行主体可以理解制度内容。制度制定主体与制度执行主体之间可能存在的差异，是制度能否有效理解和执行的又一要素。制度制定主体在制定制度的过程中，必然会考虑到制度执行主体可能会对制度内容本身存在理解差异，导致对制度的认识存在各类理解，而这也极有可能是导致制度执行走样的一个原因，人们文化知识、阅历、认知水平的差异，是制度执行存在差异的客观障碍，是无法以人的主观意识为转移的，在制度制定之初就可能存在对制度执行者的认识能力高估的情况。

制度执行的基础性前提假设之三是制度的实施具备客观条件。每一项制度的实施都需要一定的人、财、物支撑，这不是制度本身决定的，而是将实践产生的客观经验上升为制度后，必须面临的一件事，哪怕是非正式制度的运行，其本身也是有隐性成本存在的，正式制度的运行就更需要对制度运行的成本进行评估了。制度制定后，必然是以最小的成本推动制度运行，但实际情况却并不能如人们想的那样，制度运行成本的变化是无法预测的，一旦显性成本降低后，那么隐性成本极有可能会增加，同时对制度本身也是一种伤害。

制度执行的基础性前提假设之四是制度运行可以兼顾效率与公平。制度运行的成本不能简单地以维持制度运行的客观条件为依据，也必须考虑制度规范涉及的诸多事项，因为一旦制度内容过于严格与固定，那么涉及相关事项的运行效率就必然会打折扣，尤其是程序性制度的制定，时间成本往往是制度制定过程中最容易忽视的，但这样的成本反而可能是最大的。在实践过程中，往往会为了保证制度的公平，会以牺牲制度的效率为代价，那么制度本身就存在了大量的内生问题，而为了解决这样的问题，就必然有代价付出。

（三）制度执行的动力分析

强化制度执行的文化氛围，增强党员制度意识。习近平总书记曾指出："国家治理体系和治理能力是一个国家制度和制度执行能力的集中体现。国家治理体系是在党领导下管理国家的制度体系，包括经济、政治、文化、社会、生态文明和党的建设等各领域体制机制、法律法规安排，也就是一整套紧密相连、相互协调的国家制度。"良好的文化环境是提高制度执行力的催化剂，在推进国家治理体系和治理能力现代化的过程中，要加强法治文化建设，增强党员的制度意识。一般来说，制度执行力水平的高低与社会公众对社会规则和行为规范的遵守有直接联系，较低的执行力水平往往是由于人们难以形成对制度的认可，不能建立明确的价值共识而导致的。通过党内的教育学习等方式，扩大制度文化的影响力，树立制度规范的权威性。在对党员进行思想教育的过程中，培育制度执行文化，让广大党员不仅要肩负起制度执行的责任，同时还要严守党的政治纪律和政治规矩，为党的治国理政营造有利于提高制度执行力的文化氛围和制度环境。

加强制度执行的监督与考核，发挥制度的刚性作用，构建有利于提高制度执行力的政治生态。监管与考核是评价制度执行是否发挥作用的关键环节，建设党内制度监管与考核机制，有利于推进制度治党的常态化、制度化和长效化。将日常督查与专项检查相结合，全面了解执行主体的制度执行状况，对存在或可能存在的问题提出解决对策，实现对制度执行监管的全方位、全覆盖，并在此过程中注重监管程序的步骤性。

提高制度的执行力，领导干部要发挥好导向和示范作用。制度的贯彻落实既要靠领导干部积极主动组织抓，更要靠领导干部身体力行带头做。党的十八大以来，中央领导同志带头身体力行“八项规定”，中央军委带头不折不扣落实“十项规定”，中央纪委在纪检监察系统率先开展会员卡专项清退活动，党员干部带头推动殡葬改革，领导干部带头在公共场所禁烟等，这些都为各项制度的有效落实奠定了良好的基础。

（四）制度执行的重点

制度治党的关键在于制度的实施与执行。开出药方不按时吃药是不能治病的，制度的生命力就在于制度的执行，再好的制度不施行都是一堆白纸。党内制度供给会在事实上使党内制度体系由正式制度和非正式制度两种制度形式构成，而非正式制度是包括潜规则在内的未成文的制度形式，因此对于正式制度和非正式制度而言，制度执行的重点就必须关注正式制度。

正式制度安排是应对党内普遍存在的问题，正式制度的实施要求成本要在合理范围内，制度成本过重会产生适得其反的效果。以完善党内法规体系为例，法规制度是成文的正式制度，制度的实施需要有专门的制度执行部门做支撑，实施体系、保障体系、监督体系的构建都是正式制度执行的成本。制度不仅要平衡各方面的利益，还要保证效率，制度执行的过程要兼顾两者。

制度执行的重点与难点都集中于正式制度的实施。从严治党不仅要在思想教育和制度设计上严，更要从制度的执行上严，对党内制度执行进行研究，不难发现在制度实践中重视制度的制定，对制度的执行却无法落实到行动上，使制度“纸上画画，墙上挂挂”成为中看不中用的“稻草人”。不仅使大量的规章制度失去本来的意义，还对党的意志造成损害，对党的权威和公信力有所侵蚀。正式制度的执行关键在人，制度执行的效果主要来源于广大党员对制度的认知和遵规守纪的自觉。制度执行主体责任的落实，“关键少数”的带头示范，都需要将制度要求融入全体党员的思想，提高思想自觉，保障制度的执行。

非正式制度是由党员、党组织自发的制度规范，非正式制度的执行没有特定的执行机构，没有保障体系，没有监督机构，只是由舆论、伦理等相应的约束，制度运行成本低，但在公平和效率两者中不能有效的兼得。中国共产党党员的非正式制度安排的实现，主要来源于党员共同的理想信念、目标追求、共产主义信仰。非正式制度的顺利执行关键在于当事人的人生观、价值观等思想层面的约束。非正式制度执行过程中缺少外在监督、外在约束，没有严格的外在标准，有的只是目标的完成，这样在非正式制度执行过程中，就需要执行者的自我约束、自我管理。

五、关于制度效能的基础性预判假设批判

制度效能是在制度治党过程中必不可少的一个环节，制度和制度运行过程都需要通过效能评价来实现，对于制度效能而言，完成对制度运行的全方位评价，并有效反馈到制度运行的各个环节，包括制度效能评价的本身，这才是制度运行不断改进与发展的关键，也是制度治党不断发展的有效途径。

（一）制度效能的内涵

制度效能是制度运行过程中关于制度能否真正达到“治人”目的的问题，其实质是对精神产品的反馈，首先，制度能不能真正地约束人、改变人，在制度执行后，都会产生一定的效果，无论好坏都可以对制度本身进行修正；其次，制度供给、衔接和执行，甚至于制度效能反馈的任一环节出现问题，都会对制度运行的实际效果产生影响；最后，制度评价体系的建立，必然对制度能不能真正达到效果产生一定的评价结果，反馈到制度运行主体，对制度运行进行指导。

制度效能涉及制度的再生产问题。精神生产理论下，精神产品的再生产问题，没有论述得很详细，但是，在这样的制度运行体系下，制度作为精神产品已不是问题，而制度既然可以在一个运行周期内，产生明显的反馈结果，为了制度的适应性和实用性，必然针对制度运行各环节和制度本身的评价结果进行制度调整。

制度效能评价的难点之处在于用一个实践去对另一个实践的结果进行评估，这本身就是一个矛盾的事情。而对于制度治党的制度效能评估与反馈而言，最难以解决的问题在于，很多制度的制定者与执行者、监督者是同一主体，这样的制度效能实现，从根本上而言就存在着诸多问题。

（二）制度效能的基础性预判假设

制度效能的基础性预判假设是为制度治党的有效运行服务的，这本身是没

有问题的，并且制度效能是在制度执行之后开展的相关工作，制度运行本身已经完成，对制度过程再进行全方位的审视与评判，这样的附加过程在制度运行过程中是否必要，虽然这个问题本身值得商榷，但构建合理的评价标准，对制度运行进行有效评价是必不可少的步骤，这一点毋庸置疑。

制度效能的基础性预判假设之一是制度评估是一个有效的过程；其二是制度评估的结果可以有效地反馈到制度运行的各环节；其三是制度评估能对制度治党的良性发展有帮助。这三点虽然在方式上是不同的，但是究其实质而言，制度效能对于制度治党而言其可行性本身就存在一定的疑点，对于制度效能的认识不能脱离制度治党的实践，但也不能因为制度效能的出现，导致制度治党的运行以效能评价为方向。

（三）制度效能提升的路径选择

制度治党必须解决制度运行长效性的问题，这就需要对制度本身和制度运行的各个环节进行效能评估。

制度制定与执行就是为了制度的有效运行，尤其是正式制度方面的效能，正式制度的制定就是为了规范党员、党组织的行为，就是为了消除党内潜规则的危害。党内潜规则是属于党内非正式制度的部分，党内非正式制度存在着显规则和潜规则，潜规则广泛存在于党员之间，党员与领导干部之间，党组织之间，党组织与政府、民主党派和群团组织之间的关系，这些潜规则的存在对制度效能的发挥产生了重要的影响。潜规则的存在直接制约了制度的执行效果，尤其是制度存在着明显的漏洞与缺陷的时候，潜规则就会发挥作用，那么这个过程就必须对制度做出正确的效能分析。

制度的制定、衔接和执行都会产生一定的效能影响，制度供给过程中，制度是否真实地来源于现实的问题，是否真的解决了现实的问题，有没有对已有的制度产生冲突，制度之间是否具有相互扯皮或者过于严格的问题等，制度短板的出现，有些问题必须用正式制度加以约束，有些制度却要用成本相对较低的非正式制度规范，这个过程就是制度供给过程中效能产生的问题。制度衔接的效能在于制度的制定与执行是否衔接，党内法规与国家法律之间是否衔接，党内法规制度之间是否衔接，党内法规制度是否与党内实际衔接，制度的实施体系、保障体系、监督体系是否衔接等，这是制度衔接过程中的效能问题；制度执行的效能问题，是要看制度是否真的能够落实，制度制定以后不执行，那么制度就是一纸空文，制度就没有存在的必要，所以制度能否落实是制度治党的关键，也就是“治”的关键在于制度的执行，找准病因、对症下药，只是治病的一个前提，真正的治疗在于将制度执行贯彻下去。

第二节　制度治党的结构

研究制度治党的运行就要将制度治党的运行结构进行合理剖析，离开制度治党的结构分析，单纯地从实践经验推测制度治党的运行动态，是不合理的，也无法真正探析制度治党的内在规律与运行逻辑。但是，对于制度治党的运行决不能仅仅从时间、空间的角度进行分析，制度治党作为一个有着特殊运行规律的系统，既可以作为党的建设伟大工程这一复杂系统的下属系统存在，也可以作为党建领域独立的运行系统存在，但绝不能将制度治党与党的建设割裂开。

一、从制度运行分析制度治党的时间结构

制度的产生本身就是一个过程，将制度从产生到反馈，再调整作为一个循环往复的过程来看，将制度治党运行过程划分出“制度供给”“制度衔接”“制度执行”和“制度效能”四个要素（出于研究方向的特殊性和研究内容的局限性，将制度治党运行划分出四个要素，其他条件下可能会增加或减少，划分依据来源于实践情况）（见图 4-1）。将制度作为一种人的精神生产结果或意识形态的内容来看，它就必然会成为在实践基础上不断修改的内容，一方面脱离不了原有的内容成果，另一方面又必须在新的实践基础上加以更新和调整，以适应不断变化的实践的需求。

制度治党的各要素在时间上的先后顺序作为制度治党运行分析的一个依据的话，就会出现图 4-1 一样的模型，不考虑制度治党运行的其他因素，那么制度治党将成为一个闭环系统，这样的系统对于制度治党的发展而言，无疑是一种无法挣脱的死循环，因此对于制度治党的运行分析定然不能基于这样的运行模型，但它事实上分析出了制度治党的动态运行线路，只是不能作为治党的运

图 4-1 制度治党过程中制度运行的循环结构

行模型与研究依据。

制度作为一种特殊的意识形态，不可能完全脱离原有的制度成果单独存在，如果单纯地按照时间轴的发展过程（见图 4-2）来对制度进行研究，制度治党的研究就会违背制度本身的特点，哪怕是一个全新的制度产生，也无法脱离他产生的制度基础、思想基础，本质上就是无法脱离人的实践基础。

单纯地将制度治党作为一个实践过程，不断地“实践—认识—再实践—再认识……”的过程，那么制度作为意识形态的特殊性就无法完全显示，也不符合制度实践的事实过程，将制度治党放在时间轴上进行研究的思路也是行不通的，但这是实践过程的一般步骤，是制度治党无法避免的步骤。（党的制度建设在时间上的发展轨迹，在前面制度治党思想研究的理论基础与实践经验部分做了大量的论证，事例和论据都很充分，本部分就不再进行详细赘述。）

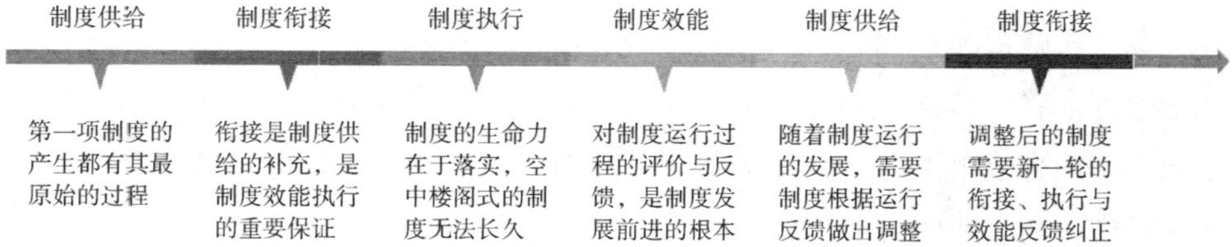

图 4-2 制度治党过程中制度运行的单向结构

二、从制度体系分析制度治党的空间结构

制度治党不仅仅在时间上有先后，制度治党运行的本身就需要空间框架。制度治党思想空间结构的划分原则是根据制度的范围与约束力，将党内制度在

静态下以横向和纵向的两个方向来建立制度体系。横向切面是指同层级的制度，如仅仅在中央层面，制度就可以划分成多个部分，但是这些制度根据其特点与针对的问题可以归到某一部分下，而到部门和地方的层面，这样的划分依然存在。纵向切面看的是由上至下、由高到低的制度体系，仅以中央党的法规制度为例，就有上位法、中位法和下位法的区分，对党内制度体系加以空间上的划分，可以对党内制度有一个立体的展现。

（一）横向结构

1. 基于制度有效实施的党内法规制度体系建设

党内法规制度体系的构建是作为中国特色社会主义法治体系的一部分存在的，因此党内法规制度体系的分析就必然离不开对中国特色社会主义法治体系的认识与剖析，完善的党内法规制度体系必然会包括“法规体系”“实施体系”“监督体系”和“保障体系”（见图 4-3）。

党内法规制度体系的完善必然要有相应的法规制度，保证制度的实施就要有实施体系、监督体系和保障体系。形成比较完善的党内法规制度体系、高效的党内法规制度实施体系、有力的党内法规制度建设保障体系，党依据党内法规管党治党的能力和水平显著提高。这只是对制度进行了系统分类，而在实际的制度治党运行过程中，制度体系的构建还需要更为具体的内容，因此党内法规制度体系的内容主要涉及哪几个方面，也有专门的文件进行规范。

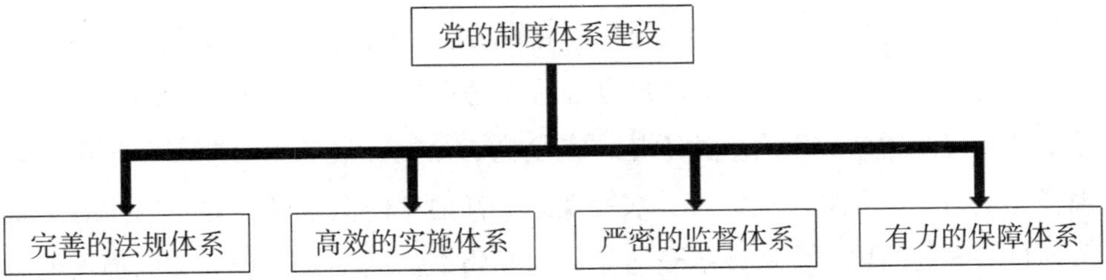

图 4-3 制度治党构建的制度体系

2. 基于党的实践需要完善的“1+4”基本框架党内法规制度体系

要完善以“1+4”为基本框架的党内法规制度体系，即在党章之下分为党的组织法规制度、党的领导法规制度、党的自身建设法规制度、党的监督保障法规制度四大板块。（见图 4-4）

2017年6月，中共中央为保证党内法规制度建设的科学性，发布了《关于加强党内法规制度建设的意见》，对党内法规制度体系的基本框架进行概述，概括为“1+4”模式，即“在党章之下分为党的组织法规制度、党的领导法规制度、党的自身建设法规制度、党的监督保障法规制度四大板块”。党内法规制度建设力求科学的内部结构，保证法规制度体系的整体性与系统性。

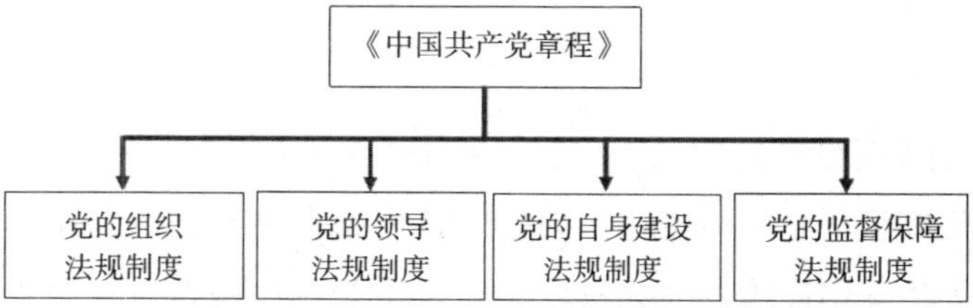

图4-4 “1+4”为基本框架的党内法规制度体系

党章在党内法规制度中具有统领性地位。党章是政党为了保证全党政治上、思想上一致和组织上、行动上统一所制定的章程。党章作为根本大法，是党内法规制度体系的“基石”。作为党内法规制度建设的总章程和管党治党的总依据，具有极其重要的特性。第一，党章具有最高效力。党章的最高效力是指党章处于整个法规体系的顶端。党章对党内事项做出的是根本性规定，其他党内法规则是根据党章做出的，其他法规是基础性规定、具体性规定，党章在效力层级上居于最高位。党章在党内法规制度建设中处于统领性地位，其他党内法规的制定和实施均在党章统领之下，以党章为制定依据、审核依据和实施依据，以及党内法规制度体系的框架结构也是基于党章之下分为其他四大板块。第二，党章具有规范指导的作用。党章是站在全党、全国、全局的角度制定出的，体现全党最高理想和最根本价值诉求的规范，其他党内法规则在党章的规定下规范各自特殊的领域。党章规范全体党员与党组织的活动，是全党共同遵循的行为规范，并且指明了党的建设总要求和前进的方向。第三，党章具有发展变化的实质。党章的特殊性，要求其内容必须科学正确，其他党内法规制度在党章的规定下，保持自身的科学性。党章随着现实环境的变化不断修订与完善，为其他党内法规制度提供指导依据。

党的组织法规制度是规范党组织的产生和职责的法规。党的组织法规制度具有强制性、明确性，侧重规范“主体”，通过规范党委各组织部门，调节各层级组织之间的关系、党员个人与党组织之间的关系。截至 2018 年 8 月底，党的组织法规有 450 多部，其中形成了不少基础性主干党内法规。如《中国共产党党组工作条例（试行）》《中国共产党农村基层组织工作条例》等。此外，还制定了配套性党内法规制度，制定具体的党内法规实施细则，如《中国共产党发展党员工作细则》《中国共产党深圳市社区委员会工作规则》。

党的领导法规制度规范党的领导和执政活动，侧重规范“行为”。主要调整党与政权的关系、党与其他民主党派的关系、党和群团关系以及党与其他多方面的关系。截至 2018 年 8 月底，出台和修订的党的领导法规有 900 多部，如《中共中央关于加强人民政协工作的意见》《中国共产党政法工作条例》《中国共产党重大事项请示报告条例》等。

党的自身建设法规制度是提高党的纯洁性、先进性建设的法规制度，主要是规定党的政治建设、思想建设、作风建设、组织建设、纪律建设等方面。如政治建设方面的《关于新形势下党内政治生活的若干准则》等；思想建设方面的《干部教育培训工作条例》《关于培育和践行社会主义核心价值观的意见》等；作风建设方面的《党政机关厉行节约反对浪费条例》《党政机关公务用车管理办法》等；组织建设方面的《党政领导干部选拔任用工作条例》等；纪律建设方面的《中国共产党纪律处分条例》等。据统计，到 2018 年 8 月底现行有效的自身建设法规约 1400 部。

党的监督保障法规制度是对党组织与党员行为进行监督、考核、奖惩、保障的法规，侧重规范“保障”。截至 2018 年 8 月底，现行有效的监督保障法规约 1460 部。如在监督方面，出台《中国共产党党内监督条例》，对党内监督职责、监督保障等做出详细规范；在巡视制度方面，出台《中国共产党巡视工作条例》，对巡视工作单位和巡视工作程序、巡视纪律与巡视职责等方面做出规范；在处罚方面，颁布《中国共产党问责条例》，把责任落实到组织和个人，加强监督问责；在保障方面，通过《中国共产党纪律检查机关控告申诉工作条例》，为处理党员的申诉、检举控告提供权益救济。

（二）纵向结构

党内制度的纵向结构分为三种方式：一是按照制度约束对象和效力进行划分的，这样的划分是在党的不断实践中形成的，是一种历史的划分；二是按照制度在党内法规制度体系中的法理地位划分的，是一种实践的划分；三是根据制度制定者的不同进行的划分，是一种主体的划分。

1. 根据党内制度约束对象和效力的不同形成的制度体系

一种是根据制度内容和规范力度将制度划分为三个层次。根本制度：《中国共产党章程》与民主集中制；基本制度：条例、准则、规则、规定、细则、办法、意见等；具体制度：两学一做、三会一课、创先争优等制度。(见图 4-5)

党的根本制度建设在党的制度体系建设中居于主导地位。其中《中国共产党章程》和民主集中制是党的制度建设中不断完善的两个根本制度。就是要通过不断改进党的代表大会制度、完善党的民主集中制、健全党的集体领导制度，从而发挥它们在党内生活和党的建设中的根本政治原则、组织原则和领导原则的作用。党章作为最根本的党内法规，居于党内法规制度体系最核心的部分，党章制定的原则是民主集中制，其他所有制度和规定都是围绕两者展开。党章和民主集中制是党内一切工作的根本规定，在党内制度建设中具有最高效力，是制定其他党内法规的基础和依据，其他任何党内法规都不得同党章和民主集中制相抵触。

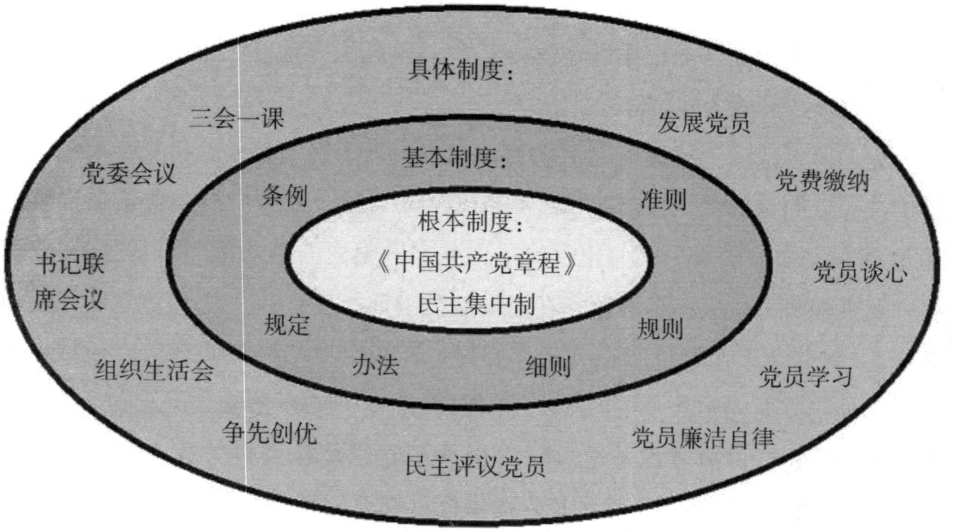

图 4-5　按制度性质划分的纵向党内制度体系

党的基本制度在党的制度体系建设中处于指导地位。以条例、准则、规则、规定、细则、办法、意见等形式出现的各项法规制度，说到底都是党章的要求和民主集中制原则的基本内容在党的组织与活动的各个领域的具体运用和展开，加强党的各项规章制度建设，就是为了把中国共产党建设成为健全的民主集中制的党。只有坚持和完善民主集中制原则，真正把它作为党的根本组织原则和制度，才能保持党的先进性、纯洁性。

党的具体制度在党的制度体系中处于基础性地位。党的制度体系，说白了都是由一个个单独的具体制度体系构成的，每一个具体制度体系既是整个党的制度体系的有机组成，本身也是一个系统的制度体系，是党的制度体系这个大系统中的一个个最小的子系统。具体制度的实施，从来都是需要一套完整系统的，从制度的操作性（针对主体和内容）、程序性（制度内容的科学与合理）、保障性（人力、物力和组织的保障）等，都是具体制度不同于根本制度和基本制度的地方。

2. 将党内法规制度根据约束力划分为七种类型、四个等级

根据制度在党内的约束力，将党内法规制度体系划分为党章、准则、条例、规则、规定、办法和细则七种类型，分为四个等级。其中，一级法规是党章，是党内法规最根本的制度；二级法规是准则，是针对党内某一问题的制度，概括性较强，如《关于新形势下党内政治生活的若干准则》《中国共产党廉洁自律准则》等；三级法规是条例，对党内某一方面的工作加以规定，如《中国共产党巡视工作条例》《中国共产党党内监督条例》等；四级法规是规则、规定、办法和细则，是对党内某一具体工作的规定，如《中国共产党纪律检查机关监督执纪工作规则（试行）》《中国共产党党内法规和规范性文件备案规定》《关于加强政党协商的实施意见》《中国共产党发展党员工作细则》等。在中央法规制度建设中要正确处理上位法与下位法的关系，下位法的内容不能与上位法规定的原则、方向有冲突，同等级的法规之间既要避免“叠床架屋”，又要防止制度漏洞的出现。

党内法规制度体系形成以党章为根本规定夯基垒台，准则条例为主体工程立柱架梁，规则、规定、办法、细则为具体规定粉饰装修的完整系统。党章作为最根本的党内法规，居于党内法规制度体系的顶端，是党的一切工作的根本规定，在党内法规中具有最高效力，是制定其他党内法规的基础和依据，其他任何党内法规都不得同党章相抵触。从党内法规的制定到具体内容的规定，均

需以党章为依据和遵循。

准则和条例，是党内法规制度体系的主干性法规。在内容上，党内准则和党内条例对党的领导和党的建设各个领域进行了基本规定，为规范党组织活动和党员行为提供了基本遵循；在功能上，准则和条例使党的路线方针政策经过这一层级的基本规定，细化到下一层级的具体规定，发挥了党内法规制度体系中承上启下的功能。

规则、规定、办法、细则是党内法规制度体系的基础性法规。在数量上占到党内法规总体数量的绝大多数，共同配合形成了不同领域层层细化的各个子制度群，对党内法规制度体系细化补充与贯彻执行发挥着重要作用。具体法规主要分为中央党内法规和地方党内法规，中央党内法规中所涉及的规则、规定、办法、细则是对上一层级党内法规的具体规定和贯彻执行；地方党内法规的规则、规定、办法、细则主要结合各自情况，在遵循中央党内法规的前提下对地方情况做出细化规定并贯彻落实。

从 2013—2016 年，出台或修订的党内法规共 54 部，包括 1 部党章、1 部准则、8 部条例、6 部规则、1 部规定、9 部办法、8 部细则，从《中国共产党党内法规制定条例》和《中国共产党党内法规和规范性文件备案规定》颁布开始，党内法规的制定拥有了法律依据和备案规则，填补了党内法规定制的关键环节，党内法规体系开始走向制度化和系统化。中央针对纪律问题出台了《中国共产党廉洁自律准则》和《中国共产党纪律处分条例》，用“德”“制”结合，让红线时时绷紧。通过《中国共产党巡视工作条例》《中国共产党问责条例》《关于新形势下党内政治生活的若干准则》《中国共产党党内监督条例》，加强考察、监督和问责，加快党风廉政建设和反腐败斗争，规范和教育领导干部不能腐、不敢腐，切实履行好责任和担当。

3. 制度制定者的不同划分的制度体系

根据制度制定的主体划分党内制度的纵向体系。根本制度：《中国共产党章程》和民主集中制；中央法规：条例、准则、规则、规定、细则、办法、意见等由中共中央或中央纪检委员会制定的规章制度。地方法规和部门法规：为落实中央法规或针对本地区、本部门党内存在的问题制定的法规制度。（见图 4-6）

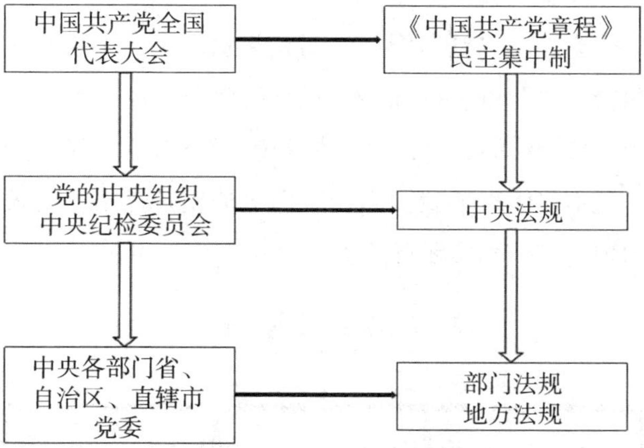

图 4-6 按制度制定者划分的纵向党内制度体系

按照党内法规制度制定部门的划分，可以分为中央法规、地方法规与部门法规，地方法规与部门法规在规定本地区、本部门工作的同时，必须遵循中央法规的原则和规定，不能出现违背党章和民主集中制原则的法规。中央纪委、中央各部门和各省区市党委要按照党中央决策部署，统筹谋划、积极推进本系统本地区党内法规制度建设。当前，正在探索赋予副省级城市和省会城市党委在基层党建、作风建设等方面的党内法规制定权。

4. 党的建设制度改革划分的制度体系

在诸多的制度中，比较特殊的制度为党的建设制度，作为专门针对党的建设而制定的制度，党的建设制度改革，也划分了四个方面的内容，这是党内制度建设的重要指南，也是认识党内法规制度特殊性的重要依据。（见图 4-7）

突出深化党的建设制度改革四个方面的重点任务：一是深化党的组织制度改革。重点是严格党内生活制度、完善党委工作制度、完善党的代表大会制度和党内选举制度。二是深化干部人事制度改革。重点完善对干部的选拔任用、考核评价、教育培训和实践锻炼、管理监督、激励保障等制度以及国有企业、事业单位人事制度进行完善。三是深化党的基层组织建设制度改革。重点是完善各领域基层党组织建设制度、创建基层服务型党组织、完善党员队伍建设制度。四是深化人才发展体制机制改革。重点是健全党管人才领导体制和工作机制、创新集聚人才体制机制、完善人才流动配置机制、完善人才评价激励机制。

十八届三中全会提出“紧紧围绕提高科学执政、民主执政、依法执政水平深化党的建设制度改革”的科学命题，将党的建设制度改革与经济体制、政治体制、文化体制、社会体制、生态文明体制改革一起纳入我国全面深化改革的总体部署当中。这不仅体现了我们党与时俱进的精神品格，更表明了我们党在自身建设方面的理论自信和实践自觉。

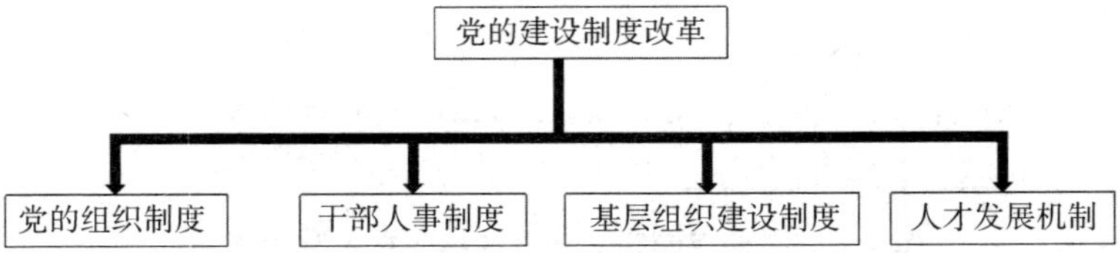

图 4-7　党的建设制度改革的组成图

党的建设制度指党在领导整个国家建设的过程中，根据主客观条件制定的党内和党外都必须共同遵守的具体法律、法规、准则、条例和具体制度的总称。党的建设制度是调节党和社会关系的双重制度互动，更多的是发挥党的建设制度和社会建设制度之间的融合和整体效能，党的建设制度改革就是党与时俱进推动党和社会建设制度不断变革和完善的全方位的动态过程。

三、理想型的制度治党螺旋上升运行结构

制度治党思想的制度必须随着时代、国内、国际发展背景的变化而变化。不能是一成不变的，制度治党思想中唯一不变的就是制度的变化。制度治党作为全面从严治党的基本方略，有其自身的规律和基本原则，制度治党是一个完整的体系和系统工程，要发挥制度治党的功能，必须处理好制度治党过程中各要素的关系，使各种要素相互协调配合，在完善制度治党的过程中，需要坚持一系列的基本原则，这些基本原则实际上是制度有效发挥作用的前提条件。但最根本的是制度治党必须放在人类历史发展的角度，需要不断调整，这个过程的理想模式就是将制度不断完善，将制度运行与完善的过程表示出来就是制度的时空结构——螺旋上升的循环模式。(见图 4-8)

制度的时间空间结构结合以后，必然产生循环的制度运行体系，而制度供给到制度衔接、执行和效能成为闭环以后，制度不会陷入死循环，而将成为螺

旋上升的循环模式。

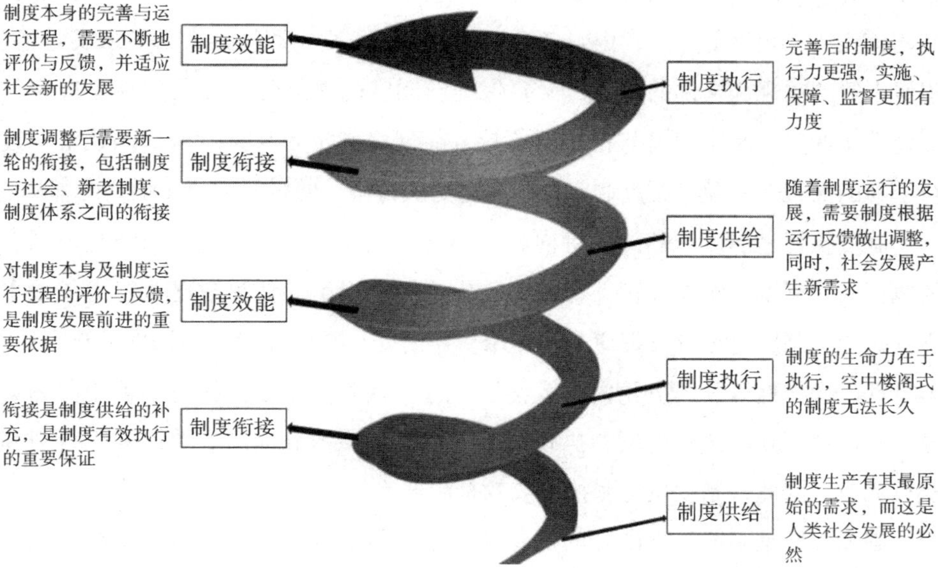

图 4-8　制度治党运行的理想状态图

（一）螺旋上升模式下的制度治党运行体系

制度治党的螺旋上升运行结构是理想状态下的运行模式。而这需要制度实现有效地供给、衔接，不折不扣地执行，效能反馈必须真实有效，真正地影响制度供给、衔接与执行，将制度治党各要素有效串联起来，就必然将制度治党运行体系作为一个螺旋上升的运行结构。

制度供给是制度治党的基本前提。制度供给是指在特定的制度形态的背景下，制定和完善具体制度的形式和内容。制度供给作为制度运行的起点，对于制度治党来说是前提和基础，如果没有相应的制度体系作为支撑，制度治党必然是无本之木、空中楼阁。制度供给既要包含制度的价值预设，又要具有可操作性、公正性和精确性。对于中国共产党的制度供给来说，既要发挥中央在党内法规制度建设的顶层设计作用，又要实时地总结基层党组织的治理经验，把一些有代表性的做法上升为制度规范，构建以党章为核心的党内法规和制度体系。

制度衔接是习近平总书记“制度治党”思想的关键。制度治党对于制度体系建设有很高的要求，制度的提出和制定，不是简单的完善，而是要注意各方面的衔接匹配。这个衔接匹配包括很多方面，如以党章为核心的法规体系与国家宪法为核心的法律体系的衔接匹配，使党的法规与国家法律有了明显的区别，又相辅相成、相互促进。党内新老法规的衔接上，废止和修订大量与现实党情、国情不符的法规和文件的同时，又要保证新制定的法规性制度与现存法规制度不能有所冲突。制度制定与执行的衔接，在制度制定者与执行者的问题上，进行了新的探索，避免了制度制定者同时也是执行者，使得制度流于形式的弊病。

制度执行是制度治党的关键内容。制度的生命力在于执行，加强党内制度的执行力是制度治党的关键。即使制度供给科学可行，如果缺乏执行力或根本不去执行，制度也很难发挥应有的作用。在制度治党中如何提高制度的科学性、可行性、操作性以及解决党内“人治”现象，使各项制度的执行不被扭曲和走样，从而提高党的执政形象和执政的合法性，都要依靠提高党的制度执行力和执行成效。因此，制度执行和执行成效是制度治党的关键性内容。

制度效能是制度治党内容的优化和完善。制度效能不仅是对各项制度的评价、评估，还要实现效能的反馈，以此为制度供给、衔接和执行提供依据。制度效能是制度治党不可或缺的内容，如果缺乏制度效能，那么一种制度是否具有执行成效、是否公平公正、是否合理合法将无从把握，这样制度治党必然是虎头蛇尾，难以达到既定的目标。制度效能的标准就是要达到目的性与规定性的统一，主要包括内容如下：一是制度效能评价体系（如评价主体、评价原则、评价标准、评价方法、评价结论等）；二是制度效能评价实践（运用定性与定量相结合的研究方法，开展典型案例实证研究）；三是制度效能评价反馈（反馈对象的界定、反馈内容的整理、反馈方法的选择、反馈效果的追踪等）。制度效能包括党内评估和党外评估，评估的结果必须综合参照这两者的评估结果，然后将评估结果进行合理化调整，以反馈给制度供给和执行主体。

（二）推进制度治党理想模式实现的主要构成

制度治党的螺旋上升运行结构，一方面符合制度作为意识形态内容的特殊性，另一方面也符合制度治党本身不断发展变化的内在规定性。通过制度治党的螺旋上升运行结构，能够很好地认识制度治党各要素的内在联系与运行逻辑，为制度治党的深入发展提供思考依据。

制度治党理想模式实现的制度治党主体。制度治党的主体包含丰富，有制度治党的主导者、参与者、监督者、评估者等，这些主体既可能是党员，也可能不是党员。因此，制度治党的主体分为党内主体和党外主体，党内主体是制度治党的直接参与者，党外主体在监督、评估等方面间接参与到制度治党的过程中。党内主体包括党内精英、党内骨干、普通党员，党的各级组织和纪检部门也是制度治党的主体；党外主体包括非党内的组织和个人，如各民主党派、无党派人士、社会公众人物等。制度治党的主体都是具有主观能动性的，因此在制度治党过程中发挥的实际作用也不同。

制度治党理想模式实现的制度治党客体。制度治党的客体是党组织和党员，党组织是由党员组成的，制度治党本质上就是在对党员进行管理。各级党组织是由一个个的党员组成的，制度约束党组织就是在约束组织中的每一个党员，是将党组织作为一个集体来规定，但规则和制度最后的作用力都是“人”。由于党两个先锋队作用，使得各类法规必须对党员有更高的要求，这不是对党员的苛责，而是因为推进社会发展的过程中，就必须有模范、有榜样、有引领，共产党员是自愿接受党组织的高要求和严标准的，因此制度也就必须保证真正规范党员的思想与行为。

制度治党理想模式实现的制度治党方式。制度治党最后依仗的必然是超脱制度之外的约束，简单地通过监督、惩罚和激励来推动制度的实施，是当前生产力发展不高，党员个人素养不够而造成的，这正是制度治党理想模式产生的客观局限性。若党员的思想和行为都高度自觉，那么制度的存在就成了摆设，有没有制度都会执行，那么制度存在的必要性就没有了。但当前的发展阶段，显然没有达到理想的状态，制度真正被执行才是制度发挥效用的体现，因此，就需要有制度惩罚、制度激励、制度监督。这个过程就是制度治党不断完善、不断发展的过程。

制度治党理想模式实现的制度治党目标。制度治党的直接目标就是通过运用制度化解党内矛盾、协调党与各方面的关系，实现党的治理科学化和规范化。但从长远的发展来看，制度治党必须将全人类的自由发展作为最终目标，共产主义的实现，不是将所有人都束缚在制度体系中，而是将人的自由作为最终奋斗目标，这个自由不是为所欲为，而是人的思想文明高度发达后，对于自身思想和行为有着更深刻的认识和掌控，使得制度的存在成为摆设，对于每一个人的思想和行为而言，没有丝毫的约束力，反而会浪费更多社会资源。

第五章　新时代制度治党思想的内在逻辑与实践特征

改革开放至今，党内法规制度建设实现了从立规建制向制度治理的战略高度跃升。十八大以来，习近平总书记对加强党内法规制度体系建设阐明了一系列重要论断，创造性提出了制度治党的重要思想。在新时代，制度治党是全党统一意志的保证，是良规善治的方略，是普遍反复调整的制度机制。新时代制度治党思想在理论上体现出依人性之本、守党性之刚、谋德性之高、取理性之智的逻辑构架，在实践上表现为制度建设的探索与治党执政的实践相辅相成的调适过程，制度治党与依法治国相得益彰的良性互动过程，制度治党与依规治党协调推进的自我完善过程。

中国共产党的领导是中国特色社会主义最本质的特征，是中国特色社会主义法治的灵魂。党的依法执政，既是依据以宪法为核心的中国特色社会主义法律体系治国理政，也是依据以党章为根本的党内法规制度体系管党治党。十八大以来，习近平总书记对加强党规制度体系建设阐明了一系列重要论断，创造性提出了制度治党的重要思想。新时代制度治党思想遵从“党要管党、全面从严治党”的根本方针，以清醒的理论自觉积极推进党的建设制度改革，以科学的实践理性主动增强党的依法执政本领，以卓越的战略智慧勇敢肩负“为子孙万代计、为长远发展谋”的历史使命，其中内含坚定的立场、深厚的根源、清晰的架构、周延的逻辑和鲜明的特征，需要我们寻源究“理”，依规探“实”。

第一节 制度治党思想的新时代内涵

内涵是概念的内容，是事物的本质属性的集合。习近平总书记在十九大报告中庄严宣告：“经过长期努力，中国特色社会主义进入了新时代，这是我国发展新的历史方位。”制度治党的新时代内涵是在新时代制度治党思想的理论属性和实践属性的总和，是探明制度治党思想的理论逻辑和实践特征的认知基础。新时代制度治党思想是对党的建设规律和党的执政规律在新时代的求索，既秉持了从严治党、依规治党在新时代的价值导向和精神指引，又回应了党的自我革新、自我净化和自我约束在新时代的呼唤，从本质、功能、表现形态到运行机制都烙上了新时代的印记。

一、在本质上制度治党是全党统一意志的保证

意志是目的驱动下产生的心理状态，是一种有方向、有信念的精神力量。党章规定：党是根据自己的纲领和章程，按照民主集中制组织起来的统一整体。

（一）制度治党是新时代马克思列宁主义指导思想的体现

制度治党在新时代的内涵发展，是马克思列宁主义同中国实际相结合的现实体现。马克思主义作为科学的政治革命理论，从指导无产阶级革命政党建设之初，就将最终目标确立为“创造一个全新的社会”。马克思主义指导下的无产阶级政党，不仅具有高度的先进理念，而且注重制度建设和民主法治建设。恩格斯指出：“组织是重要的武器。”马克思主义建党理论是在汲取人类文明发展成果、扬弃资产阶级政党政治经验的基础上构建起来的庞大体系，是符合人类文明发展规律的制度选择。

政治现代化的两个评价标准是民主与法治。制度化是现代政治的重要标识，无产阶级政党现代化建设的重要标志也包括民主建设和法治建设，党内建设的最终成果都指向了“民主集中制”这样的先进组织原则，并且构建完善的法规制度体系，以实现民主集中制的实施。马克思主义建党理论不但体现在马克思

恩格斯本人的共产主义学说中，还呈现于共产主义同盟、第一国际和欧洲工人运动的历次实践中。

（二）制度治党是新时代对全体党员思想意志的规范

党在自己的政治生活中正确地开展批评和自我批评，在原则问题上进行思想斗争，坚持真理，修正错误。努力造就又有集中又有民主，又有纪律又有自由，又有统一意志又有个人心情舒畅生动活泼的政治局面。虽然党的制度建设、制度制定和制度发布都是由党的某个组织领导实施的，但党规制度不是党的某个组织的愿望或者个别党员的意图，也不是所有党员意志的简单叠加，而是集中反映了全党的根本共识和统一意志。

宪法法律体现国家的意志，国民道德源自民众的意愿，党内法规制度严于国法，高于国民道德，所以制度治党与国法治理、道德治理既并行不悖又泾渭分明。制度治党是对达到新时代党的建设总要求的自觉响应，以“四大危险”和“四种考验”为鞭策力量，以党的制度建设为前提条件，以保持党的先进性和纯洁性为主要目的，以实现党的长期执政为最终追求，强化并保证全党团结一致、思想一致、行动一致。

制度治党所确立的任何制度规则必须考虑实践的背景，保证该规则执行、监督人对此规则的解释总是会保持一致。制定或遵守一个制度，就是所有人以一致的方式运用该制度，正如懂得一个词的意义或了解一个词的用法规则，就是以其他人使用它的方式使用它。了解这一本质对我们的启示在于：对党的制度规则的制定、理解和解释，必须保证该制度在所运用的共同体中保持为普遍一致的，否则不足以调整规范人们的行为，进而会使制度治党成为名存实亡的东西，制度的权威性和法律的权威性是一致的，社会主义的法治原则要求任何组织和个人，都必须在法律范围内活动，无超越法律的特权。

（三）制度治党是新时代中国共产党实践经验的凝结

制度治党作为新时代全面从严治党的重要手段，是全党实践经验的凝结与升华。党的十八大以来，“四个全面”战略布局日益完善，全面从严治党实现治国与治党在逻辑发展中的内在统一。在党的十九届四中全会审议通过的《中共中央关于坚持和完善中国特色社会主义制度推进国家治理体系和治理能力现代化若干重大问题的决定》，为党的领导制度建设提供了新方向，把制度治党纳入中国特色社会主义制度和国家治理的范畴，理顺了治党与治国、党的领导与党的建设之间逻辑联系。

习近平总书记在党的群众路线教育实践活动总结大会上首次提出“制度治党”这一概念。制度治党是保证党员的先进性和纯洁性的制度红线，严格执行制度是把握“治”字的首要标准，党章和党内各项法规条例凝聚了中国共产党人智慧的结晶，具有严肃性和权威性，必须成为全体党员自觉保持和维护的红线。制度治党是政治现代化时代依法治国的现实要求，党章中明确规定：“中国共产党是中国工人阶级的先锋队，同时是中国人民和中华民族的先锋队，是中国特色社会主义事业的领导核心，代表中国先进生产力的发展要求，代表中国先进文化的前进方向，代表中国最广大人民的根本利益。党的最高理想和最终目标是实现共产主义。”全体党员均应发挥积极主动性，树立法治观念，形成法治思维和法治习惯，这样才能塑造一个具有法治精神的政党。

两个先锋队的要求深刻诠释了“以党内法治促进国家法治”的时代内涵。在一个拥有9000多万名党员的执政党，通过制度治党提升全体党员的法治思想，以此为基础治理好党、治理好国家，进行伟大斗争、建设伟大工程、推进伟大事业、实现伟大梦想，这是一个何等重要的大事。一个国家执政党具有法治精神是全面推进依法治国，建设法治国家的重要保障，因此坚持制度治党是依法治国的内在要义；制度治党有力彰显社会主义制度优越性，使党员干部保持纯洁性和先进性，促使党员干部接地气、知民情，永远以人民利益为中心。

二、在功用上制度治党是良规善治的方略

制度治党属于良规善治，是规则之治、民主之治、理性之治，是从立规建制的管理方略向制度治理的治理方略的跃进。

（一）制度治党催使制度建设理论不断完善

制度治党要求把党规制度尊为权威、奉为圭臬，运用法治思维和法治方式为管党治党寻求规范化的方案策略。习近平总书记屡次强调制度治党要依靠规则治理，崇尚制度权威，他说：“健全党内规则体系，扎紧党纪党规的笼子”“要以党章为根本遵循、以党纪为基本准绳，全面加强纪律建设，严明政治纪律和政治规矩，维护党章党规党纪的权威性，使党内政治生活正常化。”制度治党

要求党规制度的新立、实施、修改、废止、解释进程中的共同商讨和民主参与。无论是上级党组织还是下级党组织，普通党员还是领导干部，甚至是相关社会团体、人民群众，都要以平等主体身份广泛协商、深度参与党规制度的制定使用过程。制度治党要求党务治理过程阳光、透明、公正。从党规制度的制定、出台、适用过程，到党组织、党员干部的决策施政行为，再到违法违纪案件的整改回馈情况，都要尽可能置于阳光之下，示之于人，公之于众。

（二）制度治党要求构建完善的党内法规制度体系

制度治党就必须不断加强和完善依规治党，构建完善的党内法规制度体系。十八大以来，不断加强新形势下党内法规制度的顶层设计和全面部署，着力解决制度治党的两大问题：一是实现制度治党“有法可依”的问题，不断制定、修改和完善党内法规制度，截至2019年年底，全党共有4929部党内法规，其中中央党内法规231部、部委党内法规283部、地方党内法规4415部，为形成完善的党内法规体系打下了坚实基础。党内法规制度体系，是以党章为根本，以民主集中制为核心，以准则、条例等中央党内法规为主干，由各领域各层级党内法规制度组成的有机统一整体，总体上实现了有规可依。二是实现制度治党“有法必依”，将制度作为规范党内政治生活的重要依据，切实做到遵守、贯彻和执行。2014年，党的十八届四中全会明确提出全面推进依法治国的总目标是建设中国特色社会主义法治体系，建设社会主义法治国家。中国特色社会主义法治体系是立体的、动态的、有机完整的体系，包括法律规范体系、法治实施体系、法治监督体系、法治保障体系和党内法规体系。法治实施体系就是推进法规制度执行的关键要素，党内法规实施体系是构建法治实施体系不可或缺的一环，党必须率先垂范，建设好党内法规实施体系，坚持依法执政，在做好推动党内法规制度执行的同时，有效发挥保证执法、支持司法和带头守法的重要作用。

（三）制度治党推进依规治党与以德治党的有机统一

制度治党的落脚点不仅是落在了党内法规制度的建设上，还注重发挥党员的道德素养。依规治党与以德治党好比“车之两轮，鸟之两翼”，以德治党注重道德感召，提高遵规守纪的内在自觉，依规治党强调纪律约束，为党员干部道德情操的养成提供坚实保障。正可谓双管齐下，相辅相成。《中国共产党纪律处分条例》和《中国共产党廉洁自律准则》，最为有效地实现了依规治党和以德治党两者之间的有机统一。《中国共产党廉洁自律准则》的主旨是以德治党，进行正面倡导，号召党员干部追求行为“高线”，更好地践行党的宗旨；《中国共产党纪律处分条例》强调依规治党，具有强烈的惩治力，告诫党员干部守好行为“底线”，更好地进行自我管理和约束。

充分把握道德规范与党内法规之间相辅相成的关系，协调推进以德治党与依规治党同步发展。以德治党主要靠的是道德规范，是需要党员干部内化于心而后外化于行的“软约束”。这里所说的道德包括共产主义的道德追求、中国特色社会主义的道德规范以及中华优秀传统文化的道德要求三个层面的内容。依规治党的主要依据是党内法规，是看得见、摸得着的“硬约束”。实现以德治党与依规治党两者之间的有效结合，必须强化对党员干部的教育引导和理论武装。同时，还必须强化党内的监督执纪。由此，共同构筑全面从严治党的新格局。道德是向善的先导，是遵守纪律的必要前提；纪律是纠错的手段，是恪守道德的坚强保障。推进全面从严治党，要想达到标本兼治、内外兼修的效果，必须同时具备强大的道德感召力和坚定的纪律约束力，二者缺一不可。

从革命时期到建设、改革时期，无不从“德”和“规”两个方面着手对党员的思想行动进行适合中心任务和奋斗目标的规范与引导。这两个维度不断发展转型以及交汇融合，终于形成了党管党治党的党内治理形态，实现了以德治党与依规治党的良性互动。以德治党与依规治党有机结合，指导党更好地正确处理国法与党规的关系，更好地发挥党的政治优势，凸显广大党员干部在管党治党中的主体地位，切实提高全面从严治党的实效性。

三、在样态上制度治党是普遍反复调整的制度机制

制度治党在样态上表现为调整主体、调整事项、调整范围、调整方式、调整效力等各个要素无缝衔接、紧密配合、协调统一的制度机制体系。

（一）制度治党加强党的顶层设计与宏观谋划

十八大以来，以习近平同志为核心的党中央做出顶层设计和宏观谋划，在党内建立起一整套由党章统领的党规制度机制体系，凭借调整范围广泛、运行程序严密、安排配置周详、效力长期稳定的制度机制来管党治党。制度治党的

调整对象囊括全体党员、抓住关键少数，既指党员和党组织这种一般主体，又指非党员干部、党员干部，普通干部、领导干部、高级干部各种同类主体，如《中共中央关于在全党深入开展党的群众路线教育实践活动的意见》适用全体党员，《关于新形势下党内政治生活的若干准则》重点针对高级干部。

制度治党的调整范围覆盖全面、限度明晰，制度治党既要当为则为，强化制度机制的调整功能，又要有所不为，避免制度治理取替国法治理，对于党的建设、执政、领导的领域，党的制度机制的调整责无旁贷，但对于诸如公民、法人、社会团体之间的民事行为和民事关系，则交给相关的法律法规来调整；制度治党的调整事项事关重大，涉及政治建设、思想建设、组织建设、作风建设、廉洁从政等党务关系的各个方面；制度治党的调整方式多种多样、软硬结合，既有体现为督促、奖励、示范、动员等柔性调整的激励机制，又有体现为监察、追责、禁止、惩戒等硬性调整的约束机制，两手并用、双向给力；制度治党的调整效力长期、普遍，制度治党属于抽象性、一般性的规范调整，在制度机制的时效期内可以长期适用、普遍调整、反复调整。

（二）制度治党凝练党的历史沉淀与长远发展

从中国共产党近百年的发展历史看，制度建设始终是党的建设要点，经过不断的探索和实践后，逐渐形成了完善的制度体系。当代中国的政党制度诞生于革命战争时期，在中华人民共和国成立后获得长足发展。中共一大制定的《中国共产党纲领》本质上就是党的制度建设的发端，中国共产党由此走上了制度治党的伟大历程。在中国共产党的第二次全国代表大会，讨论和通过《中国共产党章程》，明确指出党的制度对于党的发展具有根本性作用。中华人民共和国成立以来，党和国家领导人一直将制度治党当作丰富马克思主义政党理论与实践的重要任务，持续不断地加强制度治党的理论探索，为中国共产党在不同历史条件下治党治国提供了理论指导，也为新时代制度治党提供了经验来源和直接动力。

以习近平同志为核心的党中央从历史与时代的高度出发，以高度的理论自觉和实践站位，提出了“两个一百年”的奋斗目标。为了实现这一目标必须有坚强的制度保障，不仅要将国家法律制度作为重要保障，更重要的是通过制度治党，构建更关键的制度保障。怎样才能实现制度治党的目标，习近平总书记明确地回应了这个问题："党要管党、从严治党，靠什么管，靠什么治？就要靠严明纪律。""我们要加强和规范党内政治生活，严肃党的政治纪律和政治规矩，增强党内政治生活的政治性、时代性、原则性、战斗性，全面净化党内政治生态。"制度治党的根本目标是将党的制度转化为党员的行动自觉，使党的制度和规范无形地存在于党员的日常工作和生活中并发挥强有力的作用。

第二节 新时代制度治党思想的理论逻辑

理论逻辑是科学思想的精神内核，是由科学思想的最基础、最普遍、最抽象的要素构成的矛盾统一体。从十八大强调"全面加强党的制度建设"，到党的群众路线教育实践活动总结大会提出"坚持思想建党和制度治党紧密结合"，再至十九大申明："党的制度建设贯穿于党的政治建设、思想建设、组织建设、作风建设、纪律建设之中"，新时代制度治党思想实现了制度体系完善、治理方略施行、治理效果释放的成熟演进，形成了依人性之本、守党性之刚、谋德性之高、取理性之智的理论逻辑。

一、制度治党的逻辑起点：人性之本

恩格斯说："历史从哪里开始，思想进程也应从哪里开始。"一切历史都是人的历史，人性是人的最普遍、最基本的规定性，是历史的本初，也是科学思想的基本起点。

（一）制度治党的人本基础

制度治党建立在最宽广的人性塔基上，通过善良的制度设计和正义的制度安排，为最广大人民群众权利的实现提供制度保障。习近平总书记在针对"管党治党应'人性化'"的误区时曾说："我们不舒服一点、不自在一点，老百姓的舒适度就好一点、满意度就高一点，对我们的感觉就好一点。"在谈及扎紧制度的笼子时曾说："抓住'关键少数'，破解一把手监督难题。"党员干部尤其是高级干部身居显位、手握重权，他们权力的运用和裁量会深刻影响社会的

利益分配，他们权力的强大和主动也会突显人民群众权利的弱小和被动，所以用制度的笼子关紧党员干部的权力就是保障最广大的人民群众的权利。可见，制度治党是合乎人性的良规善治，但合乎的不是特定身份的党员、特定级别的党组织的狭隘人性，而是最广大人民群众的最宽广的人性。

制度治党体现在最真实的人性前提下，通过尊重人的意愿和依靠人的社会性的自觉调控，为人性的升华创造制度条件。习近平总书记反复讲明："我们党是先锋队，对党员的要求应该更严""要把纪律建设摆在更加突出位置，坚持纪严于法、纪在法前，健全完善制度，深入开展纪律教育，狠抓执纪监督，养成纪律自觉，用纪律管住全体党员。"这表明，党规制度严于国法，党员义务高于公民义务，这不仅是党的两个先锋队性质的要求，党员的先进性和纯洁性的自觉，更是党员自愿选择的结果。自愿是获得党员身份的前提，亦即意味着党员自愿接受党章党规党纪的条条款款，自愿履行入党誓词的庄严承诺，自愿服从党员的八项义务在先、八项权利居次，自愿为承担党员义务而限制公民权利。因而，制度治党是合乎法理的再度调整，是在充分尊重人的意愿的法理逻辑里彰显最真实的人性，并促进人性从守法明理的社会层面向忘我无私的精神层面的提升。

（二）制度治党的人本实践

制度治党符合以人民为中心的实践要求。在长达百年的历史实践中，中国共产党始终重视党的制度建设，充分体现着制度治党的要求，是保障党员民主权利得以实现的基础。党的核心组织制度是代表大会制度和委员会制度，在两个制度设计之初就是为了充分体现和反映广大人民的意愿，充分发挥党内民主。这些都充分体现了以人民为中心的理念，表达了中国共产党保障最广大人民群众利益的坚定决心。

新时代制度治党代表了最广大人民的根本利益。制度治党就是为了用制度的形式管理党、制约党员干部的行为，保障整个国家公平和正义的实现，具有极强的人民中心性。一项有效的制度必然是既有外在的约束力，又能维护内在的保障与支持，这是一个理想型的制度构建，也是政党所渴望实现的高度和谐统一状态。制度治党符合中国共产党的根本性质和根本任务，符合人民期盼和历史发展潮流，真正体现了中国共产党人以人民为中心的制度实践。

二、制度治党的理论主旨：党性之刚

党性是党员的独特性，是党员在思想、政治、组织上体现出的中国共产党的固有本性。习近平总书记说："党性是党员干部立身、立业、立言、立德的基石，必须在严格的党内生活锻炼中不断增强。"党性之刚犹如磐石之坚，所以制度治党的主旨就是要把党性要求坚定不移地体现在制度治党的所有方面，坚持不懈地贯穿在制度治党的整个过程。这个主旨可具体化为寓党性于制度，化党性于修养，见党性于言行。

（一）制度治党之于党性锤炼的硬性要求

党性要固化，要把党性要求规范为党员义务。根据党章第一章第三条规定的党员义务，党性要求可归结为"四个坚定"和"四个坚持"，即坚定政治立场、坚定理想信念、坚定贯彻执行党的路线方针政策、坚定为人民服务的宗旨，坚持理论学习、坚持党和人民的利益高于一切、坚持批评和自我批评、坚持带头实践。这些是以党内法规制度形式固化的所有党员必须履行的义务，是以党的纪律和约束机制保障的所有党组织必须做到的职责要求，覆盖党的建设、党的执政和党内生活的所有领域，覆盖入党批准、党员考核、党员清退的每个过程；覆盖党员之间、党组织之间、党员与党组织之间、党员与非党员之间的全部事项。党性要内化，要直接指向党员的精神世界。

党性内化不能光靠制度规范，还要靠党性教育。习近平总书记指出："党性教育是共产党人修身养性的必修课。"他还进一步指明党内政治生活是党性教育的主要平台，党的群众路线教育实践活动、"三严三实"专题教育以及"两学一做"学习教育都是党性教育的创新路径；党性要外化，要体现在党员的一言一行。党性的外化显于宏大、见诸细微，不但上上下下里里外外讲党性，而且国事家事大事小事也要讲党性。习近平总书记曾对全国优秀县委书记直接提出党性标准："带头讲党性、重品行、做表率，带头搞好'三严三实'专题教育，带头抓班子带队伍，带头依法办事，带头廉洁自律，带头接受党和人民监督，带头清清白白做人、干干净净做事、堂堂正正做官，真正做到率先垂范、以上率下。"他更是严格要求高级干部："中央政治局委员应当严格执行中央八项规定，自觉参加双重组织生活，如实向党中央报告个人重要事项，带头树立良好家风，加强对亲属和身边工作人员的教育和约束。”

（二）制度治党之于党性锤炼的目标杠杆

制度治党的目标之一：使党能有效应对当前各种考验和挑战，实现党的执政使命。新时代背景下，中国共产党面临着“四大考验”和“四种危险”，要应对这些考验和挑战，就必须不断加强党的自身建设。全面加强党的建设，就需要不断提高党的自我净化、自我完善、自我革新、自我提高的能力，只有这样才能切实落实好党要管党、从严治党的任务，有效推进全面从严治党，巩固好党的执政地位。始终保持共产党员的党性，才能使党带领中国人民实现“两个一百年”奋斗目标和中国梦的艰巨任务，而制度就是锤炼党性的关键。

制度治党的目标之二：保持党的先进性和纯洁性，巩固党的执政地位。要巩固党的执政地位，就要始终保持党的先进性和纯洁性，但党的先进性和纯洁性建设不是一蹴而就的，也不是一劳永逸的。党的先进性、纯洁性建设是一个系统工程，包含政治、思想、组织、作风和制度建设等方面的内容，在这个系统性工程中，制度是要贯穿党的建设始终的，并且制度的根本性、全局性和稳定性作用，也使党必须重视制度建设，用健全完善的制度体系来保证党的建设正常化、规范化，真正持续地保持党的先进性和纯洁性。

制度治党的目标之三：以党的法治化水平推进国家的法治化。治国必先治党，治党务必从严，全面依法治国从根本上就包含着党要依据宪法和法律治国理政以及依据党内法规管党治党两个方面。健全和完善党内法规制度体系，用党内规章制度管好党、治好党，是全面依法治国的内在条件和必然要求，是推进全面依法治国的一个重要组成部分。党的十八届四中全会通过的《中共中央关于全面推进依法治国若干重大问题的决定》明确指出，党内法规体系是中国特色社会主义法治体系的五大组成部分之一，强调加强党内法规制度建设，在推进党的法治化建设的同时，推进国家的法治化建设。

三、制度治党的精神特质：德性之高

孔子说：“为政以德，譬如北辰，居其所而众星共之。”浩如烟海的传统美德、灿若星辰的革命道德与社会主义道德赋予制度治党思想底蕴深厚、磅礴大气的精神特质。德性是丈量人性的标尺，铸造党性的元件，德性之高不是高不可攀，是多数党员经过自我修养和党性锻炼可以企及的操守、境界和觉悟。

（一）制度治党对于政治道德的现实升华

在新时代，习近平总书记把政德比作社会道德建设的风向标，立为党员干部德性要求的新标杆，他强调："立政德，就要明大德、守公德、严私德。""政德洽于霜风"，政德之严犹如霜风之冽，立政德就是要用严明的进退奖罚机制测定党员对党绝对忠诚的政治立场，用严格的党内监督机制审度党员为民毫无偏私的政治觉悟，用严厉的引导防范机制校准党员"栉风沐雨砥砺行"的政治追求。换言之，明大德是忠勇的操守，守公德是忘我的境界，严私德是慎独的自觉，大德无移，公德无私，私德无亏，归为"政德"一体。政德的三个层次好似三个标度，恰当地标注了制度治党的德性高度。

（二）制度治党对于社会公德的规范提升

制度治党对于社会风气的引导与纠正发挥了重要作用。如《八项规定》的制定与实施，就对社会公德的规范与引导有着重要影响。实质上，就是用制度规范党内政治生活，以上率下，端正党风，清除官场不良风气，有效地遏制"四风"，取信于民。在党风廉政建设和反腐败斗争不断推进的背景下，对于社会风气的转变而言，产生了积极影响，真正地实现以风清气正的党内政治环境营造风清气正的良好社会环境。

制度治党对于社会公德的引导而言，具有较强的针对性、可操作性。以《八项规定》为例，针对当前的实际发展现状，对影响社会正常发展的问题提出规定与规范，内容清楚明了，执行严格有效。自然成为全体党员干部遵守的行为规范，体现了党心民心所向，党风廉政建设和反腐败斗争的利器成为纠正"四风"的切入点。《八项规定》为端正党风政风做了率先垂范，真正体现了"子帅以正，孰敢不正"治党精神。不仅在党内有效解决了"四风问题"，而且为人民群众带来了良好的示范作用，以《八项规定》作为处事的重要标准。

（三）制度治党对于个人私德的榜样树立

制度治党就是让全体党员要以党章为镜，以党的纪律和制度规范为标尺，检查对照自己的言行是否符合党的要求，找出自身的不足，再对照检查问题的基础上，明确努力奋斗的方向。尤其是知晓在党的要求下，自身还存在哪些方面必须改正，哪些方面应该继续坚持，从而真正地做到正己修身，修养德性。

制度治党对于如何用党的纪律、规定衡量自身的言行如何符合党的要求，具有很重要的体现，不知如何成为一名优秀的共产党员，那么制度就明确地规定出来，有些红线是不能逾越的，是必须做到的，但人总有认识不到的地方，这就需要制度规定来约束。以党的制度为准绳，发现自身缺点和不足，从自我做起，加强党性修养。

制度治党在实践中的要义，就是要坚持惩前毖后、治病救人。制度制定的目的是使党员、干部能清楚地发现自身存在的问题与不足，及时地进行改正。制度治党就要通过制度发现问题，开展批评和自我批评，带着问题查找原因，拂去思想和行为上的灰尘，永葆共产党人的先进本色。针对制度给出的标准和方法，如果发现思想与行为有了“毛病”，就需要抓紧诊治，这种情况下制度不仅是标准和方法，更是应实现的目标，对于个人私德的规范而言具有重要作用。

四、制度治党的统筹策略：理性之智

制度治党是一项系统合力工程，不能各安其事，需要统筹推进，需要制度安排的工具理性、治理活动的程序理性和效力预期的目的理性连贯有序、相互配合、有机统一。

（一）制度治党对党规局限性的理论破解

党规制度是治党公器，党规是笼子，党纪是准绳。如何筑牢党规的笼子，持稳党纪的准绳？习近平总书记指示：“不管建立和完善什么制度，都要本着于法周延、于事简便的原则，注重实体性规范和保障性规范的结合和配套，确保针对性、操作性、指导性强。”这说明，制度安排要体现遵规守律的工具理性。制度的形式安排要求实体性制度、程序性制度、监督保障性制度的环环相扣、配合得当，合乎制度建设的自身规律和党的建设的内在规律。制度的内容安排要人性、党性、德性的调和一致，党员的权利义务、党组织的职权职责的配比均衡，顺应党情国情社情的趋势和法律规则的逻辑关系。

制度的目的设定要求依照《中央党内法规制定工作纲要（2018—2022）》的整体谋划，朝着加强党的长期执政能力和保持党的先进性和纯洁性的方向循序渐进。治理活动要体现民主集中的程序理性，要遵照《中国共产党党内法规制定条例》确立的民主程序，要求调查研究能够无遗漏、无留白，征求意见能够成合意、有公论，前置审核能够讲效率、求精度，审批发布能够公开公正、周密慎重。效力预期要体现稳定可控的目的理性，要参照中央八项规定的成功范例，找准制度影响力的落点，通过以上示下产生以点带面的“涟漪效应”，借助公众传媒的宣传推动以面促全的“蝴蝶效应”，显示出价值导向正确、执行力平稳、影响力长效的目的理性。

（二）制度治党对实践局限性的客观认识

制度治党要遵循政党自身建设的规律。政党作为一种社会组织形式，它的发展必定要遵循一般组织制度管理的基本规律，如权责一致、统一指挥、监督制约等基本规律。

制度建设要遵循制度自身内部的规律。政党的制度建设既符合一般组织发展规律，行之有效的各种组织管理理论也在不同程度上适用于政党的制度设计。当前党的制度在许多方面存在科学化程度不高的现象，如制度存在漏洞、制度与制度之间相互冲突或尺度不一、制度不具有可操作性等，都对我们提出了加强党的制度建设科学性的要求。党的制度建设要求制定的制度一开始就应该具有科学性，只有科学的治理制度才是严密和具有可操作性的制度。按照马克思的观点，制度属于社会的上层建筑，它总是诞生于一定的经济基础之中，并受其制约。因而任何制度都应该顺应其相应的社会生产力状况和阶级状况，违背该基本规律的制度将必定会遭到失败。具体到政党制度而言，它必须与社会的经济制度相匹配，也必须与国家的其他社会制度相匹配。

随着党的建设和社会环境的不断发展，制度的不适应社会发展基本要求，以及不协调、不一致、不衔接等方面的问题就会出现，制度的生命力转向衰落，在规范和调整党的关系时捉襟见肘，这就充分说明制度的局限性。对制度时效性的充分认识，使党开始对党内法规进行系统性的梳理。2012 年 6 月，开展了中国共产党历史上第一次党内法规和规范性文件集中清理工作，2014 年 11 月 17 日《中共中央关于再废止和宣布失效一批党内法规和规范性文件的决定》发布，标志着中央党内法规和规范性文件集中清理工作全部完成。充分证明中国共产党对法规制度的现实认识，但这样的清理其实也带有一定的局限性，需要经过不断探索和完善来进一步加强。

制度治党对于执政党监督重要性的深刻认识。制度治党对于制度监督主体的扩展。对于党内制度的实施而言，打破制定者是执行者、监督者的悖论，才是制度有效执行的基本保障。充分发挥制度在治理中的基础性地位，坚持党内外监督主体的结合与一致，通过党要管党从严治党来规范党员的行为。制度治党要依赖于外部监督约束，要依赖于人民民主，以避免党的权力滥用。

第三节　新时代制度治党思想的运行逻辑

制度治党是如何发挥它的功能呢？第四章中基于马克思精神生产理论与制度变迁理论对制度治党的要素与结构进行了分析，并且在本章前面两节中对制度治党的新时代内涵与理论逻辑进行了分析，而制度治党的运行逻辑究竟是怎样的，就是本节分析的重点。从制度运行的历时态维度进行制度治党的研究，马克思精神生产理论和制度变迁理论解释了制度的新陈代谢问题，但必须搞明白制度治党运行过程中各要素的功能与运行机制，才能真正明晰制度治党是如何发挥“治党”效用的。

一、新时代制度治党运行各要素的功能分析

制度治党作为一个螺旋上升的历时态运行过程，要了解其运行机制，就必须对制度治党过程中各要素的功能进行分析，只有了解制度治党过程中各要素的地位与功能，才能更好地对串联起制度供给、制度衔接、制度执行和制度效能之间的机制进行深入探究，也为制度治党的发展路径提供思路。

（一）制度供给是制度治党的基础

制度供给是制度治党的前提和基础。制度治党是将“制度”作为管党治党的载体，因此，要谈制度治党就首先要谈制度供给，而制度供给不仅需要建立相关的制度体系，更关键的是要使制度体系科学合理。一是由无产阶级政党的根本特征决定的，要把共产党员的权利和义务框进制度的体系中，让广大党员明白应该如何进行政治建设、思想建设、组织建设、作风建设和纪律建设，党内制度就是要为党的建设制定好各方面的标准与程序，更好地保证党的先进性

与纯洁性。二是由党的执政地位决定的，党的执政权力必须受到监督，必须把权力关进制度的“笼子”，这个“笼子”必须建好，就是要建立健全党的制度体系，更好地发挥管党治党的作用。

制度治党首先必须解决的问题就是“无制可依”的问题。前面几章对党的制度建设历史进行过系统梳理，在不同的历史阶段，党制定了许多与历史任务相适应的制度，涉及方方面面，但这并不意味着新时代条件下推进制度治党就一定有相应的制度作为治党依据，相反，党的制度建设历史证明，制度治党还是要加强制度的供给能力。虽然必须保证制度在一定时间内的稳定性，才能形成一定的制度氛围，使制度更好地约束党员和党组织，那么这代表着制度就是一成不变的吗？显然不可能，制度一成不变的话，就无法适应生产力发展变化的客观事实；同样制度若不具有其应有的稳定性，经常处于一种变化不定的状态，那么制度约束下的党员和党组织也会无所适从，制度效率就无法实现。因此，制度供给作为制度适应社会发展的一面必须存在，但这也需要制度保持一定的稳定性。

制度供给必须保证制度体系的科学性。正式制度的安排常落后于非正式制度的安排。党内的非正式制度主要依靠的是党员、党组织在党内政治生活、组织生活中，面对的各种问题所形成的具有约束党员和党组织行为的规则，非正式制度的供给主要来源就是党的实践活动，供给主体是全体党员、党组织。正式制度的安排是在非正式制度安排的基础上产生的，供给主体是党的上级组织，是对党内经验的升华和凝练。“把中央要求、群众期盼、实际需要、新鲜经验结合起来，本着于法周延、于事有效的原则制定新的法规制度……”由此可以看出，党的制度供给，在于我们党领导人民开展伟大事业的实践。

党内正式制度的供给在十八大以来发生了根本性的变化。十八大结束不久后制定的《中央党内法规制定工作五年规划纲要（2013—2017）》，从顶层设计和总体规划方面对党内制度供给做出系统部署；《中国共产党党内法规制定条例》和《中国共产党党内法规和规范性文件备案规定》为党内正式制度的供给提供了根本遵循和指导。党内正式制度供给完成了“架梁立柱”的工作，党内法规制度体系基本形成。2014 年 8 月，中共中央政治局审议通过的《深化党的建设制度改革实施方案》，从党的组织制度、干部人事制度、基层组织建设制度和人才发展体制机制四个方面对党的建设制度改革任务和目标进行分解，对党内制度供给提供了指导。

（二）制度衔接是制度治党的重要环节

制度供给解决了制度的产生，制度的科学性、有效性问题还需要制度衔接解决。究其本质而言，制度衔接仍然属于制度供给的范畴，但由于长期以来在制度衔接问题方面重视不足，制度的有效性、科学性、系统性受到影响，因此，将制度衔接放到与制度供给同等重要的位置，制度衔接要解决的是党内制度与国家制度之间的衔接，如党规与国法的衔接，党内制度与中国特色社会主义制度体系之间的衔接；还包括党内制度之间的衔接，党的法规制度与制度建设之间的衔接，同级法规制度之间的衔接，新老法规制度之间的衔接，上位法规制度与下位法规制度之间的衔接等，这些都是制度衔接必须解决的问题。

中国共产党建成的以党章为核心的法规制度体系与国家建成的以宪法为核心的社会主义法律体系要衔接。“在我们国家，法律是对全体公民的要求，党内法规制度是对全体党员的要求，而且很多地方比法律的要求更严格……全面依法治国，必须努力形成国家法律和党内法规制度相辅相成、相互促进、相互保障的格局。”党纪对党员的要求是要比法律要求高的，纪在法前，纪严于法。如2016年中央出台的《中国共产党问责条例》中，对五种问责的情形做了具体的规定，诸如没有贯彻落实党中央决策部署、作风建设流于形式、管党治党失之于宽松软等够不上追究法律责任的问题，都被列进了党内问责条例的范围，体现了党内法规与国家法律的衔接配套。

习近平总书记在十八届中央政治局第二十四次集体学习时讲道：“这些年来，从中央到地方搞了不少制度性规范，但有的过于原则、缺乏具体的量化标准，形同摆设；有的相互脱节、彼此缺乏衔接和协调配合，形不成系统化的制度链条……必须做到前后衔接、左右联动、上下配套、系统集成。”如2016年11月，中国共产党修订的《中国共产党党内监督条例》，作为专门负责党内监督的中央纪委的重要依据，采取日常监督、专项检查和执纪问责等多种手段，将监督条例的执行与党内政治生活的若干准则、问责条例、党纪处分条例等党内法规有机地衔接起来，切实维护了党章、党规的严肃性与权威性。中共中央制度的权威性树立起来，党内制度建设的标杆就有效运作起来，对于各级党组织制度建设就有借鉴意义。

（三）制度执行是制度治党的关键

制度的生命力在于执行，制度执行必然成为制度治党的关键所在。离开制度执行谈制度治党，那就是建空中楼阁，没有丝毫作用，如果制度执行就是简单的走形式，那么制度供给与制度衔接将党的制度体系建设得再完善，制定得再科学，制度也会形同虚设。在对党内制度建设进行细致研究和分析后，可以很明确地发现，党内制度体系建设已基本成形，尤其是2012年以来，党内制度体系建设已日趋完善，但在制度体系不断完善的情况下，各类违纪违法的案件依然会出现，这显现出在制度执行方面的短板。

如何加强制度执行？这成为制度治党过程中必须思考的问题，制度的执行究竟应该依赖什么？如何才能保证制度不折不扣地执行，使制度的效用真正体现。制度执行不仅仅是制度能不能发挥作用这样一件简单的事情，更关键的是制度在某种程度上就代表了党组织的公信力与威严性。制度是由党组织制定的，党组织制定制度当然不是要将制度作为摆设，而是要使制度在“治党”的过程中发挥作用，制度制定后不去执行、将制度作为摆设，那么制度制定者的公信力如何保证？制度的制定本身就是一个极其重要且严格的过程，制度制定后反而没有任何影响，那制度制定过程的严肃性和制度本身的严肃性就都不存在了，制度没有执行，不仅消耗了党组织的威信力，还更多地损害了党组织的严肃性和诚信度。

制度执行作为制度治党的关键，其自身存在的几个难点探析：第一，关于制度执行的原动力问题，共产党员是志愿加入的，因此一名党员如果在意志上有所懈怠，不愿意再做一名共产党员，那么党的制度对他的约束力是否还具备呢？显然就没有了形成约束的前提条件，那制度要更好地执行，就需要党员的自觉，这本身就受党员的个人素养影响，具有不确定性。第二，关于制度的意思表达问题，每一名党员对制度的认识和理解是不同的，这与党员的受教育程度和个人素养有关，同样也和党员的思想素质有关，对于同一个制度、同一个要求，每一名党员的理解不同，制度的标准也就不同，这是制度执行的思想力问题。第三，关于制度执行的监督与惩戒问题，对于党内制度的执行而言，制度制定者同样也是制度执行者和监督者的问题始终存在，无法避免，即使引进外在监督，也存在是否会采纳监督意见的问题，这样的监督本身就存在一定的风险，但一时又没有更好的解决办法。另外就是监督后的惩戒，如何能使惩戒具有威慑性同样是一个难题。第四，关于制度执行会出现各种扭曲的现象，比如，对于一些制度会消极性执行，没有上级督促就没有执行力，有上级督促没有相应的要求就象征性执行，对于一些制度要求进行选择性执行，或者就是对于制度进行加码执行、附加执行、替代执行等，更有甚者出现制度不执行的现象，这对于制度执行而言，各方面的挑战实在过于巨大。一项制度执行不好、执行不顺畅，又搞出新的制度也是白搭，更何况有的情况是用一项制度去执行另一项制度或保障另一项制度的执行，这样环环相套的制度，更是难以保证制度发挥其应有的效果。

制度执行在制度治党中的关键性使提高制度执行力成为必然，影响制度执行力的因素有哪些呢？一是制度本身的因素，制度是否科学合理，是否具有可操作性，以及制度执行的程序性、合理性以及合法性等，这些直接影响制度的权威，制度的权威又决定了制度的可信度与说服力，这就直接影响制度执行力的产生。二是制度主体的因素，制度在实践中有正式制度和非正式制度的区分，而非正式制度又有“显规则”和“潜规则”的划分，在正式制度缺位的情况下，潜规则就会成为制度主体的一项重要选择，制度主体的制度意识淡薄，会直接造成制度的执行力低下，有的在制度执行上是“上有政策，下有对策”，对于制度执行做选择、搞变通，没有执行到位，有的则形成“圈子文化”“特权思想”，极大地影响制度执行。

（四）制度效能是制度治党的目标

制度效能是制度治党成果的直接体现，从另一个层面来讲，制度效能就是制度治党要达到的目标。制度效能可以体现在以下四个方面：一是制度对主体利益的维护，制度最根本的目的还是为了维护政党的阶级利益，在此基础上会充分保障党员、党组织的基本权利，使政党的地位、党员和党组织的权利得到充分保障；二是充分发挥制度体系以及制度所约束的组织整体的效能，党内法规制度的效能体现的是维系和协调整个党组织的有效运转，保持党内政治生活的良好秩序，形成稳定的党内政治关系，而党组织的高效、有序运转必然会直接促使党组织的整体治理能力和治理效能的提升；三是制度对于党员、党组织思想与行为的约束与规范，通过明确的制度形式，将党员、党组织的行为标准、行为规范展示出来，能够为党员、党组织提供明确的办事标准和行为目标，真正地保证党的先进性与纯洁性；四是充分实现制度的引导与保障作用，制度的制定就有激励和保障措施，对于党员和党组织而言，就能引导党员和党组织充分履行党员义务，另外对于制度体系建设本身而言，制度规定和保障也有利于制度体系的稳定。

制度效能产生的影响因素，一是制度的权威，二是制度的有效实施。对于制度权威而言，直接决定了党员对制度的认同与遵循，制度权威十足，那么党员自然就会按照制度要求自己的思想与行为，这就能很好地保证制度效能的实现，反之，制度的权威不足，那么党员就不会按照制度要求来规范自己，那制度效能也就无从谈起。对于制度的有效实施而言，在本质上是与制度的权威挂钩的，但也存在一种情况就是制度的权威十足，而由于相应的制度执行监督与保障措施不足，导致制度无法有效实施，这也会对制度效能有直接的影响。

制度效能实现的动力主要包括两个方面，一是制度自身的动力，也就是制度体系本身为维护其权威性，就必须加强的内生动力，这包括制度供给与制度衔接的高度协调，使法规制度体系建设充分实现科学性、系统性，以保证制度的权威性。二是制度治党作为全面从严治党的重要组成，都是为保证党的先进性与纯洁性，提升党的执政能力和执政水平服务的，脱离了党的治理能力和治理水平现代化，谈制度效能就没有立足点，一个政党的最终目标还是要在执政过程中实现政党的政治目标和政治纲领。

制度效能最终实现体现在三个方面，即制度的公信力、制度的执行力与制度的保障力。这三个方面也是评判制度效能的三个标准，同样对于制度治党过程中的制度供给、制度衔接和制度执行而言，也可以从这三个方面出发进行效能判断。制度的公信力直接决定了制度有没有能够实施的基础，没有公信力的制度怎么实施？制度的实施同样也就提升了制度的公信力，两者是相互统一的。制度的执行力是制度价值的根本体现，一项制度，如果没有执行，或者出现执行缺位、越位等表现，都对制度效能是硬伤，制度的关键就在于落实。制度的保障力是制度效能在制度执行中的附加体现，一方面一项完善的党内法规制度体系能够保证制度的有效运转，为制度执行提供保障；另一方面制度发挥功能的同时，也为党内各主体的权利和行为、规范提供了制度保障。

二、习近平新时代制度治党思想的运行机制

新时代制度治党思想作为动态运行体系，以辩证唯物主义的原则将制度运行过程加以历时态的分解，将制度治党的关键步骤或代表性环节作为系统结构的要素构成，推动制度治党动态运行的原动力与维持系统结构功能的机制，是制度治党思想必不可少的内容。

（一）供需平衡机制

制度需求引发制度供给，但要实现供需平衡。首先，必须认识清楚正式制度与非正式制度在制度治党过程中发挥的作用。针对正式制度与非正式制度的特性，辩证地认识制度供给，在维持党内秩序、公平的同时，也要兼顾效率。正式制度能最大限度地维持党内秩序，但正式制度的实施需要运行成本，制度的制定需要长期的考察与论证，制度执行需要专属的职能部门开展工作，制度运行的监督与保障也需要成本的投入，违反制度就要有相应的惩处，这也是制度运行的成本之一。

非正式制度在制度治党的过程中，灵活便利，可以随着具体问题及时做出调整，同样，非正式制度还有其特殊的优势，非正式制度运行成本较低，惩处力度相对柔和，但是非正式制度的约束力就相对削弱。正式制度的约束力强，成本相对较高，非正式制度约束力弱，成本较低，制度治党不能把眼光集中在正式制度上，依规治党是依靠正式制度治党的升华，但是，正式制度的实施需要法规制度体系、实施体系、保障体系和监督体系的配套，否则制度的执行就大打折扣。正式制度的主要目的就是为了有效应对党内潜规则对党员、党组织的侵害，正式制度不能很好地发挥作用，非正式制度当中的负面潜规则就会有可乘之机，这是对党内政治生活危害极大的，必须正视正式制度与非正式制度之间的关系。

（二）运行实施机制

制度治党的着力点是制度的执行，这就要求必须建立完善的制度运行实施机制。考虑到正式制度的运行成本问题，就必须推行责任制。责任制表面上在于对成本的控制，但实质上在解决制度运行的原动力问题。探讨制度治党问题，必须回答的一个问题，也是法学不可回避的问题，在法学上就是“为什么要用

法律对社会进行治理?”此刻放在制度治党的问题上，就必须回答“中国共产党为什么要用制度管党治党?用制度管党治党的原动力在什么地方?”这里的原动力是指在人的理性思考的基础之上，制度可以管党治党的优势是从何而来的，共产党人的制度理性源于何处?第一，此处并不能直接回答制度理性源于何处，这是一个深刻的哲学命题；第二，责任制所提供的制度运行的原动力问题在于，制度运行的原始推动，即管党治党的责任在于党；第三，责任制为制度运行提供必要的公正与效率保障，但必须实行责任追究制。

责任追究制是制度治党过程中必不可少的，责任制没有能从制度理性的层面给出制度治党原动力来源于何处的答案，其弊端也就显而易见，不履行责任会怎么办?若是没有责任追究制，履责就需要依靠自觉，那么不自觉的履责、不履责所带来的损失将如何弥补呢?责任追究制作为责任制的补充，主要目的在于以下几点：第一，对于履行责任原动力的补充，不履责或者越责将会受到相应的惩罚，这是责任追究的首要目的；第二，责任追究对于制度运行效率和公正问题提供了一定的解决方案；第三，责任追究制为制度的权威性和有效性提供了有力的支撑。

制度运行的效率和公正问题就必然涉及执行程序和行为规范，责任制和责任追究制解决了制度运行的原动力问题，制度运行的效率和公正，就必须依靠对制度执行程序和执行者的行为规范来保证，制度运行本身就需要制度的约束，这看起来是内在矛盾的，但是这样的制度安排却不可缺少。第一，如果制度本身没有约束，随意更改，运行效率低，成本高，这个制度被执行的概率就很低，按正常制度办不成的事情，按照潜规则在短期内就完成了，那么制度就被潜规则所侵蚀；第二，制度的执行程序复杂与简单的程度，直接关系到制度的运行效率，正式制度既要保证解决问题，又要保证程序简单；第三，制度执行必须有严格的行为规范，否则制度的运行与非正式制度等同，那么制度的严肃性、权威性和有效性就会降低，同样会影响制度的公正。

非正式制度运行的前提是思想先行，深刻剖析制度治党的制度理性，非正式制度运行的动力比正式制度运行更接近于制度治党的原动力。非正式制度中的良性规则是制度治党必须依靠的力量，如“两学一做”学习教育活动，“三会一课”制度等，其目的在于为正式制度的运行做铺垫。第一，非正式制度中的良性规则与正式制度的要求和目的相一致，两者之间的关系是相互补充、相互支撑；第二，非正式制度良性规则的运行原动力在于党员与党组织的自觉，不在于强制，这种自觉性与制度理性接近，但不是制度理性；第三，非正式制度中的良性规则，对于效率和公正而言，兼顾效率更多，而公正方面则更多地需要正式制度的补充与规定。

（三）监督保障机制

制度运行需要制度的监督与保障体系作为辅助，制度运行过程中，无论是正式制度的责任制引起的一系列运行机制，还是非正式制度中的良性规则，都需要有监督和保障。

正式制度实施体系的构建，就必然要配以必要的保障体系。在制度层面、物质层面、人力层面等都是制度实施体系必要的保障，制度保障体系本质上是制度运行成本的主要表现。正式制度的监督体系空间上是由内到外的监督，时间上是制度运行全过程的监督。首先，正式制度在空间上，有党内的监督，党组织内部成员之间的相互监督，上级对下级的监督，专门的纪律检查机关的监督等；其次，党外的监督包括其他党派对党组织的监督，人民群众对党组织的监督等；最后，党的纪律检查机关要把监督者的自我约束同党内监督、民主监督、群众监督等结合起来。就制度运行全过程的监督而言，对于制度制定、执行、修改的监督，是监督体系不断完善的重要组成部分。

正式制度运行监督体系的构建，在于对权力的制约。首先，党作为管党治党的首要责任人，在权力运行的过程中要做好监督，中国共产党的自查自省能力在这方面起到了重要作用，党中央紧抓治权这个核心，按照决策、执行、监督既相互制约又相互协调的原则配置权力，构建严密的权力监督体系；其次，在监督权力运行上，不仅让人民群众成为权力监督的主体，增强监督的实效，还把权力运行在阳光下公开，主动接受监督，完善了党务公开、政务公开等制度；最后，创造性提出“谁来监督监督者”的难题，纪检干部并没有天然的免疫力，纪检系统的监督也存在薄弱环节，《中国共产党纪律检查机关监督执纪工作规则（试行）》对纪委监督执纪工作进行了明确规定，划定“负面清单”，坚持信任不能代替监督的原则，对监督执纪各环节加强了监督制约。

非正式制度同样需要监督和保障。非正式制度运行的保障在于思想建党，非正式制度的不确定性和不可控性，决定了非正式制度的保障无法成体系的建设，但是，非正式制度正常运行的重要前提是在思想上确定行为的准则和要求，以理想、信念和党性这些不变的追求，应对党员干部生活、工作中变化着的环境和行为。

非正式制度的监督在于结果监督。非正式制度运行过程的不可控性和隐秘性，规则执行者的心理活动、思想活动和预期目的等都是无法在规则运行过程中得以监督的，而只有当执行者付诸行动，产生了一定行为结果的时候，才能对其行为加以定性。非正式制度是无法实现过程监督和行为监督的，而这里必须提的一个监督方式，就是执行者的自我监督、自我省察，执行者在思想上对自己的高标准、严要求，必然使得在非正式制度执行的过程中，时刻提醒自己，督查自己的行为。

（四）反馈纠正机制

制度效能必须有效地反馈与纠正才能真正地实现制度的有效性、科学性。正式制度的反馈机制和纠正机制的建立，是为了正式制度更好地达到效果和目的。就反馈机制而言，正式制度存在即时反馈，但是反应速度却要比非正式制度迟缓得多，也就是说，能使正式制度迅速反应并做出调整的有效反馈在正式制度运行的过程中，存在着太多的不确定因素，制度运行的效能无法及时反馈到制度供给者、执行者和监督者，那么正式制度做出有效调整的概率就会降低，应对各种问题的能力就会大打折扣，反馈机制的建立，在于认识清楚制度运行的全过程，制度供给—制度衔接—制度执行—制度效能—制度供给……这样的一个闭环的制度运行过程，制度效能的反馈将会使制度供给、制度衔接和制度执行的每一个环节都连接起来，制度的动态运行机制由此完成了重要的闭环。

正式制度的纠正机制，在于过程纠正，供给环节的纠正是源头性质的，防止制度在产生之时就带有各种问题，保证制度供给的科学性，是制度效能反馈纠正机制的主要目的；在制度衔接方面，纠正机制必须保证正式制度的系统性建设，正式制度不能出现自相矛盾、叠床架屋的冗杂，也不能因制度之间的不配套，而出现漏洞；正式制度的制定必须与现实环境衔接，制度执行是要将意识形态化的制度在现实中主观能动地实现，无论哪个环节出现问题，都会在制度执行的效能上反映出来，对于制度执行过程中的程序与行为规范的纠正，是纠正机制建立的根本目的。

非正式制度的反馈机制与纠正机制跟正式制度相比，具有很大的不确定性，但是，就正式制度而言，非正式制度的反馈与纠正机制同样适用，原因在于正式制度本身就是来源于非正式制度。非正式制度的反馈机制是即时反馈，非正式制度的良性规则在运行过程中，若有阻碍，当事人可以直接选择终止该活动，进而从另外的渠道开展，这样的即时反馈为非正式制度带来了便利，可以创造性地完成工作，但是纠正机制却不能被人们控制，纠正机制的特点是随意性强，没有固定的准则可以参考，即使非正式制度的此次运行带来了有效的制度效能反馈，但是下一次非正式制度的实施却可能因为环境、当事人、程序或者行为规范、行为预期的改变，而失去纠正的价值。这里必须强调一点，经过长期的实践检验，普遍适用的、有效的非正式制度会通过特定的渠道上升为正式制度，正式制度若要有效应对不断变化的制度运行环境，保留非正式制度中的便利性、随机性等特性是十分必要的。

第四节　中国特色社会主义制度建设背景下党内制度建设的系统性

党的十八届三中全会确定了党在新时代条件下，全面深化改革的总目标是完善和发展中国特色社会主义制度，推进国家治理体系和治理能力现代化。党的十九届四中全会围绕总目标进行了专题研究，对坚持和完善党的领导制度体系提出了新要求，就是要建设总揽全局、协调各方的党的领导体系，在体系中应用系统性思维，有效解决当前各种问题。系统性思维通过处理系统内各部分之间的关系，使各要素之间相互联系、相互支撑，达到制度体系的整体功能大于单个制度功能之和。党内制度建设的系统性由党的建设这一伟大工程限定，也由中国特色社会主义制度建设的伟大实践决定。

一、党内制度建设的系统性是建设中国特色社会主义制度体系的内在要求

党的领导是建设中国特色社会主义制度体系的根本保证，党内制度建设的系统性是建设完善党的领导制度体系的必然趋势。党的十九届四中全会对于新

时代条件下如何坚持和完善党的领导制度体系做出专门阐释，提高党的执政能力和执政水平现代化，确保中国特色社会主义现代化建设事业的深入推进，最根本的就是坚持党的领导，而制度建设是党科学、民主和依法执政的根本保证。制度建设具有根本性、长期性和稳定性等特征，用制度保障党的领导，并推动党的科学领导，党的领导制度体系是保证党的领导落实到国家治理各方面、各领域和各环节的保证。

党内制度建设的系统性是提高党科学执政水平的本质要求。世界范围内，政治现代化的集中体现是民主与法治，关于民主与法治的内涵与衡量标准是不一样的，但是在坚持和完善中国特色社会主义制度过程中，也形成了中国特色的民主与法治。党内制度建设的系统性是党内民主与法治的重要保障，民主集中制是中国共产党在马克思列宁主义指导下，吸收借鉴世界主要无产阶级政党实践经验，在长期历史实践中形成的民主制度。以党章为根本，以民主集中制为核心，党内制度体系不断完善，为制度治党、依规治党提供了基本遵循，党内制度建设的系统性保证了党内的民主与法治，同时也为国家的民主与法治提供了依据，使党的科学执政水平有效提高。

党内制度建设的系统性是提高党民主执政水平的内在要求。政治现代化对于执政党的民主执政水平有很高的要求，尤其是在新时代背景下，如何更好地发挥党的领导，保证人民当家做主，使人民民主专政的政权组织形式有效运行，就需要依法治国的有机衔接。党的领导制度建设就是通过完善制度体系对党的领导进行规范、约束，以建设良好的党内政治生态保障党内民主，党内民主的有效发挥，才能使党的民主执政得到有效实现，党的民主执政必然要求党内制度建设的系统性。

党内制度建设的系统性是提高党依法执政水平的现实要求。构建完善的党内法规制度体系是建设中国特色社会主义法治体系的重要组成部分，以党章为根本的党内法规制度体系和以宪法为核心的国家法律体系是实现依法治国与制度治党、依规治党统筹推进的基本遵循，党要依法执政，不仅要以宪法为核心的国家法律体系为遵循，更需要以党章为核心的党内法规制度体系作保障，依法执政必然要求党内制度建设的系统性。

二、党内制度建设的系统性是党的建设伟大工程的现实需求

党的十八大以来，党的建设伟大工程不断推进，尤其是在全面从严治党背景下，随着制度治党和依规治党等重要举措的系统实施，对党的制度建设提出了更高的要求。坚持系统性的党内制度建设，才能保证制度体系的科学性、有效性、严肃性，体现党的先进性，维系党的纯洁性。党的建设伟大工程包含六大建设，是一项复杂的系统性工程，任何一方面的建设单独突进，都不可能使党的建设取得应有的效果。党的十九大报告中，对六大建设之间的关系进行了概括，党的制度建设作为党的建设伟大工程中的重要组成部分，必须处理好与其他五个方面建设的内在关系，这就要求进行系统性的制度建设。

制度建设在党的建设中发挥着连接纽带的作用，为党内政治生活、党的先进性与纯洁性建设等方面提供参考依据及制度保障，同时，其他方面的建设为制度建设提供内容和方向。正确处理六大建设的关系问题是保持开展党的建设这一伟大工程系统性的重点，政治建设是党的根本性建设，集中回答建设一个什么样的政党，对政治纲领、政治路线、政治立场、政治方向、政治原则等方面做出了规定，以党章和民主集中制为根本准则，决定了党的建设的方向；思想建设是党的基础性建设，回答了如何在思想上保证党的建设的正确性，对理想信念、思想路线、理论创新和理论武装等方面做出了规定，《党章》《中国共产党党员教育工作条例》等为思想建设提供了制度保障；党的组织建设为党的建设提供了物质保障，对组织结构、组织原则、组织力量等方面做出了规范，《党章》《中国共产党党和国家机关基层组织工作条例》等对党的组织路线、干部队伍、党员教育等做出规定；党的作风建设、纪律建设同样需要制度的保证，党内制定的准则、条例等为党的建设提供了制度保障；在党的制度建设方面，党的十八大以来，针对中央党内法规制定工作，连续制定了一系列发展规划与制定原则，为制度建设提供了根本遵循和指导原则。

党内制度建设的系统性是党保持先进性的重要体现。民主与法治是当前政治现代化的两大标志。中国共产党始终坚持民主集中制，有效克服了西方民主固有的缺陷，有效避免了在民主政治的实际运行中掺杂个人感性因素，忽略人在财产、学识、年龄、性别等方面必然存在的差异，以及民主决策的程序性与反复性等问题。民主集中制的优越性就在于能够充分发挥民意表达中的有效性，

以及决策过程中的科学性。民主集中制的优越性是经过长期实践证明的，实现了民主与集中辩证的、历史的统一，兼顾政治生活中的公平与效率，作为党内政治生活开展的根本原则，体现了民主制度的先进性。

党内制度建设的系统性是党的纯洁性的重要保障。党内政治生活的有效开展是保持党内政治生态的基本前提，党内法规制度体系的建设为党内政治生活的正常、有效开展提供了保障。党内政治生活的规范依靠科学严密的党内制度体系，其中既包括规定具体工作的实体性制度，也包括规定工作流程的程序性制度，同时还要有维持制度科学、运行有效的体制机制。党内制度建设坚持系统性，才能保证制度的权威性、科学性、运行的有效性，保障党的纯洁性。

党的制度建设作为党的建设伟大工程下的小系统，主要体现在两个方面，一方面是党的建设制度改革；一方面是党内法规制度体系的建设。中国共产党第十九次全国代表大会上，对过去五年的工作和历史性变革中，关于党内制度建设的成果做出如下概述："党的建设制度改革深入推进，党内法规制度体系不断完善。"对于十八大以来党内制度建设的实践考察，要从"四个全面"战略布局出发，党的建设制度改革统属于全面深化改革的实践，聚焦痛点难点，坚持问题导向，着力健全完善制度机制，努力做到标本兼治，对改革中出现的新问题及时处理，并有新突破，把抓制度执行作为重点，确保党的建设制度改革有看得见、摸得着的实效；党内法规制度体系建设则统属于全面依法治国的实践，通过编制中央党内法规制定工作五年规划纲要和建立中央党内法规工作联席会议制度，保证党内法规制度体系建设的科学性、有效性，制定、修订了 74 部中央党内法规，超过现行有效的中央党内法规的 40%，党内法规制度体系的框架基本形成。

三、党内制度建设的系统性是全面深化改革的实践体现

党的十八届三中全会将"党的建设制度改革"这一重要改革举措，与经济、政治、文化、社会、生态体制改革放在同一高度系统设计、统筹推进。将党的建设制度改革作为重要举措放在全面深化改革中，一方面是由于党的建设制度改革已然到了势在必行的地步，另一方面是由于深入推进全面深化改革必须有坚强的组织保障和制度保证。《深化党的建设制度改革实施方案》中从党的组织、人事、基层组织建设和人才发展四个方面对党的建设制度改革进行任务和

目标分解，从内容和方向上回答了如何构建系统完备的党内法规制度体系。

党的建设制度改革是全面深化改革的重要组成。党的十八大以来共涉及600多项改革举措，很多都涉及党的建设制度改革。党的建设制度改革依赖全党的力量，全党各级组织、各个层面都要发力。首先，推进党的建设制度改革必须在中央层面加强顶层设计，统筹规划，调动党内各种积极因素；其次，党的地方组织也发挥好承上启下的功能，结合地方特色，建设有力的中层组织，强化党的建设制度改革的创造性；最后，党的基层组织是贯彻落实各种制度要求，推动党内制度建设的实践基础，根据组织特点、使命担当使党的建设制度改革具象化，增强可操作性。

"党的建设制度"不仅包括党内制度，还涉及如何处理党与国家、社会关系的制度。因此，改革的对象也不仅是加强党的自身建设制度，还包括党的领导制度和工作制度。党的建设制度改革是对党的建设制度中不适应当前形势发展的部分进行改进，经济基础决定上层建筑，社会主义市场经济的不断发展变化，必然要求上层制度的改变，以适应生产力的发展，党的领导是中国特色社会主义事业的本质特征、最大优势，党的制度建设必须与时俱进，不断创新，以适应经济基础的变化发展。党在发展社会主义市场经济、建立民主政治、弘扬先进文化、构建和谐社会、建设生态文明方面都处于领导地位，党内制度建设与"五位一体"总布局的结合，从本质上讲，就是要全面提高党的执政能力与执政水平，推进中国特色的社会主义现代化建设不断发展。

党的建设制度改革目的仍应落在全面深化改革的实践上，党的建设制度改革是为了提高党的领导能力，而全面深化改革的实践也是在中国共产党的领导下进行的。通过深化改革的实践，更好地提高党的领导能力，使党在统揽全局和统筹协调方面的体制机制更加健全与完善，全面加强党的政治、思想、组织领导，推进党的基本路线、方针政策的贯彻落实。结合新时代背景下经济社会发展的新形势，分析党的执政环境和执政方式发生的新变化，针对当前"现实矛盾集中、群众反映强烈"的问题，对党的建设制度中存在的问题进行系统梳理，深入研究分析，使改革工作有的放矢。

四、党内制度建设的系统性是全面依法治国的实践保障

党内法规制度体系建设在建设中国特色社会主义法治体系，推进全面依法

治国战略举措中具有重要意义，系统性是完善党内法规制度体系的实践要求。党的制度建设在于强化党的纪律，把党内纪律用法规的形式固定下来，把纪律放在前面，纪在法前，纪严于法。党内法规制度体系必然要求进行系统性的建设，有效解决制度间“叠床架屋”或相互矛盾冲突的问题。就历史发展来看，党内制度建设不是整体推进的，而是在实践中针对各类问题，不断完善和发展而来的。因此，党内制度建设必然面临系统设计不足的问题，也会造成制度执行不力的情况。中央党内法规制度对于党员的约束与国家法律之间也存在着重合的问题，正确处理党内法规与国家法律之间的关系，同样需要系统的安排，避免党内法规与国家法律在法理基础和法治原则方面出现冲突，使两者之间相互协调、相辅相成。

党内法规与国家法律之间的关系，在全面依法治国的实践中得到充分的系统规划与整体安排。中国特色社会主义法治体系的建设由五大基石奠定，完善的党内法规体系是实现全面依法治国的重要组成，与其他四大体系在推进全面依法治国的实践中相统一，同时，党内法规体系也要建设特有的实施、保障和监督体系，与国家的法治实施体系、保障体系和监督体系配套衔接。党纪对党员的要求比法律要求高，纪在法前，纪严于法。在党内法规建设中，加强具体法规制度的规范化，增强不同法规之间的系统化，促进党内法规与国家法律的协同化，对提高党的建设制度化、科学化水平具有重大意义。

党内法规制度的建设具有系统性，是党内制度建设系统性的直接体现。中共中央在2017年印发的《关于加强党内法规制度建设的意见》中，对新形势下如何更好地开展党内法规制度建设做出系统安排，尤其是对党内法规制定的内容、原则和主体等进行了规定。党章在党内法规制度建设中具有突出地位，党章是根本遵循，党内法规制度的制定与执行不得与党章有矛盾冲突。民主集中制是党内法规制度建设的根本原则，党内政治生活的开展以党内法规制度为基本约束，民主集中制原则必须体现在党内法规制度建设的各方面。党内法规制度制定、执行与监督的主体不同，对于制度运行各环节的约束与规范也不同，党内法规制度本身就是党内政治生活的重要组成，规范党内制度建设本身就是具有系统性特征的。

党内法规制度体系的建设，就是要实现各领域、各层级的党内法规制度组成有机统一的整体。党内法规制度体系包括七个种类和四个层级，党内一级法规是党的根本制度党章，是所有法规不得冲突的；党内二级法规是准则，是针对党内某一问题的制度，概括性较强；党内三级法规是条例，主要是对党内某一方面的工作加以规定；四级法规是规则、规定、办法和细则，是对党内某一具体工作的规定。在中央法规制度建设中要正确处理上位法与下位法的关系，下位法的内容不能与上位法规定的原则、方向有冲突，同等级的法规之间既要避免“叠床架屋”，又要防止制度漏洞的出现。按照党内法规制度制定部门的划分，还可以分为中央法规、地方法规与部门法规，地方法规与部门法规在规定本地区、本部门工作的同时，必须遵循中央法规的原则和规定，不能出现违背党章和民主集中制原则的法规。

五、新时代加强党内制度建设系统性的启示与经验

党内制度建设应注重顶层设计。关于顶层设计的概念，学界主要存在两种观点，第一种是针对顶层设计的主体，居于整个领域最上层的；第二种是指改革的思维与方法，即系统设计。从第一个角度讲，中央是全国的顶层。中央作为全国的顶层，站位最高，其顶层设计所涉猎范围更加广泛，设计的权威性更强，影响更大，因此，更应注重科学性与规范性。进一步加强党内制度建设的系统性，就要加强顶层设计，统筹推进依法治国与制度治党、依规治党，加强党内政治文化、政治生态建设。

党内制度建设要加强系统设计。在全面深化改革中，党的建设制度改革系统设计是指实现与经济、政治、文化等其他领域相协调，但也不是要平均用力，而是以经济体制改革为重点，牵动其他领域改革。党的建设制度改革是为全面深化改革提供政治保障，因此更要注重关联各领域改革，既要进行制度层面的改革，也要对党的建设突出问题进行全盘考虑，既注重党内建设，也注重处理党和国家、社会的关系。作为全面依法治国的组成部分，完善党内法规体系也要加强系统设计，党内法规体系建设不仅是法规的制定与完善，还需要对制度的执行、监督和保障体系做出系统设计，在制度制定之初就要兼顾到制度运行的成本与效率的问题，这样才能保证制度的有效性、严肃性。

党内制度建设要注重整体设计。党的十八大以来，在党的制度建设方面注重要素协同，始终把关系党和国家发展全局的重大制度放在核心位置，突出重点，立梁架柱，整体推进。巩固党章在党内法规制度建设中的根本地位，充分

发挥党章的基础性和保障性作用，以党章为统领的党内制度架构基本建立。如《中国共产党党组工作条例（试行）》对党组的设立、职责、组织原则、议事决策、责任追究进行了规范，从横向上确保党的领导制度中民主集中制的实施；《中国共产党地方委员会工作条例》对地方党委的组织和成员、职责、组织原则、议事和决策、监督和追责职责等方面进行了规范，从纵向上规范党的领导制度坚持民主集中制的原则。党的制度建设必须注重把“四梁八柱”性质的体制机制推进完善，统筹协调各方面要素，重点突破与整体推进相结合。

党内制度建设要注重配套衔接。第一，党的制度约束的对象、涉及的领域十分广泛，但又是一个有机结合、普遍联系的整体，基于普遍联系的物质基础，制度规范也必然存在特定的内在联系；第二，没有一项制度是万能的，即一个制度只能在其特定的领域内实施，不可能涵盖所有方面，一项制度的实施需要多个配套制度的支撑，形成运行的有效机制，制度的实效性才能得到保证；第三，一个庞大的制度体系囊括了诸多的制度，这些制度既相辅相成，也可能出现“叠床架屋”的现象，只有将制度进行系统安排，统筹规划，才能避免制度功能的冲突或出现漏洞。

党内制度建设要实现依法治国与制度治党、依规治党的有机统一。党内制度建设在健全制度机制的同时，也要注重各种改革举措的配套衔接。以党的纪律检查机制与国家监察体制改革为例，党内出台的《关于新形势下党内政治生活的若干准则》等法规制度，以制度规范严纪律、明规矩；国家法律方面新颁布的《中华人民共和国监察法（草案）》打破党内法规与国家法律的藩篱，整合成立的监察委员会不仅可以监督党内领导干部，对其他领导干部同样有监督执法权。通过纪检与监察体制改革可以看出，党内法规与国家法律不仅在制度制定层面配套衔接，而且在执法机构、执法程序方面也加强了配套衔接。

新时代党内制度建设的系统性实践，为以后的制度实践提供了丰富的经验与启示，不仅可以有效推进党的建设，为保持党的先进性与纯洁性，提高党的执政能力与执政水平提供制度保障，而且为实现全面建成小康社会和中华民族伟大复兴的中国梦提供坚强的政治保证。

第六章　制度治党思想的发展策略

党的十九大报告提出了“四个伟大”重要命题，实现中华民族伟大复兴的中国梦，必须进行伟大斗争，新时代背景下，要开展许多具有新的历史特点的斗争，意识形态领域斗争依然复杂严峻，党内制度建设是党的建设伟大工程的重要组成部分，对统一党内意志，保持党的先进性和纯洁性具有重要的意义，理清党内制度建设与意识形态斗争领域的内在逻辑，在马克思主义与马克思主义中国化理论指导下，加强制度治党思想的理论基础建设，尤其是加强党内法规相关研究与理论建设工作，为实现依法治国与制度治党、依规治党有机统一的伟大实践提供强有力的理论支撑，加强党内政治文化建设，为保持党的先进性与纯洁性提供坚强的政治保障。

第一节　深化制度治党理论建设

马克思主义中关于制度治党的理论主要包括两个方面，一个是马克思主义经典作家在建设无产阶级政党过程中，根据实践经验提出的一系列重要指导思想，这在马克思主义经典文献中是可以梳理出的，前面对无产阶级政党的实践也做了重要论述，是本书的重要组成部分之一；另一个就是马克思主义关于精神生产，尤其是在意识形态方面提出的重要论述，这对制度治党如何发挥实效，具有不可替代的作用，对于制度治党的理论积淀，必然要将制度的本质剖析出来，以此来实现对制度治党的深刻内涵与实践规律的认知与把握。

一、马克思主义是制度治党理论创新的深厚基础

马克思在《德意志意识形态》中关于政治制度与意识形态关系的论述对认识制度治党有着重要的作用。制度治党就是要将制度作为意识形态的特殊组成部分，对党员的思想认识加以改造，在改造世界的过程中，改造自身与他人的认识，同样是改造世界的主要内容。在对制度与人的思想意识有清晰认识的基础上，就要把握人的思想意识与制度变化的规律，通过创造客观条件来支撑人的思想意识与人类社会的制度观念向更好的一面进行改造。

马克思在对精神生产的论述中提道：历史并不是作为“产生于精神的精神”消融在“自我意识”中，历史的每一个阶级都遇到一定的物质结果，一定数量的生产力总和，人和自然以及人与人在历史上形成的关系，都遇到有前一代传给后一代的大量生产力、资金和环境。尽管一方面这些生产力、资金和环境为新的一代所改变，但另一方面，它们也预先规定新的一代的生活条件，使它得到一定的发展和具有特殊的性质。由此可见，这种观点表明：人创造环境，同样环境也创造人。① 精神生产的实质就是在一定物质基础上，对客观实践的正确反映，对真实存在的不断更新。

分工也以精神劳动和物质劳动的形式出现在统治阶级中间，因为在这个阶级内部，一部分人是作为思想家出现的（他们是这一阶级的积极的、有概括能力的思想家，他们把编造这一阶级关于自身的幻想当作谋生的主要方式），而另一些人对于这些思想和幻想则采取比较消极的态度，他们准备接受这些思想和幻想，因为实际上该阶级的代表才是它的积极成员，所以他们很少有时间来编造关于自身的幻想。② 分工在阶级中存在的一个重要体现，也是制度产生（专指正式制度的制定）的一个重要理论来源，对于在认识制度供给主体、制度制定主体、制度执行主体与制度监督主体之间的区别与联系具有重要的作用。

正如上面所说的，要真正地、实际地消灭这些词句，要从人们的意识中消除这些观念，只有靠改变条件，而不是理论上的演绎。③ 在理论上对制度治党

---

① 马克思，恩格斯. 马克思恩格斯全集：第二版［M］. 北京：人民出版社，2001：43.
② 马克思，恩格斯. 马克思恩格斯全集：第二版［M］. 北京：人民出版社，2001：53.
③ 马克思，恩格斯. 马克思恩格斯全集：第二版［M］. 北京：人民出版社，2001：45.

的实践进行分析，是在理论上解决制度治党的可行性，而实际上，理论上的每一步创新，其根源都是对实践经验的进一步升华，脱离这一点认知，即无法认清理论对实践的指导作用，那制度治党的理论创新于人类的社会实践而言就没有任何实际意义。

正式制度与非正式制度同属于精神生产理论，都是精神产品，然而必须明确精神生产与意识生产是不是一回事儿，精神生产与意识生产的关系究竟是什么，正式制度与非正式制度在怎样的情况下属于精神产品。精神生产属于意识生产的更高层次，意识生产的范畴比精神生产要更大。马克思对精神的论述证明不是所有的意识都属于精神，意识活动与精神劳动不是同一个概念，精神劳动属于意识活动，但意识活动不仅是精神劳动，精神的生产也只是意识生产的一部分，不是意识生产的全部。

将意识活动与精神生产等同起来，就好比是将行为活动与物质生产等同起来一般，人的意识活动和行为活动与劳动和实践是有区别的，必须将活动与劳动区分开来，才能明白体力劳动与脑力劳动的根本不同。

精神生产区别于意识活动的最大的不同就是，精神生产需要逻辑、理性等作为工具，支撑精神生产的发展，而意识活动是由人脑形成的，并不需要借助媒介工具。感性认识与理性认识都属于意识活动，是意识生产的一部分，感性认识是理性认识的基础，理性认识依赖于感性认识，一切真知都是从社会实践中得来的，而感性认识直接发源于实践，离开了感性认识，理性认识就成了无源之水、无本之木了，这体现了认识的唯物论。感性认识和理性认识统一的基础是实践。它们都是在实践中产生的，由感性认识到理性认识的飞跃，也是在实践的基础上实现的。割裂感性认识和理性认识辩证关系会犯唯理论和经验论的错误。

二、将马克思主义与制度变迁理论有机结合

正如前面提到的，制度治党首先要解决的就是“有制可依”的问题，制度供给必须与社会生产力的发展相适应，这就是马克思主义与制度变迁理论的契合之处。谈制度供给、制度执行等各方面问题，就不得不谈正式制度与非正式制度，这是理解制度与意识之间关系的桥梁。非正式制度理论中，将传统文化、价值观念、意识形态划分到非正式制度的范畴。非正式制度与正式制度之间的

辩证关系对于理解制度与意识的辩证关系有积极意义。非正式制度是新制度经济学的一个概念，它是与法律等正式制度相对应的一个概念，主要包括价值观念、社会习俗、文化传统、道德伦理和意识形态等。① 道格拉斯·诺思认为，意识形态是个人与其环境达成协议的一种节约交易费用的工具，或者说，意识形态是减少其他制度安排的服务费用的最重要的制度安排，它将一个人对他所领会的关于世界公平的道德和伦理联系在一起，当一个人的经验和意识形态不一致时，他会改变意识形态的看法。② 尽管对于制度与意识、意识形态等各方面的定义与关系有着不同的认识，但不得不承认，制度确实与意识、意识形态有着必然的联系，这是一个无法绕开的话题，那么解决的唯一办法就是深入探究其中的原委，为制度治党理论创新提供支撑。

人们的观念、观点和概念，一句话，人们的意识，随着人们的生活条件、人们的社会关系、人们的社会存在的改变而改变，这难道需要经过深思才能了解吗？③ 制度是人类历史的特殊产物，制度的形成并不是理性设计或者完全具有偶然性的，也并不意味着制度的形成是完全随机、无须任何条件的，制度是人类意识的产物，就个体自身而言，个体对周围环境的感受是由这个人的心中所想所感所盼决定的，古人把这种现象称为“相由心生，境随心转”；就整个社会而言，社会所呈现出的大的客观环境，也是社会中大众心理信念的综合反映。制度作为确定人们之间相互关系以及各自行为模式的规则规定，更是集中体现了人们公认的道德准则，为人们的社会行为提供规范。意识形态领域斗争的本质是由分工带来的各阶级之间为维护各自利益而引起的斗争。国家内部的一切斗争——民主政体、贵族政体和君主政体相互之间的斗争，争取选举权的斗争等，不过是一些虚幻的形式，在这些形式下进行着各个不同阶级间的真正的斗争。④

制度作为社会存在而言，新制度经济学虽然提出了正式制度与非正式制度的理论，但是就思想的历史除了证明精神生产随着物质生存的改造而改造，还

---

① 伍装. 非正式制度论［M］. 上海：上海财经大学出版社，2011：3.
② 伍装. 非正式制度论［M］. 上海：上海财经大学出版社，2011：3.
③ 马克思，恩格斯. 共产党宣言［M］. 北京：人民出版社，2014：48.
④ 马克思，恩格斯. 马克思恩格斯全集·第三卷［M］. 北京：人民出版社，1960：37.

能证明什么呢？任何一个时代的统治思想始终都不过是统治阶级的思想。① 制度本身而言，是被人的意识认识到的真实存在的“社会意识”，制度本身就是真实的社会存在，制度不是人主观臆造的，而是客观存在的社会实在，如果制度不是真实存在的，那么所有的正式制度中的法律、法规和规章都无法对人类社会真实地产生作用。非正式制度中的传统观念、意识形态等都是客观存在的，是被人类意识发现，并且用人类对世界的认识描述出来的意识。制度本身就是意识形态的凝结，是意识形态的物质体现，如果说意识在人类社会发挥能动作用，那么制度（以法律、法规或体制、机制等真实存在的）就是意识改造世界过程中最明显的体现。

制度作为社会意识而言，对于社会的作用是不言而喻的。社会意识在很大程度上决定了社会变迁的走向、历程以至选择的效果。大多数时候，社会意识的作用并不能明显地展现出来，在这种意义上讲，社会意识更像是幕后人，人们很难清楚讲明它的作用，而制度组织的变迁，能更好地展现出来，更广泛地受到人们的关注。大多研究制度变迁的学者都不会忽视社会意识特别是意识形态的作用。他们认为，意识形态可以左右人们的利益综合与利益表达甚至是人们的社会化过程、社会变迁，此外，意识形态还可以节约人们在互动过程中的种种行为费用，改变人们的行为取向和偏好，特别是在变迁急遽的社会转型期，社会意识有了更加难以替代的功能。社会变迁的过程中，由于制度供给滞后、路径依赖、制度刚性和制度博弈等因素，社会所需要的制度缺失或失灵。制度无力对整个社会起到支配作用，而社会意识作为“内在制度”“非正式制度”，在关键时刻突显出了它的作用，即可以更好地弥补变迁过程中出现的“组织真空”和制度的失灵与缺失。社会变迁的过程中，也有更加依赖社会意识的趋势。

社会变迁之前就存在选择什么样的制度来代替原有制度的问题，也就是新制度的由来。这个问题最终的选择有两种情况：一种就是选择外来制度，即所谓制度外来，这时候做出的选择更多地受到外来制度的影响和外来势力的干扰，但是一个社会内部的传统社会意识也会受到这种选择的干扰，并且在这种意识和外来因素的共同影响下的社会心理会决定最终的制度的选择。中国近代的历史就证明了这一点，英、美等资本主义强国用强迫暴力手段打开中国的大门，

① 马克思，恩格斯. 共产党宣言［M］. 北京：人民出版社，2014：48.

极力将中国拉入资本主义世界体系当中，而中国人民却在极度困难的境遇当中促进了民族意识的觉醒，随之在十月革命的影响下选择了社会主义。第二种情况是制度内生，这种情况中的社会意识会起到更加突出的作用。一个社会历久形成的传统文化和伦理习惯，能够从根本上影响制度演化的结果。英国最后选择资产阶级君主立宪政体可以充分说明这一点。

任何一种制度或是体制的变迁，都需要一种思想上的指导，这里的思想即我们说的意识形态。如前面所说，一种思想或者说意识形态，对于制度建设的指导意义和规范作用不言而喻。制度很多时候会被看作主流意识形态与价值观念的制度化，诺斯认为“制度是一系列被制定出来的规则、秩序和行为道德、伦理规范，它旨在约束主体福利和效用最大化的个人行为”。从这个意义上进行理解的话，制度似乎只是把社会意识制度化。而意识形态也被称为“内在制度”，柯武刚、史漫飞认为“一个社会的制度框架必须以演化的内在制度为基础。有意识制定的、立法通过的规则，以及由政治过程决定的制度的整个架构，都必须以内在制度为基础”。很多制度的创立都是为了维护一定的社会意识而存在，在这个意义上，制度和社会意识是统一的，社会意识是制度的内在精神和生命之魂。

在制度变迁的过程中，更需要意识参与其中。在制度变迁的初始过程中首先就要解决一个问题：要令人信服地、认同地解释为什么新的制度安排要代替旧的制度安排。只有这样，才能使人们从根本上认同这些新制度，意识形态完全可以从合法性、合理性、合情性三方面为制度变迁和创新提供解释。另外，制度变迁是一种制度规则内化和社会化的复杂过程，一种新的制度演变成为人们自觉的行为规则，特别需要意识形态的作用。当一种制度确立并且想要完全发挥其作用，更好更快地促进社会进步，就要更多地考虑与社会意识结合的可能性。制度规范行为在一定程度上是通过意识形态的作用来实现的，诺斯认为，意识形态可以更加有效地控制人们“搭便车”的行为，而这恰恰是制度无法参与的，更别说达到同等效果。正如马克斯·韦伯所说，西方新教伦理的文化背景与资本主义制度结合，从而成就了西方资本主义的现代化；赫尔曼·康恩同样认为，20 世纪后半期东亚经济发生奇迹是因为儒家伦理与资本主义制度的有机结合。

三、正确处理意识形态与制度建设的关系

社会意识在社会变迁的转型期起着重要的整合作用。社会整合从本质上讲，一是关于社会结构要素方面的协调，二是社会意识方面的趋同性、统一性，社会意识的统一性是维系、整合社会的重要精神纽带。社会意识在制度选择、制度合理性、合法性及合情性的解释方面发挥了重要作用，而且社会意识尤其是特定的意识形态常常成为制度的指导思想。东西方的现代化历程无一不在说明，只有在社会意识与制度更好结合的情况下社会才能真正地快速高效地实现现代化。社会意识对社会具有强大的整合作用。社会变迁当然也对社会意识产生了重要影响，但是由于社会意识的主要动力层面的特殊性，比如社会下层意识的惰性影响，社会意识保持了它的独立性。结合当前建设社会主义和谐社会的现实，建立社会意识共同体以期完整地保护社会意识的惰性层面，以及强化社会主义核心价值体系来充分发挥社会意识的社会整合功能，是非常必要的。

制度对意识形态具有规定性。一般情况而言，一个政党由于指导思想和组成的不同，都有区别于其他政党的意识形态。政党的意识形态往往是政党关于自然界和社会的系统思想、见解和理论，特别是在政治、法律、艺术、宗教、哲学等方面的理论和见解。这些形成系统性思想的内容，在很大程度上决定了政党的纲领、目标、政策以及活动方式、活动方法，而这些都是政党制度的直接组成。一个政党的意识形态本质上就是来源于这个政党所产生的社会阶级，因此党的意识形态就是阶级意识形态的升华与凝结。而本质上政党的制度就是在意识形态的指导下构建起来的，制度从来不能脱离意识形态而单独存在，否则制度的执行力就没有现实基础。因为意识形态与制度的特殊性，制度反过来对意识形态也具有规定和约束作用。

意识形态不是一个固定的社会意识，产生相应意识形态的社会阶级在社会存在的不断发展中，社会意识的不断革新和变化，也推动着这个阶级的意识形态不断变化。社会发展的过程中，一个社会的阶级只是保持相对稳定，但是这个稳定是在一定实践基础上的，如果社会出于大变革时代，或者社会本身出于自我改革的历史阶段，那么阶级的稳定性就会在一定程度上被打破。由于阶级的稳定性是相对的，阶级成员的流动性就更大，那么这个阶级的阶级意识也会产生相应的变化，这是由社会存在决定的。基于变化的社会存在，社会意识也

会产生变化，而对于一个政党、一个政权而言，意识形态产生这样的变化，并且随着社会的不断发展而不具备稳定性，这样的波动是致命的。因此，这个阶级的意识形态必须在某种程度上具备稳定性，政党的制度就是这个稳定性的确定性因素。制度对于意识形态领域的斗争而言，是具有保障性作用的，稳定的指导思想、固定的制度形式和制定程序，使得政党的制度在一定程度上保证了这个政党的意识形态具备稳定性。

制度建设过程中，有一类特殊的制度形式，就是成文的正式制度。正式制度相较于其他制度而言，在具体发展过程中的约定性更足，比其他制度的稳定性更强。正式制度更多的是要科学、严谨、公正，需要极强的理性，是人们有意识建立起来并以正式方式加以确定的各种制度安排，通常是成文的（如法律、法规、政策、规章、契约等）并会有专门的权力机构来保证实施，而非正式制度情感、照顾、平衡等，感性的成分更重，通常会被变化中的社会关系所强化，如价值信念、伦理规范、风俗习惯、道德观念、意识形态等。

意识形态对制度的执行和稳定具有加强的作用。制度本身就是在意识形态的作用下产生的，意识形态对人的约束力不强，但是对人的思想与行为的影响却是在无形中形成的，因此意识形态对人行为的规范成本极低。但反过来，意识形态对制度同样具有强大的反作用力，从制度变迁角度看，制度必然随着生产力的发展而产生变化，与之相对应的就是这个阶级的意识形态也是随着生产力的发展而发展的，大多数情况证明，意识形态领域的发展变化与生产力之间的适应性更强，制度在多数情况下是有滞后性的，因此意识形态的发展必然会给制度的发展与适应提供思想指导，而这个意识形态的相对稳定性就是制度相对稳定性的基础。

一个阶级的意识形态对于这个阶级政党的制度执行力而言具有极强的推动作用。一个政党的制度若是能很好地反映这个阶级的诉求，就如这个阶级的意识形态一般，很容易被人接受，那么制度执行的基础就不仅是这个阶级的物质基础，还有这个阶级的思想基础。对于一个政党的制度建设而言，其本身就是在政党所代表的阶级意识形态的指导下完成的，如果这个政党的制度没有意识形态做支撑，那么这个制度的物质基础与思想基础也可想而知，根本就没有任何现实支撑作为基础，因此也就不具有继续执行的前提条件。

第二节 实现依法治国与制度治党、依规治党有机统一

中国特色社会主义的实践就是在马克思主义、马克思主义中国化的理论成果指导下开展的。制度治党是构建中国特色社会主义法治体系的重要组成，是建设中国特色社会主义法治国家的重要体现，制度治党与依法治国是相得益彰的良性互动过程。

一、探索依法治国与依规治党有机统一的现实路径

中国共产党作为唯一且长期执政的政党，改革开放以来，特别是党的十八大以来，矢志不渝地推动依法治国和依规治党，统筹推进全面依法治国和全面从严治党。习近平总书记关于“四个全面”战略布局的思想，科学分析了国家法律和党内法规、依法治国和依规治党的辩证关系，形成国家法律制度和党内法规制度相辅相成、相互促进、相互保障的格局。

（一）理清依法治国与依规治党有机统一的理论逻辑

探讨依法治国与依规治党两者之间的关系，就必须探讨国家法律与党内法规之间的关系，两者之间的辩证关系，直接决定了依法治国和依规治党的有机统一，党的领导是中国特色社会主义最本质的特征，因此，党内法规与国家法律的高度统一性就有了实践依据，也是必然要求，这是依法治国和依规治党有机统一的内在逻辑和前提条件。

第一，党内法规与国家法律在价值实现上具有一致性。法律是国家意志的体现，国家意志本质上是通过执政党凝结的人民意志的结晶。党内法规是规范党的领导和党的建设活动的专门规章制度。无论是由党的中央组织、中央纪律检查委员会以及党中央工作机关还是由省、自治区、直辖市党委制定的党内法规，都是党的意志的体现，而党的意志反映的恰恰是人民意志。党内法规与国家法律在本质上的一致性使它们的核心价值和功能也具有高度的一致性。国家法律和党内法规尽管发挥作用的场域和方式不同，但都是以人民为中心、坚持

人民主体地位，把维护人民的正当权利和发展人民的根本利益作为其核心价值和根本目的。

第二，依法治国与依规治党同属于中国特色社会主义现代化国家治理体系。党的十八届三中全会通过《中共中央关于全面深化改革若干重大问题的决定》，提出全面深化改革的总目标是“完善和发展中国特色社会主义制度，推进国家治理体系和治理能力现代化”，国家治理体系是党领导下管理国家的制度体系，包括经济、政治、文化、社会、生态文明和党的建设等各领域体制机制、法律法规安排。中国特色社会主义现代化国家治理体系是一整套制度体系，以党章为统领的党内法规体系和以宪法为统领的国家法律体系构成其基础性、主干性制度，为治理体系的构建提供了坚强保障。

第三，依法治国与依规治党统一于“五位一体”总布局和“四个全面”战略布局的伟大实践。宪法和党章都有一个鲜明特色，那就是宪法的序言、党章的总纲都规定党和国家的历史使命、奋斗目标和根本任务，集中表达党和国家的奋斗纲领。党的十八大以来，逐步形成了经济建设、政治建设、文化建设、社会建设、生态文明建设“五位一体”的总体布局，全面建成小康社会（全面建设社会主义现代化国家）、全面深化改革、全面依法治国、全面从严治党的“四个全面”战略布局。“五位一体”和“四个全面”是建设富强民主文明和谐美丽的社会主义现代化强国，实现“两个一百年”奋斗目标和中华民族伟大复兴的中国梦的总抓手。2017 年党的十九大修改的党章和 2018 年宪法修改时做出的规定，都对中国特色社会主义事业总体布局、战略布局和第二个百年奋斗目标的内容做了调整，反映了中国共产党对社会主义建设规律和社会主义现代化发展规律认识的深化，体现了党章和宪法的内在统一性。

（二）依法治国与依规治党有机统一的现实基础

中国共产党从成立以来，始终高度重视制度建设。新时期以来，以习近平同志为核心的党中央高度重视党内法规制度建设，将其作为全面从严治党和全面依法治国的重要内容，形成了依规治党和依法治国协同推进的法治新格局。

中国共产党的执政党地位与属性，为党内法规制度建设规定了方向。政治属性是政党的第一属性，是体现各个政党本质本色的内在规定。党内法规制度体系建设，必须始终坚持党性、人民性相统一的根本政治立场，始终沿着加强党的领导能力和执政能力、保持党的先进性和纯洁性的根本政治方向。在规范内容上，确保法规制度体系的先进性。党内法规制度的规范内容必须体现党的理想信念宗旨、贯彻党的路线方针政策，以严谨的规范形式呈现先进性主张和要求。只有将党对先进性的追求外化为党规制度的规范性要求、细化为党规制度的明确性规定才能确保新时代党在思想、行动上的统一性，始终走在时代前列，才能使党内法规制度神形兼备。在规范目的上，以提升党的执政能力为主要目标，加快党内法规制度建设的根本目的，是为加强党的领导提供思维引导和制度保障，真正实现全面领导与正确领导相统一，最终为巩固党的领导地位、实现长期执政寻找科学有效的实现方法。

制度治党的实践基础必然是提升法治化水平，而党内法规制度建设是基础。因此，注重用法治思维和法治方式，推进党内法规制度建设、构建形成比较完备的党内法规制度体系，就显得尤为重要。促进党内法规与国家法律相互衔接、融合，确保依规治党和依法治国同时发力、同向发力就必须打通几个基础。一是提升概念的可通用性，制定党内法规过程中，概念表述必须精准，概念的通用性可以体现在党内法规制定与国家法律之间的概念可以通用，将法律概念引入党内制度，政治概念写进法律，都需要进行充分的论证与解释。同时，提升党内法规制度建设的概念明确性、可通用性，加强党内法规制度的基础概念研究。二是提升制度体系的衔接性，党内法规制度和国家法律体系不是并行的两个体系，两者是在规范对象上有重叠、规范内容上有交叉、规范效力上有耦合的有机整体，党内法规制度的先进性和国家法律的普遍性要保持同向性、一致性，就必须建立有效的衔接机制，促进党规国法在实体程序上无缝对接。三是提升实施的可协同性，党内法规制度实施不能将制度执行看作是纪律检察机关或具体职能部门一家之事，应加快落实党政主要负责人履行法治建设第一责任要求，积极健全党内法规制度监督实施保障机制，注重借鉴吸收国家法律实施中的先进理念和有效做法，更好地发挥立规前置审核、党规备案审查、执规责任制等的整体合力，使党内法规制度的立规执规监督真正形成一个运行闭环。

（三）充分实现党内法规和国家法律的互补

党内法规与国家法律具备高度统一性，但也必须明确两者是不同的规范实体。党的十八届四中全会通过的《中共中央关于全面推进依法治国若干重大问题的决定》中指出：党内法规既是管党治党的重要依据，也是建设社会主义法治国家的有力保障。这充分说明党内法规与国家法律之间的辩证关系。

国家法律和党内法规必须做到无缝对接，既不能脱节断档，也不能交叉重复，更不能错位越位。制定党内法规时，如果涉及国家机关的法定职权职责或者追究党组织和党员涉嫌违法的法律责任等问题时，党内法规的规定就只是点到为止，不做出具体规定。在制定国家法律时，也不宜对党的活动做出具体规定，这样就可以保证两者之间有效互补。同时，党内法规与国家法律在针对同一事项做出规定时，即要保证各有侧重，但党内法规的要求不能与国家法律的要求相左，以免造成规范冲突、令人无所适从。一方面是定期开展党内法规清理工作，另一方面是加强法律解释、修改、废止。

依规治党是依法治国的必然要求和重要前提，党内法规对党组织和党员活动的规范，就是为了保证党的领导权和执政权正确行使，中国共产党的领导是中国特色社会主义法治的本质特征和根本保证，只有坚持依规治党、制度治党、从严治党，切实解决党自身存在的突出问题，才能使中国共产党始终成为中国特色社会主义事业的坚强领导核心，才能为全面依法治国确立正确的方向和道路，发挥好党领导立法、保证执法、支持司法、带头守法的政治优势。只有坚持依规治党，使各级党组织和全体党员牢固树立规则意识、程序意识、法治意识，弘扬党章精神和宪法精神，才能对科学立法、严格执法、公正司法、全民守法实行科学有效的领导，在全面依法治国中起到引领和保障作用。

二、培养制度意识，加强制度教育——推进党性教育制度化

培养党员的制度意识、法治意识和规矩意识是实现依法治国与制度治党、依规治党有机统一的思想基础。党性教育制度化是实现党性教育科学化，将制度教育有效性发挥的重要之处。在推进党性教育制度化的过程中，加强制度教育同样是必须选择的道路，建立科学有效的运行机制，推动党性教育的发展成为必然条件。

（一）推进党性教育的必要性

党性教育制度化既是当前党性教育的表现，也是党性教育不断发展的趋势。党性教育作为提高党员思想觉悟的重要手段，在信息大爆炸的时代背景下，不

可能一劳永逸地通过一次党性教育活动，就使党员的党性得到锤炼，党性修养得以提高，这需要经过长期的教育与实践才能达到。党性教育活动的经常化、制度化，自我教育的平时化，党性实践的生活化等特点，将成为共产党人党性锻炼的基本体现，党性教育制度化的目标就是使党性锻炼成为党员的自觉行为，而外在的制度约束仅仅是党性学习的基本要求。

党性教育制度化实现了思想建党与制度治党的有机结合，是全面从严治党的内在要求。全面从严治党是中国特色社会主义进入新时代后，中国共产党面对国内外一系列深刻的变化，做出的重要应对措施。十八大以来，中国特色社会主义进入了新时代，在全新的历史方位，中国共产党面对复杂变化的国内外形势，机遇与挑战并存，党性教育制度化建设虽然取得了一定的成就，但也面临着重大挑战。中国共产党党性教育实践与党的制度建设实践是紧密联系在一起的，尽管党性教育制度化的趋势在改革开放以来逐渐明显，但是，党性教育制度化的实践从党成立就以开始，从党性教育制度化的实践中，总结历史经验，对新时代党性教育面临的新挑战有重要意义。

党性教育制度化必须以科学的党建理论作为指导。中国共产党始终坚持马克思主义、列宁主义、毛泽东思想、邓小平理论、“三个代表”重要思想、科学发展观和习近平新时代中国特色社会主义思想为指导，党性教育制度化体系的构建，始终是在继承前人的理论成果基础上加以创新，始终坚持以科学的理论指导党性教育制度化实践。一方面是将科学的理论、制度体系作为党性教育开展的重要支撑与保障，另一方面是党性教育将科学的理论、制度作为党性教育的重要内容，党性教育制度化使党性教育实践与党的科学理论、制度建设实践紧密地结合在一起，两者相互影响，相互促进，为党性教育制度化的不断发展提供了不竭的动力。

（二）构建党性教育的运行机制

党性教育的有效开展需要有动力机制、平衡机制、监督机制和反馈机制的支撑，只有建立了良好的运行机制，党性教育制度化体系才能构建，推动党性教育有效实施。

1. 动力机制

推进党性教育制度化，动力机制是前提。加强党的自身建设是党性教育的根本动力。保持共产党员的先进性和纯洁性是坚持党的性质和宗旨，体现共产党政治本色的重要保证。先进性和纯洁性的根本建设在于思想领域，共产党人的理想信念、坚定意志是党战胜困难、争取胜利的强大精神支柱，这是其他性质政党所不具有的独特优势和战略资源。党的十八大以来，以习近平同志为核心的党中央，以前所未有的力度推进从严治党，要求党员树立远大的共产主义理想。

增强民主集中制是党性教育的组织动力。民主集中制是无产阶级革命导师和马克思主义经典作家公认的无产阶级政党建设应坚持的根本领导原则和组织制度。民主集中制是无产阶级政党先进性的制度体现，党性教育的过程就是为了不断增强党内民主集中制的实施。全面从严治党要求思想建党与制度治党有机结合，其基本落脚点在于不断加强和提高党员的党性修养，使党员自觉地维护党的利益、自觉地同非无产阶级行为做斗争、自觉地服务组织和服务群众。在党性修养的培育中，自觉树立并形成党组织的政治向心力和凝聚力。列宁在建党问题上，明确指出党是有组织的部队，党员必须服从党的纪律，只有这样党才能成为有战斗力的、集中统一的、有组织有纪律的无产阶级先锋队。

2. 监督机制

推进党性教育制度化，监督机制是高效运行的基础。党性教育活动必须建立相应的监督机制，对党性教育主体、客体、内容、过程等进行监督，保证党性教育的政治方向和教育实效。

党性教育的监督体系，在空间上是从内向外的监督，时间上是党性教育全过程的监督。在空间上，党内的监督包括党性教育主体、客体之间的监督，党组织内部党性学习的监督，上级对下级党性学习的监督，专门的纪律检查机关的监督等；党外的监督包括其他党派对党组织学习教育的监督，人民群众对党组织学习教育的监督等。在时间上，对党性教育全过程的监督，包括对党性教育主体、教育内容、教育环境、教育客体学习情况的监督等。

党性教育的自我教育活动，虽然也可以接受外在监督，但是自我教育的主要监督力量却来自自己，这需要党员有超强的自律意识。党性教育的目标是思想建党，自我学习教育也是党性教育的重要形式，但自我学习教育的不确定性和不可控性更强，这决定了自我学习与教育不可能成为党性教育的主渠道，但这不能成为影响党员自我学习教育的阻碍，以理想、信念和党性这些不变的追求，应对生活、工作中变化着的环境和行为。

3. 反馈机制

推进党性教育制度化，反馈机制是党性教育发展的重要支撑。党性教育效能必须进行有效的反馈，才能真正推动党性教育的实效性。党性教育反馈机制的构建应当建立即时反馈、短期反馈和长期反馈三种形态。

即时反馈，是指党性教育实施过程中，教育主体可以通过客体的表现做出一系列判断，教育主体及时掌握了教育客体的学习动态与效果，对于教育进度的控制、教育时机的把握等都是以即时反馈为依据的。即时反馈对于改进党性教育过程而言，重点在于根据教育客体实际情况进行教育活动，当然即时反馈的不可控性更多，对反馈判断的准确性，会严重影响党性教育的质量。

短期反馈是在教育活动结束后，收集教育主体与客体短时间内对于教育结果的评价得来的。短期反馈使得教育主体与客体有更多的时间反思教育过程，对教育活动做出相对客观的评价，也可以根据反馈结果，及时对党性教育活动加以调整。

长期反馈是在党性教育活动结束后，经过很长一段时间的跟踪调查或回访，了解教育客体是否将党性知识内化于心、外化于行。相较于即时反馈与短期反馈，长期反馈的结果更为客观、真实，但也存在反馈时间过长、成本过高，对党性教育改进不及时等问题。党性教育反馈机制的构建，应当以短期反馈为主，提高教育主体获得即时反馈的能力，对于重大的教育活动、教育项目可以利用长期反馈，提高党性教育的实效性。

（三）党性教育的有效实施需要构建完善的保障体系

推进党性教育制度化，构建党性教育有效运行的保障体系。实现党性教育理想模式，不仅需要党性教育自身的制度实施体系构建，还需要配以必要的保障体系。在制度层面、物质层面、人力层面等对党性教育运行提供必要的保障，党性教育保障体系本质上是党性教育制度化的表现。

1. 党性教育法规制度体系

构建完善的党性教育法规制度体系。党性教育的有效开展，必须构建完善的党性教育法规制度体系，党性教育法规制度体系是指直接规定党性教育的行为模式及相互关系的准则，包括法律、章程、准则、条例等多种形式。党性教育法规制度体系的构建，主要有两种不同的规范，一种是依靠党性教育目标设立的规范，目标只是一种高度抽象概括的社会理想和要求，再具体的目标，其本身还是不可操作的，对人们的行为不具有直接的规范作用，设立目标在于增强党性教育的动力；另一种是依靠党性教育过程设立的规范，相较于目标规范，教育过程主要是人的行动，教育活动的规范更为直接。

党性教育规则主要分为两个层面，第一层面是关于教育内容的规则，它主要为针对不同的教育对象所制定的行为规范。如在对学生的党性教育中，所制定的学生守则、学生日常行为规范、学习制度等；在对企业员工的党性教育中，所制定的员工守则、员工纪律条例等；在对军人的党性教育中，所制定的相关纪律规章等。第二层面是关于教育工作本身的规则，它主要应为规范党性教育工作的规章制度，是针对不同领域的党性教育工作对教育者所制定的行为规范和提出的行为要求及工作程序。如党性教育工作的监督制度、评估制度、教育工作者的资格评定制度等，又如，高校政治工作条例、军队政工条例、企业党性教育工作条例等。这些具体的规则制度从不同方面，分别对教育双方提出了具体的行为规范要求，是构建党性教育规则系统的两大基本组成部分。

2. 党性教育组织保障体系

搭建严密的党性教育组织保障体系。建立一支党性教育工作者队伍，并明确规定这支队伍的职责、权力，用制度保障这支队伍的正当权益，以确保他们在工作开展中的权威性和积极性。构建完善的党性教育工作组织系统，建立由党委或党组领导，各部门相关领导、专家、专职党性教育工作者与兼职教育工作者所构成的党性教育工作者队伍，用明确的制度将党性教育工作的任务与党的其他各项任务紧密联系起来，在严防“两张皮”现象的前提下，责任到人，才能真正将党性教育工作落实到位。

规章制度制定得再好，没有明确的执行者去贯彻落实，也只能变成一纸空文，党性教育的目标也就只能成为美好的理想。因此，党性教育的组织系统在党性教育过程中的主体地位不容小觑，它直接关系到党性教育工作的开展，以及对党性教育工作、党性教育制度和党性教育组织者本身的监督、评估及奖惩的实施。明确的党性教育主管部门在制度的规约和保障下，才更易于负起责任，具有相应的权力权威，将教育制度落到实处，将党性教育落到实处。

党性教育组织管理是为实现教育目标，通过组织、协调、纠偏等一系列管理行为，确保党性教育工作顺利开展，党性教育制度化是一项系统工程。党性教育活动的实施者，是党内有组织、有纪律的教育主体，党性教育必须在党的领导下组织开展。由于不同的党组织、党性教育培训机构，在领导体制、工作任务和组织规模上的不同，党性教育的实施结构也会有差异，但总体上是有党性教育的领导者、组织者和管理者三部分构成。

3. 党性教育机构网络体系

构建科学的党性教育机构网络体系。随着党性教育的不断发展，对于党性教育资源的开发与利用也在不断增强，除了统一的党校、行政学院和社会主义学院等教育机构外，还建立了一批干部学院、党性教育基地等新型党性教育培训机构。如河南省的焦裕禄干部学院、大别山干部学院、新乡先进群体教育基地、愚公移山精神教育基地等“三学院三机构”；河北省的太行山干部学院、西柏坡红色教育基地、清苑区爱国主义教育基地等一批利用当地革命资源、红色文化资源建立的教育培训机构；云南省的杨善洲干部学院等；山东省的临沂群众路线教育基地、胶东党性教育基地等；吉林省的“重走抗联路”党性教育品牌活动的开发等。全国范围内，建设了一批党性教育培训机构，有效利用各地党性教育资源，推动党性教育发展。

党性教育机构功能的有效发挥，需要在以下几个层面加以构建。第一是在党性教育机构的组织管理层面，党性教育机构的党委班子与管理层必须合理，从组成人员的专业、年龄和能力等多方面加以考察，保证党性教育机构有强有力的领导中心；第二是党性教育工作者层面，党性教育机构所有人员都会成为党性教育工作者，直接教育者和间接教育者应在显性和隐性教育两个维度做好党性教育工作；第三是党性教育机构的规章制度必须健全，以加强党性教育执行力，严格规范每一个培训项目、每一堂课，对教育内容、方式和管理等方面都要有严格的标准，保证党性教育活动的质量与实效。此外，党性教育机构还应加强基础设施建设，对开展党性教育的基本活动场所、教学场地、教学设施等教辅设施以及住宿、餐饮等生活设施进行合理建设，为党性教育提供必要的物质保障。

第三节 加强党内政治文化建设

严肃党内政治生活是全面从严治党的基础。党的十八届六中全会指出："党要管党必须从党内政治生活管起，从严治党必须从党内政治生活严起。"六中全会审议通过的《关于新形势下党内政治生活的若干准则》深刻阐述了新形势下严肃党内政治生活的重大深刻意义，全面阐明了严肃党内政治生活的基本要求，是对我们党管党治党规律的科学总结和理论升华，为全面从严治党提供了重要遵循规律和制度保障。

一、制度治党是规范党内政治生活的基础

严肃党内政治生活是马克思主义政党的本质要求，是我们党区别于其他政党的鲜明标志，是我们党的优良传统和政治优势也是党的历史经验的科学总结。我们党历来重视党内政治生活，在革命、建设、改革的长期实践中，敢于直面问题、纠正错误，具有强大的自我净化、自我完善、自我革新、自我提高能力，逐步形成了一整套行之有效的做法——经常性地开展严肃认真的党内政治生活。在中国共产党的历史上，党内政治生活反常的时期，往往也是政治路线出现错误的时期。历史证明，什么时候党内政治生活足够严肃认真、纪律严明，党和人民的事业就兴旺发达；什么时候党内政治生活不正常、腐败糟糕，党和人民的事业就会遭受重大挫折。

习近平总书记在中共中央政治局第三十二次集体学习上的讲话谈道：

我们党从成立之日起，就高度重视党内政治生活，在长期实践中逐步形成了以实事求是、理论联系实际、密切联系群众、批评与自我批评、民主集中制、严明党的纪律等为主要内容的党内政治生活基本规范。①

① 习近平. 在中共中央政治局第三十三次集体学习上的讲话［EB/OL］. 新华网，2016-06-29.

制度治党是党内各种有效措施形成制度，建设党内政治生态形成的长效发展机制。制度衔接是要解决制度供给到制度执行各个环节的问题，促进制度落到实处，并且可以得到真正执行。制度执行才是制度的真正落脚点，党内制度并不是没有对党内各种问题做出相关的规定，各种有效的措施正是以制度化的方式对党内问题提供了解决的办法，问题在于制度的执行出现了问题，制度衔接要解决的，就是制度执行中不利于党的领导和党内建设的问题，制度衔接就是要通过理论衔接、体系衔接和执行衔接等各方面把制度存在的各种不利于执行的因素有效地解决，这样制度就能更好地发挥约束党员和党组织的作用。

党的十八大以来，在全面从严治党的理论与实践中，突显出两个关键性概念，一是制度治党，二是党内政治生态。强化和深化制度治党，是全面从严治党的最突出环节；净化和优化党内政治生态，是全面从严治党的最突出任务。十八届六中全会正式通过的《关于新形势下党内政治生活的若干准则》《中国共产党党内监督条例》把深化制度治党、促进党内政治生态根本好转推向了一个新的高度。在十八届六中全会上的重要讲话中，习近平总书记明确指出："党中央决定同时制定准则、修订条例，这是着眼于推进全面从严治党、坚持思想建党和制度治党相结合的一个重要安排。"同时他重申："做好各方面工作，必须有一个良好的政治生态。政治生态污浊，从政环境就恶劣；政治生态清明，从政环境就优良。政治生态和自然生态一样，稍不注意，就很容易受到污染，一旦出现问题，再想恢复就要付出很大代价。"十八大以来全面从严治党的理论与实践都充分证明，制度问题带有根本性、全局性、决定性和长期性，强化和深化制度治党，是净化和优化党内政治生态的治本之策，是"着力解决管党治党失之于宽、失之于松、失之于软的问题"的根本措施。

二、制度治党是形成良好党内政治生态的保障

习近平总书记在十八届中央纪委六次全会上的重要讲话中尤其从净化优化党内政治生态的高度进一步指明强化深化制度治党的迫切性和重要性。他坚定地指出："要抓住建章立制，立'明规矩'、破'潜规则'，围绕发生的腐败案例，查找漏洞，吸取教训，着重完善党内政治生活等各方面制度，压缩消极腐败现象生存空间和滋生土壤，通过体制机制改革和制度创新促进政治生态不断

完善。”制度问题带有根本性、全局性、决定性和长期性的性质，强化和深化制度治党，是净化和优化党内政治生态的治本之策，是着力解决管党治党宽松软问题的根本措施。坚持制度治党，是党的建设历史经验的深刻启迪；优化党内政治生态，是全面从严治党的核心任务；深化制度治党，需要重点把握好一系列辩证关系；积极稳妥推进政治体制改革，是深化制度治党、优化党内政治生态的内在逻辑。制度建设是全面从严治党的保证。制度建设是全面从严治党的根本性建设，十八大以来，党中央高度重视扎牢制度笼子，创新体制机制。总结了全面从严治党的丰富实践，为党内法规制度创新奠定了坚实基础，党内法规制度体系更加健全，在这方面获得了良好的效果。

制度治党的关键就是通过构建制度确保党内政治生态的价值指向。作为无产阶级政党，中国共产党有着强烈阶级属性的价值观及意识形态，这是党的核心价值的体现，也是构成党内政治生态价值系统的主体内容。党的十九届四中全会首次提出“不忘初心、牢记使命”的制度，是重大的制度创新。只有建立和完善这个制度，作为永恒课题抓好抓实，形成长效机制，才能保证始终坚持为人民谋幸福，政治行为和政治活动才不会偏离价值指向。同时，要完善体现党的性质和宗旨的制度规范，锤炼忠诚干净担当的政治品格，树立宗旨意识，保持和人民的血肉联系。最后，确保遵守党章和执行基本路线。党章和党的路线方针政策，都是全党全国人民统一思想和行动的依据，要强化严格遵守党章的制度规范，全面执行落实好党的基本路线，实现社会主义现代化强国建设。

党内政治生态动力系统是政治生态的活力要素，发挥着主观能动作用，是保持生态健康、推动生态前进的能量来源。包括党员干部和各级党组织在内的各政治主体是党内政治生态中最具有活力的因子，他们表现出来的阶级性、先进性和斗争性的综合体就是党内政治生态的动力系统。具体来说，包含着党的领导、党内权力运行、民主与集中互动、干部流动与晋升、政治本领与革新精神等。而动力系统中的这些活跃因子必须在制度的规范和约束下实施政治行为，加强自身约束，提振内驱力；提升能力水平，增强推动力，由内而外形成合力推进党内政治生态。

党的十九届四中全会提出了要进一步完善全面从严治党制度，为实现制度管人管权管事提供了保障。通过制度把人把权把事管紧管正，弘扬党内先进文化，发扬自我革命精神，保持先进性和纯洁性，激发内生动力，那么党内关系、党内风气、权力运行都会相应顺畅无阻。因此，用制度进行全面从严治党，使其迸发出源源不断的能量，这是党内政治生态发展的根本动力。培育先进的政治文化，浚其“泉源”。党内政治文化浸润滋养着政治生态，积极的党内政治文化是其内驱力的泉源，只有疏浚泉源，才有不竭动力。要继承发扬政治文化的根、源和魂，深刻学习和理解马克思主义理论，打牢根基，不断传承和发扬中华优秀传统文化，以革命文化的要求来规范自己的行为，提升自己。丰富政治生活内容，创新方式方法，在严肃政治生活中培育先进政治文化。完善解决自身问题的长效机制，固其“根本”。自身既强又硬是内驱力的根本。中国共产党善于自我革命，锤炼自己，解决自身存在的问题，以此保持强大生机活力。要构建长效机制，检视问题、整改落实，要着力克服影响长远的重大问题，也要解决当前受其困扰的突出问题，更要杜绝可能影响党执政的根本问题，实现净化自我、完善自我。健全党管干部、选贤任能制度。党员干部是党内政治生态的主体，也是动力系统的主体。

健全提高党的执政能力和领导水平制度，增强党内政治生态的推动力。习近平总书记指出：“我们党既要政治过硬，也要本领高强。”本领高强的关键因子是领导干部，而党内政治生态的关键因子同样如此，二者耦合于“关键少数”这个因子中。领导干部本领高强，自然而然有利于推动政治生态风清气正。因此，党的十九届四中全会提出，要健全提高党的执政能力和领导水平制度，坚持民主集中制、完善激励机制、增强执政本领，从制度层面助力领导干部提升本领，即是增强党内政治生态的推动力。

三、系统性的制度建设是丰富党内政治文化内涵的必然要求

制度作为某种意义上的强制力量，通过意识形态等方面的渗透会对人们的心理所想产生潜移默化的影响作用，能够更加深入地激励人们的民族认同感和自豪感，激发人们的创造欲望和动力，更有利于挖掘人们的潜能，加深人们对党内政治文化内涵的理解。

（一）党内制度建设注重顶层设计，规定了党内政治文化建设方向

党内制度建设注重顶层设计，是新时代党内制度实践的重要启示。关于顶

层设计，学界存在两种观点，第一种是针对改革设计的主体，居于整个领域的最上层，故称之为顶层设计；第二种是针对改革的思维与方法，即系统设计，这里的顶层不是级别，不是最高层才叫作顶层，而是指全方位的系统化的设计。顶层设计是一个系统概念，研究的是系统当中各个要素之间的关系。从第一个角度讲，中央自然是全国的顶层，一个省、一个市、一个部门，也是一个系统，也可以做系统设计，但是中央作为全国的顶层，站位最高，其顶层设计所涉猎范围更加广泛，设计的权威性更强，影响更大，因此，更应注重科学性与规范性。进一步加强党的制度建设的系统性要加强顶层设计，要统筹推进依法治国与制度治党、依规治党，要加强党内政治文化建设。

关于顶层设计第二种观点，在党的诸多实践中都有体现。“四个全面”战略布局是党中央对实现全面建成小康社会做出的顶层设计，全面深化改革与全面依法治国是实现全面建成小康社会战略目标的重要手段，全面从严治党是推进“四个全面”战略布局的根本保证。在此基础上，党的建设制度改革统一于全面深化改革的顶层设计下，完善党内法规体系统一于全面依法治国要求的五大法治体系建设的顶层设计下，制度建设统一于党的建设和全面从严治党的顶层设计下。

党的建设制度改革顶层设计的主体是党中央，全面深化改革设计党和国家建设的方方面面，是一个系统的改革过程。党的建设制度改革是全面深化改革这个大系统中的小系统，党的建设制度改革是为其他几方面的改革提供政治保障的。一方面全面深化改革是由中国共产党领导的。为了更好地发挥党的领导作用，就必须加强党的自身建设，以此来提高党的执政能力与执政水平，涉及党的建设制度也就必须进行改革，才能适应时代的发展和全面深化改革的需要。另一方面，党的建设制度改革牵涉到全面深化改革的各个领域，不仅仅是党的自身建设这一领域的单独问题，因此要协调党的建设改革与其他各领域之间的关系与步调问题，就必须加强全面深化改革的顶层设计。党的建设制度改革是党作为全面深化改革的领导者与推行者的自我完善、自我改进与自我革命，是对改革规律的深刻认识与把握。

党中央对党内法规制度体系建设、依规治党做出全面部署，站在统筹全局的高度，对党的制度建设进行系统规划，《中央党内法规制定工作五年规划纲要（2013—2017）》从顶层设计的视角对党内制度建设进行系统部署，将党内法规制度分成党的领导和党的工作、思想建设、组织建设、作风建设、反腐倡廉建设和民主集中制建设六大板块，基本涵盖党的建设和党的工作的主要领域，基本形成管党治党的党内法规制度体系框架。在这样的顶层设计下，不仅将党内制度建设的主要方面囊括其中，还明确了法规制度制定的指导思想、工作目标、制定原则与基本要求，为制度制定主体提供了遵循依据。

（二）党内制度体系的不断完善，丰富了党内政治文化的内容

党内法规制度体系建设的根本归属就是党内政治文化。客观认识党内法规制度体系建设与党内政治文化之间的辩证关系，一是党内法规制度体系本身形成的制度文化就是党内政治文化建设的有机组成部分，党内法规制度的完善必然使得党内政治文化更加丰富；二是党内政治文化的不断发展，为党内法规制度体系建设与实施提供了文化土壤，使得制度文化的发展有迹可循；三是党内法规制度对党内政治文化建设的规定性作用，党内政治生活是有边界的，这个边界需要靠制度来规定，因此制度治党的深入推进，必然会使党内政治文化更加多彩。

党内法规制度对党内政治文化建设的规定性。党章作为根本性的党内法规制度，是党内政治文化建设的根本遵循。党章规定了中国共产党的文化属性，尤其是对党内政治文化的规定，更为细致全面。中国共产党的历部党章，均注重思想文化方面的建设，并根据革命和建设的需要加以增益。党章作为全党的根本遵循，对党内政治文化建设也有根本性的约束作用。党的指导思想是党内政治文化的灵魂，党内政治生活的开展与政治文化的建设，都是以党章为根本依据的。另外，中国共产党的发展历史，也在党章中有着深刻的体现，一部党章的制定史，就是中国共产党党史的生动写照。以党章为根本遵循的党内法规制度体系是党内政治文化建设的有力支撑。

党内法规制度对党内政治文化的丰富与发展。一是通过党内法规制度体系建设推动党内政治文化发展，一方面对于优秀的党内政治文化，要通过党内法规制度体系上升为集体意志，明确为党员的行为规范，并通过党内强制力保证实施；另一方面是对党内政治生活中的一些不良文化，通过党内法规制度体系予以明确，补齐认知短板，坚决予以剔除，弘扬“明规矩”、抵制“潜规则”，保证党内政治文化的严肃性和纯洁性。二是通过党内法规制度规范党内政治文

化，一方面党内法规制度体系本身就是一种党内政治文化，具有一种明确的制度性昭示；另一方面党内法规制度明确的标准为全体党员、党组织提供了活动规范，使其有法可依、有据可循。

参考文献

中文文献

[1] 马克思，恩格斯. 马克思恩格斯全集 [M]. 北京：人民出版社，1961.

[2] 马克思，恩格斯. 马克思恩格斯选集 [M]. 北京：人民出版社，2012.

[3] 列宁. 列宁选集 [M]. 北京：人民出版社，2012.

[4] 斯大林. 斯大林选集 [M]. 北京：人民出版社，1995.

[5] 毛泽东. 毛泽东选集 [M]. 北京：人民出版社，1995.

[6] 邓小平. 邓小平文选 [M]. 北京：人民出版社，1995.

[7] 江泽民. 江泽民文选 [M]. 北京：人民出版社，1995.

[8] 习近平. 习近平谈治国理政 [M]. 北京：外文出版社，2014.

[9] 习近平. 习近平谈治国理政：第二卷 [M]. 北京：外文出版社，2019.

[10] 习近平. 决胜全面建成小康社会 夺取新时代中国特色社会主义伟大胜利——在中国共产党第十九次全国代表大会上的报告 [M]. 北京：人民出版社，2017.

[11] 本书编写组. 中国共产党简史 [M]. 北京：人民出版社，中央党史出版社，2021.

[12] 习近平. 在党的群众路线教育实践活动总结大会上的讲话 [M]. 北京：人民出版社，2014.

[13] 中共中央宣传部. 习近平总书记系列重要讲话读本 [M]. 北京：人民出版社，2016.

[14] 中共中央文献研究室. 习近平关于全面从严治党论述摘编 [M]. 北

京：中央文献出版社，2016.

［15］中共中央文献研究室. 中共十三届四中全会以来历次全国代表大会中央全会重要文献选编［M］. 北京：中央文献出版社，2002.

［16］中央编译局，等. 马克思主义经典著作选读［M］. 北京：人民出版社，1999.

［17］中央纪委，等. 习近平关于严明党的纪律和规矩论述摘编［M］. 北京：中央文献出版社，2016.

［18］中共中央文献研究室. 十八大以来重要文献选编：上册［M］. 北京：中央文献出版社，2014.

［19］本书编写组. 从严治党学习读本［M］. 北京：新华出版社，2014.

［20］中共中央文献研究室. 十八大以来重要文献选编：下册［M］. 北京：中央文献出版社，2014.

［21］王炎. 党内思想政治教育制度建设的历史进程与经验研究［M］. 北京：中央编译出版社，2016.

［22］王树荫. 中国共产党思想政治教育史［M］. 北京：中国人民大学出版社，2011.

［23］成振珂，闫岑. 社会学十二讲［M］. 北京：新世界出版社，2017.

［24］道格拉斯·C. 诺斯. 经济史中的结构和变迁［M］. 陈郁，罗华平，等译. 上海：上海人民出版社，1994.

［25］康芒斯. 制度经济学：上册［M］. 于树生，译. 北京：商务印书馆，1983.

［26］哈耶克. 致命的自负［M］. 冯克利，等译. 北京：中国社会科学出版社，2000.

［27］诺斯. 制度、制度变迁与经济绩效［M］. 刘守英，译. 上海：上海三联书店，1994.

［28］龚少情. 对马克思主义经典作家党性概念的再认识［J］. 社会主义研究，2016（04）：28-35.

［29］季冬晓，司春燕. 新时代加强党的制度建设的新要求［J］. 中国党政

干部论坛，2018（05）：44-47.

［30］丁仲礼. 坚持新型政党制度建设高素质参政党［J］. 人民论坛，2018（12）：6-7.

［31］坚持依法治国与制度治党、依规治党统筹推进、一体建设［J］. 紫光阁，2017（1）：7.

［32］王立峰，吕永祥. 制度治党：推进全面从严治党的有效路径［J］. 治理研究，2018，34（02）：21-29.

［33］吕永祥. 关于推进制度治党的几点思考［J］. 理论导刊，2018（03）：20-25.

［34］刘帅，赵佳佳. 中国共产党制度治党的生成逻辑与推进思路［J］. 东南学术，2018（02）：14-21.

［35］赵付科，李玲蔚. 党的十八大以来党内法规制度建设研究述评［J］. 思想理论教育导刊，2018（02）：156-159.

［36］陈晓晨. 责任意识：制度治党与思想建党结合的纽带［J］. 中学政治教学参考，2018（03）：24-25.

［37］赵图雅. 思想建党与制度治党：全面从严治党的双重维度［J］. 人民论坛，2018（02）：108-109.

［38］吴凯，罗燕. 坚持思想建党和制度治党同向发力［J］. 人民论坛，2018（02）：110-111.

［39］姚志军. 西柏坡时期中国共产党管党治党的历史经验［J］. 中国高校社会科学，2018（01）：97-104，158.

［40］方涛. 坚持思想建党和制度治党紧密结合——学习习近平同志关于从严治党的重要论述［J］. 中共福建省委党校学报，2015（01）：56-59.

［41］李锡炎. 新时代依规治党的战略定位和制度优势［J］. 党政研究，2018（01）：22-26.

［42］李亚超. 新时期推进制度治党科学化的路径选择［J］. 世纪桥，2017（11）：27-28.

［43］徐文文. 思想建党与制度治党相结合的党建新思想［J］. 濮阳职业技

术学院学报，2017，30（06）：33-36.

［44］陈雪莲.加强制度建设，提高党的执政能力和领导水平［J］.经济社会体制比较，2017（06）：10-12.

［45］王永贵.推进全面从严治党伟大工程的新方略——习近平关于思想建党和制度治党紧密结合的新思想［J］.陕西师范大学学报（哲学社会科学版），2017，46（06）：28-34.

［46］蔡文华.思想建党与制度治党相结合的逻辑与路径［J］.广西社会科学，2017（10）：34-38.

［47］许耀桐.党内法规制度建设与全面从严治党［J］.人民论坛，2017（29）：20-21.

［48］张立伟.党内政治文化的制度之维［J］.理论视野，2017（09）：61-63.

［49］周悦丽.制度治党的法理与逻辑［J］.新视野，2017（05）：88-94.

［50］李德虎，曾艳.全面从严治党的制度逻辑［J］.长白学刊，2017（05）：10-16.

［51］陈松友，李雪.制度治党：推进政党治理现代化的路径选择［J］.贵州社会科学，2017（09）：5-11.

［52］赵曼，张新.改革开放前邓小平党的制度建设思想的历史考察及其当代启示［J］.学术探索，2017（08）：114-119.

［53］陈松友，李雪.新时代制度治党思想的科学内涵与实践要求［J］.河南社会科学，2017，25（06）：53-57.

［54］杨竞业.论“制度治党”与“治党制度”的思想逻辑［J］.理论与改革，2017（04）：89-96.

［55］宫玉涛.全面从严治党重在制度治党——学习习近平关于党的制度建设的思想［J］.中国特色社会主义研究，2017（03）：99-103.

［56］习近平.习近平在十八届中央纪委五次全会上发表重要讲话强调 坚持思想建党和制度治党，严明政治纪律和政治规矩、加强纪律建设［J］.党建，2015（02）：4-5，9.

[57] 毛军吉，刘意. 提高全面从严治党制度执行效力研究 [J]. 中共天津市委党校学报，2017，19 (03)：3-9.

[58] 包心鉴. 在深化制度治党中完善党内法规制度 [J]. 理论与改革，2017 (03)：9-17.

[59] 石仲泉. 锻造坚强领导核心之路——学习习近平关于思想建党和制度治党相结合的思想 [J]. 中共党史研究，2016 (07)：80-86.

[60] 仲伟通. 中国共产党制度治党的路径选择 [J]. 中州学刊，2017 (04)：12-16.

[61] 郑益，师吉金. 党的制度建设与国家治理现代化 [J]. 人民论坛，2017 (11)：48-49.

[62] 刘新跃. 制度治党重在执行 [J]. 红旗文稿，2017 (06)：37-38.

[63] 王淑荣，赵佳寅. 全面从严治党下提升党内制度建设有效性的思考 [J]. 理论探讨，2017 (02)：124-127.

[64] 吴光明. 马克思恩格斯对党的制度建设的探索 [J]. 人民论坛，2017 (06)：118-119.

[65] 杨志超. 新形势下推进制度治党科学化的理论思考 [J]. 理论与改革，2017 (01)：89-93.

[66] 王楠. 思想建党与制度治党如何互促互进 [J]. 人民论坛，2017 (01)：108-109.

[67] 王峥. 党的制度建设永远在路上 [J]. 人民论坛，2016 (35)：40-41.

[68] 曾毅. 思想建党与制度治党同向发力净化党内政治生态 [J]. 中国党政干部论坛，2016 (11)：30-33.

[69] 任晓伟. 延安时期思想建党和制度治党紧密结合的历史经验 [J]. 中国特色社会主义研究，2016 (05)：95-99.

[70] 金成波，张源. 依规治党与党内法规制度建设 [J]. 长白学刊，2016 (03)：76-81.

[71] 张荣臣. 中国共产党制度建设的历程、经验和启示 [J]. 理论学刊，2015 (01)：28-38.

［72］储新宇. 推进党的制度建设科学化［J］. 中国特色社会主义研究，2014（05）：103-106，112.

［73］李扬. 新时代党性教育的时代意义与面临的重大挑战［J］. 才智，2018（30）：203，206.

［74］龚锦涛. 新时代建设马克思主义学习型政党的三重维度［J］. 中共南京市委党校学报，2018（04）：14-19.

［75］井阳军. 论利用网络加强党性修养与党性锻炼［J］. 社科纵横，2017（01）：24-27.

［76］欧阳旭曦. 信息网络化条件下党性教育的挑战及对策［J］. 湖南行政学院学报，2016（06）：41-45.

［77］王俊迪. 微时代背景下青年党员党性教育面临的挑战及对策［J］. 中国培训，2016（04）：10-11.

［78］田仁来. 增强党员干部党性教育实效性的四个维度［J］. 学校党建与思想教育，2016（06）：15-17.

［79］王哲，董遂强. 延安时期中共批评与自我批评的常态化制度化［J］. 中州学刊，2017（02）：134-138.

［80］王哲，徐宏伟. 新时期批评与自我批评常态化制度化的几点思考［J］. 江苏理工学院学报，2016，22（03）：1-4.

［81］李靖平. 全媒体语境下大学生党性修养教育研究［J］. 北方文学，2017（15）：196-197.

［82］曹晓辉. 新形势下加强党性教育措施［J］. 世纪桥，2017（06）：29-30.

［83］韩宏亮. 干部党性教育内容的科学化［J］. 党政干部学刊，2010（09）：23-24.

［84］姜朋. 党校党性教育实效性分析［J］. 政论坛，2017（01）：47-50.

［85］侯晋雄，王晨阳. 加强党性教育永葆党的先进性［J］. 学习论坛，2015（10）：21-24.

［86］任晓伟. 延安时期思想建党和制度治党紧密结合的历史经验［J］. 中

国特色社会主义研究，2016（05）：95-99.

［87］李红. 按照党章管党治党建设党——习近平关于思想建党和制度治党紧密结合的党建思想［J］. 科学社会主义，2018（01）：111-114.

［88］贾凯. 价值、制度、组织：论习近平全面从严治党思想创新的三个维度［J］. 思想理论教育导刊，2017（12）：43-46.

［89］王永贵. 推进全面从严治党伟大工程的新方略——习近平关于思想建党和制度治党紧密结合的新思想［J］. 陕西师范大学学报（哲学社会科学版），2017，46（06）：28-34.

［90］石仲泉. 怎样锻造中国共产党成为坚强领导核心——学习习近平关于思想建党和制度治党相结合的思想［J］. 中国浦东干部学院学报，2017，11（05）：13-21，12.

［91］张世飞. 新时代制度治党思想研究［J］. 贵州省党校学报，2017（04）：89-94.

［92］李慎明. 是关键在人还是关键在制度及体制机制？——学习习近平总书记关于思想建党和制度治党相关论述的体会［J］. 世界社会主义研究，2017，2（03）：4-17，126.

［93］李慎明. 关键在人还是关键在制度及体制机制？——学习习近平关于思想建党和制度治党相关论述的体会［J］. 中国浦东干部学院学报，2017，11（03）：5-15，28.

［94］蔡文华. 新时代制度治党思想的意蕴［J］. 中共南京市委党校学报，2017（02）：25-29.

［95］马苹. 习近平同志制度治党思想探究［J］. 中央社会主义学院学报，2017（01）：119-123.

［96］马用浩. 习近平地方工作期间关于思想建党与制度治党的思想与实践［J］. 观察与思考，2016（12）：82-87.

［97］冷向宇. 中国共产党制度治党的历史经验与时代意蕴［J］. 郑州大学学报（哲学社会科学版），2020，53（02）：112-116.

［98］陈松友，卢亮亮. 党内法规制度建设：全面从严治党的内驱力［J］.

当代世界与社会主义，2019（06）：171-176.

[99] 张瑞. 改革开放以来党的制度建设及其启示 [J]. 社会主义研究，2019（06）：94-100.

[100] 张太原. 党加强组织和领导制度建设的历史及启示 [J]. 中国党政干部论坛，2019（12）：20-23.

[101] 王春来，孙堂厚. 新时代推进党的制度建设路径探析 [J]. 延边大学学报（社会科学版），2019，52（06）：119-125，144.

[102] 陈家刚. 新时代党内法规制度体系建设的路径 [J]. 学习论坛，2019（09）：33-38.

[103] 谢忠平. 提高党内法规制度执行力 [J]. 中共天津市委党校学报，2019，21（03）：3-10.

[104] 宫玉涛. 新时代党的各项建设中强化制度建设的思考 [J]. 理论与改革，2019（03）：61-69.

[105] 陈东琼，刘紫璇. 论新时代制度治党的鲜明特色 [J]. 山东社会科学，2019（03）：165-170.

[106] 邹焕梅. 习近平总书记关于制度治党重要论述探析 [J]. 山东社会科学，2019（03）：171-175.

[107] 陈柯. 全面从严治党视阈下党内法规制度建设研究 [J]. 西北大学学报（哲学社会科学版），2019，49（01）：122-129.

[108] 郑焱. 思想建党和制度治党何以同向发力 [J]. 人民论坛，2018（34）：56-57.

[109] 温聪，汪保康. 新时代制度治党思想的基本内容及内在逻辑 [J]. 河南大学学报（社会科学版），2018，58（06）：16-23.

[110] 张洋. 依规治党关键在于提升制度执行力 [J]. 人民论坛，2018（30）：52-53.

[111] 刘先春，王光明. 改革开放以来党的制度建设的基本经验 [J]. 中州学刊，2018（10）：1-5.

[112] 肖扬伟. 论思想建党和制度治党协同的逻辑、动因与路径 [J]. 学

习与实践，2018（10）：15-21.

[113] 单宁珍，宫玉涛. 新时代加强党的制度建设思考 [J]. 中国特色社会主义研究，2018（05）：108-112.

[114] 谢撼澜，谢卓芝. 改革开放以来党和国家监督制度建设的进程与经验 [J]. 探索，2018（05）：121-128.

[115] 王立峰. 坚持依法治国与制度治党、依规治党统筹推进研究 [J]. 吉林大学社会科学学报，2018，58（05）：2+209.

[116] 蔡文华. 增强制度执行力：依规治党的实现路径 [J]. 中国特色社会主义研究，2018（04）：97-101.

[117] 王世谊，缪昌武. 思想建党和制度治党结合的内在逻辑、制约因素与实现路径 [J]. 治理研究，2018，34（04）：22-30.

[118] 魏新欣. 制度建设：党内监督的有力保障 [J]. 人民论坛，2018（18）：114-115.

[119] 彭京宜. 制度治党：全面从严治党的重要方面——学习习近平同志制度治党思想的体会 [J]. 中央社会主义学院学报，2016（04）：16-18.

[120] 张燚，阎占定. 习近平新时代"制度治党"思想研究 [J]. 中南民族大学学报（人文社会科学版），2018，38（03）：107-111.

[121] 严华. 思想建党和制度治党协同推进——学习习近平全面从严治党思想 [J]. 湖湘论坛，2018，31（03）：5-15.

[122] 朱春霞. 思想建党与制度治党应"刚柔相济" [J]. 人民论坛，2018（14）：94-95.

[123] 安雅梅. 新时代制度治党思想研究 [J]. 南方论刊，2018（05）：4-6，11.

[124] 周义程，段哲哲，周忠丽. 新时代制度治党：实践价值、制度基础与关键环节 [J]. 求实，2018（03）：26-35，109-110.

[125] 蒋光贵. 十八大以来新时代制度治党思想探析 [J]. 创造，2020（04）：37-40.

[126] 丁威. 习近平关于思想建党与制度治党相结合重要论述的内在逻辑

与推进路径［J］. 理论学刊，2019（06）：5-13.

［127］李斌. 习近平关于思想建党和制度治党论述的实践观探究［J］. 社科纵横，2019，34（08）：7-11.

［128］石仲泉. 确保党始终成为坚强领导核心［N］. 人民日报，2016-04-13（007）.

［129］张继财. 制度治党是全面从严治党的根本［N］. 伊春日报，2017-12-22（004）.

［130］岳宗强. 新时代制度治党思想研究［D］. 沈阳：辽宁大学，2017.

［131］唐洪江. "90 后"大学生党员党性教育研究［D］. 长沙：湖南农业大学，2016.

［132］龚丽. 党性教育研究——以上饶机关党员的党性教育为例［D］. 南昌：南昌大学，2014.

［133］丁天骄. 十八大以来党校党性教育的理论与实践研究［D］. 长春：中共吉林省委党校（吉林省行政学院），2016.

［134］张文学. 高校大学生思想政治教育制度化研究［D］. 北京：中国地质大学，2012.

［135］王洪波. 思想政治教育管理的制度化研究［D］. 哈尔滨：哈尔滨工程大学，2009.

［136］孙茵. 思想政治教育制度化研究［D］. 兰州：兰州大学，2016.

［137］廖扬眉. 思想政治教育制度化研究［D］. 武汉：华中师范大学，2007.

［138］黄峰. 中国共产党干部教育培训科学化研究［D］. 北京：中共中央党校，2015.

［139］杨健璋. 新时期党性教育实效性问题研究［D］. 广州：中共广东省委党校，2013.

［140］李婧. 大学生党员党性教育研究——以合肥地区三所高校为例［D］. 合肥：安徽农业大学，2014.

［141］杨慧敏. 习近平制度治党新思想研究［D］. 厦门：厦门大学，2018.

［142］孙贤平. 新时代制度治党思想研究［D］. 昆明：云南师范大学，2017.

［143］孙丹. 新时代制度治党思想研究［D］. 长沙：长沙理工大学，2018.

［144］舒怀. 习近平全面从严治党思想研究［D］. 蚌埠：安徽财经大学，2016.

［145］李雪. 新时代制度治党思想的科学内涵与实践要求［C］//武汉大学研究生院、武汉大学马克思主义学院、武汉大学马克思主义理论与中国实践协同创新中心、《文化软实力研究》杂志社. “马克思主义与21世纪社会主义”——第二届全国马克思主义理论及相关学科博士生学术论坛论文集（下册）.武汉第二届全国马克思主义理论及相关学科博士生学术论坛，2016.

外文文献

［1］EKUNDAYO W J. Political Parties, Party System and Leadership Recruitment in Nigeria Since Independence in 1960［J］. Public Policy and Administration Research, 2016（05）: 39-44.

［2］HAGHI N. Political parties and parties systems［J］. Asian Journal of Research in Social Sciences and Humanities, 2013（06）: 61-68.

［3］LIM Y, HAN J T. A Study on the Consociational Legislative Politics in a Multi-party System［J］. Journal of Future Politics, 2018（02）: 93-120.

［4］NWOKORA Z, PELIZZO R. The Political Consequences of Party System Change［J］. Politics & Policy, 2016（06）: 1017-1052.

［5］VERCESI M. The Political Consequences of Party System Change［J］. Politics & Policy, 2016（02）: 168-219.

［6］GOLD H J. Americans' Attitudes Toward the Political Parties and the Party System［J］. Public Opinion Quarterly, 2015（03）: 803-819.

［7］WANG X. A Study on the Legalization of Political Parties in Contemporary World Democratic Politics［J］. Academic Journal of Humanities & Social Sciences, 2018（01）: 34-39.

[8] MAINWARING S. Party System Institutionalization, Party Callapse And Party Building [J]. Government & Opposition, 2016 (04): 691-716.

[9] PITCHER A. Party System Competition And Private Sector Development In Africa [J]. The Journal of Development Study, 2017 (01): 1-17.

[10] BISCHOFF C S, CHRISTAINSEN F J. Political Parties And Innovation [J].Public management Review, 2017 (01): 74-89.

[11] DOMMENT K. Post-Democratic Party Politics [J]. The Political Quarterly, 2016 (01): 86-90.

后　记

《新时代制度治党思想研究》作为一本著作在光明日报出版社付梓是我始料未及的，十八大以来，党的建设逐步进入一个新的历史时期，力度之大前所未有。我认为，这是一个执政党走向成熟并长期立于不败之地的重要基础。在党爱党，在党忧党。正是出于对党的忠诚之初心，多年来，我一直致力于制度治党方面的研究，以期能够将一些思考和想法系统地梳理出来并作为著作出版，希望对广大党务工作者特别是从事党建方面工作的同志有所启宜。这是我的心愿，更是我的信仰。多年来，我长期在党务工作的第一线，很多问题迎面而来，在不断的理论学习和实践验证中，真正明白了制度的重要性。制度建设是一个带有根本性、全局性、稳定性和长期性的问题，用制度来管党治党更是中国共产党经过历史实践所证明的，必须长期坚持的一项长远之策、根本之策。

经过四年多的不懈努力，值此建党百年之际，本书能够在光明日报出版社付诸出版，并被收录进入《马克思主义研究文库》，这是对我研究工作的最大肯定，也是一个党务工作者向党的百年华诞的庄严献礼。在此，感谢光明日报出版社的认可，感谢石建峰编辑在本书出版过程中给予的支持与指导，感谢吉林大学邴正教授为本书作序，感谢中国社会科学院龚云教授的建议与指导。

本书作为课题研究成果，课题组成员吉林建筑大学马克思主义学院董世军教授、邱丹丹副教授、王殿文博士，以及我的硕士研究生王鑫同学，在课题研究和统稿过程中，承担了大量工作；还有很多为本书出版付出过辛勤劳动的人，在此，一并表示诚挚感谢。

崔征

2021年10月13日